Bryan E. Robinson
Wenn der Job zur Droge wird

W0044751

Bryan E. Robinson

Wenn der Job zur Droge wird

Ein Leitfaden für Workaholics,
ihre Partner, Kinder und Therapeuten

Walter Verlag

Für meine Schwester Lynn Robinson Hallman

Die Deutsche Bibliothek – CIP-Einheitsaufnahme:

Robinson, Bryan:
Wenn der Job zur Droge wird / Bryan Robinson [Aus dem Engl.
von Martin Rometsch]. – Düsseldorf / Zürich
Walter, 2000
ISBN 3-530-30058-6

Umschlaggestaltung: Grafikdesign Reckels & Schneider-Reckels,
Wiesbaden
Umschlagmotiv: Lisa Manning/Artville CLC
Satz: Fotosatz Moers, Mönchengladbach
Druck und Bindung: Grafo s.a., E-Basauri
ISBN 3-530-30058-6

»Obwohl wir die ganze Zeit gehen, gleicht unser Gang meist einem Lauf. Wenn wir so gehen, bringen wir Angst und Sorge auf die Erde … Wenn wir nur einen einzigen Schritt friedvoll und glücklich gehen können, arbeiten wir für den Frieden und das Glück der ganzen Menschheit … Das gelingt uns jedoch nur, wenn wir nicht an die Vergangenheit oder an die Zukunft denken und wenn wir wissen, dass wir nur im Hier und Jetzt leben.«

THICH NHAT HANH
In *Peace Is Every Step: The Path of Mindfulness in Everyday Life*

Inhalt

Danksagungen

Ich möchte den vielen Menschen danken, ohne deren Hilfe dieses Buch nie gedruckt worden wäre. Meine Kollegen an der University of North Carolina in Charlotte haben mich immer wieder ermutigt und sowohl moralisch als auch tatkräftig unterstützt. Ein Urlaubssemester gab mir die Zeit und die Energie, dieses Projekt zu vollenden. Ich danke Dr. Mary Lynne Calhoun, der Leiterin des Fachbereichs Counseling, Sonderpädagogik und kindliche Entwicklung; Dr. Jack Nagle, dem Dekan der pädagogischen Fakultät; Dr. Phillip DuBois, dem ehemaligen Vizekanzler der Universität; und Dr. James Woodward, dem Kanzler der Universität von North Carolina in Charlotte. Sie alle gaben mir die Unterstützung, die ich brauchte, um dieses Buch zu schreiben.

Ich weiß es zu schätzen, dass Lorraine Penninger zehn Jahre lang unermüdlich für mich gearbeitet und mich moralisch unterstützt hat, vor allem bei der Suche nach Literatur in Bibliotheken und mit dem Computer. Ich habe versprochen, ihren Namen zweimal zu erwähnen, weil Lorraine Penninger für mich doppelt wertvoll war. Immer wenn ich ein obskures Buch suchte, beschaffte sie es rasch. Dr. Jane Carroll danke ich für ihre Ausführungen über Alfred Adlers Deutung der Arbeitssucht, und Kevin Justice für das Foto auf der Umschlagklappe.

Mein besonderer Dank gilt Tim Bartlett, dem Redakteur der NYU Press für seine schöpferischen Ideen. Ihm verdanke ich unter anderem den Titel des Buches und nützliche Anregungen. Meiner loyalen Verlegerin Diane Glynn danke ich für ihre unermüdliche Ermutigung und Unterstützung. Zwei anonymen Rezensenten für NYU Press danke ich ebenfalls.

Meine besondere Wertschätzung gilt den anonymen Menschen, die mir Fallbeispiele für dieses Buch lieferten, und den

Hunderten, die schrieben oder anriefen und mir schilderten, wie die Arbeitssucht sich auf ihr Leben auswirkte. Und schließlich bedanke ich mich bei folgenden Personen, die großzügig ihre Zeit für Interviews, Korrekturlesen und kritische Anregungen opferten oder ihre eigenen Erfahrungen mit der Arbeitssucht niederschrieben:

Dr. Nancy Chase	Cynthia Carlson	Art Campbell
Dr. Phyllis Post	Daffie Matthews	Lisa Kelley
Glenn Dulkin	Carla Brandon	Gloria Steinem
Gregg Rosshandler	Jumani Rosshandler	Dr. Patricia Love
Brenda Shoss	Betsy Zoto	John Bradshaw
Dr. Carol Person	Dr. Gayle Porter	Sherry Mohr
	Stephanie Wilder	Dr. Lyn Rhoden

Einführung

Es ist 1.22 Uhr morgens, und ich kann nicht schlafen. Ein Anruf vom vorigen Abend geht mir nicht aus dem Kopf. Es war ein verzweifelter Hilferuf einer Frau, die ich Leda nennen will. Ihr Mann war Workaholic und arbeitete täglich zwölf bis 18 Stunden in seinem Restaurant. Den siebten Tag nannte er seinen »freien Tag«, weil er nur von sechs bis 16 Uhr arbeitete. Sie war seit 25 Jahren verheiratet und beschrieb ihren Mann als hoffnungslosen Workaholic, der nach der Arbeit so erschöpft war, dass sie seit Jahren kein Gespräch mehr mit ihm führen konnte. Er arbeitete Tag und Nacht und hatte keine Ahnung von seiner Arbeitssucht, wobei sie sich langsam Sorgen um seine Gesundheit machte. Lena rief mich aus einigen hundert Kilometern Entfernung an, weil es in ihrer Nähe niemanden gab, der ihr helfen konnte oder wollte:

> Keiner der Therapeuten, die ich aufsuchte, versteht den Ernst der Lage. Er bricht vor meinen Augen zusammen, und eine Therapeutin will mir weismachen, dass er es aus Liebe tut, dass ich und die Kinder ein herrliches Leben haben und dass ich lernen muss, mich mit seiner Arbeitswut abzufinden. Ich bin am Ende meiner Weisheit und weiß nicht mehr, an wen ich mich wenden soll.

Sie fragte mich: »Habe ich alles getan, was ich konnte, oder kann ich noch etwas tun, um ihm zu helfen?«

Alle reden über Arbeitssucht, auch die Medien. Viele von uns sind in der Hektik des modernen Lebens gefangen und versuchen, zuviel in zu kurzer Zeit zu tun. Einerlei, ob Sie Arbeiter, Büroangestellte, Verkäuferin oder Unternehmer sind, möglicherweise arbeiten Sie sich zu Tode: Sie lesen schnell, handeln schnell, gehen schnell und fahren schnell. Männer und Frauen bemühen sich, Beruf und Familie unter einen Hut zu bringen. Doch während sie versuchen, ein Gleichgewicht zu finden, verstricken sie sich immer mehr in Aufträge, Termine und Pflichten. Schlimmer noch: Die Grenze zwischen Heim und Beruf verschwimmt. Wir nehmen Arbeit mit nach Hause und unser Zuhause mit zur Arbeit, immer mehr Leute arbeiten nur noch zu Hause. Faxgeräte, Laptops und Handys erlauben es uns, überall und jederzeit – auch nachts – zu arbeiten. Nancy Woodhull, Mitbegründerin und Herausgeberin von *USA Today*, ist ein lebender Beweis für diesen Trend:

> Ich gehöre nicht zu denen, die einfach am Schwimmbecken sitzen und nichts tun können. Darum nehme ich ein Diktiergerät mit ans Becken, und wenn ich gute Ideen habe, zeichne ich sie auf. Es wäre ein großer Stress für mich, wenn ich das nicht tun könnte. Die Leute sagen zwar: »Nancy, entspann dich, tanke neue Energie«, aber ich antworte: »Es gibt mir Energie, wenn ich meine Gedanken festhalten kann.« Mit dem Diktiergerät bin ich produktiver, ebenso mit dem Handy und mit dem Computer. Wer all diese Werkzeuge besitzt, hat keine Freizeit mehr. Jeder kann mich jederzeit und überall finden.[1]

Anstatt uns mehr Freiheit zu verschaffen, ist die Technik zu einer verlockenden Falle geworden, besonders für Frauen, die glauben, sie müssten einen Beruf haben, Kinder versorgen und den Haushalt führen – und zwar ohne Fehl und Tadel. Für viele Eltern sind die zahllosen Besprechungen, die Hausarbeit und die Versorgung der Kinder eine so große Belastung, dass der Arbeitsplatz zu einer Oase der Ruhe wird. Die Soziologin Alice Hochschild ist der Meinung, das Privatleben richte sich heutzutage zu sehr nach dem Terminkalender und der Beruf sei für moderne Eltern der Ort, wo sie Geselligkeit finden, sich kompetent fühlen dürfen und sich entspannen können.[2] Ihrer Ansicht nach sind Eltern zu Hause gefühlsärmer geworden, weil sie glauben, der Partner und die Kinder seien nicht auf sie angewiesen.

James Levine, der Autor von *Working Fathers*, meint, dass arbeitende Väter zu Hause und am Arbeitsplatz ebenso unter Stress leiden wie arbeitende Mütter, dass sie es aber meist verbergen.[3] Soziologen und Medien kümmern sich seiner Ansicht nach mehr um die Mütter, Unternehmen belohnen die Männer, die ihre Familie vernachlässigen, um länger arbeiten zu können. Manche Väter täuschen sogar eine Besprechung vor, wenn sie ihre Kinder aus dem Kindergarten holen müssen, oder melden sich krank, wenn sie sich eigentlich um ihr kleines Kind kümmern sollten.

Ausgewogenheit zwischen Arbeit und Familie ist wahrscheinlich unsere größte Herausforderung, während wir uns dem 21. Jahrhundert nähern. Immer mehr Arbeitnehmer sehen im Beruf ein Betäubungsmittel, das seelische Schmerzen lindert, ihnen hilft, ihre Sorgen zu vergessen, das das Selbstbewusstsein hebt und für Bequemlichkeit, Sicherheit, Unterhaltung, Intimität und stillschweigende Kameradschaft sorgt. So wie manche Leute Trost im Alkohol oder im Essen suchen, benutzen andere die Arbeit als Droge, die ihnen eine emotionale Zuflucht bietet und sie gleichzeitig von Angehörigen und Freunden trennt. Jenen Menschen – ein Drittel der Bevölkerung –, für deren seelisches Wohlbefinden die Arbeit derart wichtig ist, dass sie danach süchtig werden, fällt es noch schwerer, ein Gleichgewicht zu finden. Zu ihnen gehört auch Lenas Mann. Lena stellte ihm schließlich ein Ultimatum: Entweder er suchte fachkundige Hilfe, oder sie würde ihn verlassen. Diese Krise hatte ein Happy End, weil er zum ersten Mal zugab, arbeitssüchtig zu sein, und bereit war, sich helfen zu lassen.

Ähnliche Hilferufe habe ich auch schon aus anderen Ländern, einschließlich Südafrika, erhalten – von Workaholics, ihren Partnern oder ihren erwachsenen Kindern. Sie alle suchten verzweifelt nach Hilfe. Das Problem belastet Menschen in der ganzen Welt – und weder die Familie noch die Religion, noch Therapeuten können ihnen helfen. Für sie habe ich dieses Buch geschrieben.

Ein Workaholic – ich?

Arbeitssucht ist ein Phänomen, das sich schwer verkaufen lässt. Schließlich arbeiten Sie hart und lange, weil Sie eine Hypothek abtragen und das Studium Ihrer Kinder bezahlen müssen. Wie kämen Sie ohne harte Arbeit über die Runden?

Es kann natürlich sein, dass Sie kein Workaholic sind, sondern einfach nur hart arbeiten. Das ist ein großer Unterschied. Wir alle kümmern uns gelegentlich mehr um den Beruf als um die Familie. Wer ein neues Geschäft eröffnet, hat anfangs keine Zeit für andere Dinge. Wer nach einem Heilmittel für eine Krankheit sucht, hat nichts anderes mehr im Sinn. Ein neuer Angestellter will unbedingt einen guten Eindruck machen. Aber das sind Ausnahmen, die bei uns allen irgendwann vorkommen. Workaholics sind dagegen immer so – sie flüchten sich in ihre Arbeit.

Es kann also durchaus sein, dass Sie hart arbeiten, eine Hypothek abtragen, das Studium Ihrer Kinder bezahlen und dennoch nicht arbeitssüchtig sind. Harte Arbeit allein macht Sie nicht zum Workaholic. Wenn Ihnen jedoch Freunde oder Angehörige Vernachlässigung vorwerfen, weil Sie Ihre Arbeit dazu benutzen oder missbrauchen, um vor Intimität und sozialen Beziehungen zu fliehen, dann sollten Sie darüber nachdenken.

Vielleicht sind Sie eine alleinerziehende Mutter, oder Sie müssen zuviel arbeiten, damit das Geld reicht. Möglicherweise denken Sie: »Ich bin von morgens bis abends auf den Beinen. Ich habe schon Probleme genug. Und jetzt behaupten Sie, ich hätte damit erst recht ein Problem?« Nicht unbedingt. Eine Alleinerziehende, die zwei Jobs annimmt, damit sie ihre Rechnungen bezahlen kann, ist kein Workaholic, auch nicht der Steuerberater, der an Wochentagen und Wochenenden so lange arbeitet, bis die Steuererklärungen abgegeben sind. Echte Workaholics werden von tieferen inneren Bedürfnissen getrieben, nicht von äußeren. Bei ihnen geht es nicht darum, dass die Einkommenssteuererklärungen bald fällig sind oder dass Baby neue Schuhe braucht, sondern um das Stillen eines inneren, seelischen Hungers. Workaholics sind meist Einzelgänger; sie arbeiten lieber allein und konzentrieren sich auf alle Details ihrer Arbeit. Gesunde Arbeiter sehen dagegen das größere Bild und arbeiten mit anderen zusammen auf ein gemeinsames Ziel hin. Während sich Arbeitssüchtige oft Arbeit machen oder danach suchen, haben gesunde Arbeiter Freude an ihrer Arbeit und arbeiten oft lange, weil sie etwas leisten wollen. Gesunde Arbeiter genießen den Augenblick, Workaholics denken fast immer an ihre Arbeit, selbst in der Freizeit.

Millionen von Menschen sind zwar keine Workaholics im wörtlichen Sinne, aber ihre Lebensweise ruft ähnliche Symptome hervor wie Arbeitssucht. Sie sind erschöpft, fühlen sich seelisch überlastet und leiden an Stress und Beziehungsproblemen, weil sie zuviel Zeit und psychische Energie für den Beruf opfern. Sie denken ständig an die Arbeit, und es fällt ihnen schwer, intime, spirituelle und soziale Bande zu knüpfen. Ihre Partner fühlen sich einsam und haben Schuldgefühle und zweifeln oft an ihrem Verstand, weil Freunde und Verwandte den Workaholic für seine Leistungen loben.

Es gibt verschiedene Grade von Arbeitssucht. Manche Leute sind kaum betroffen, andere sehr. Aber je ernster die Sucht ist, desto ernster sind auch die körperlichen und seelischen Folgen. Vielleicht denken Sie jetzt: »Na schön, ich bin also arbeitssüchtig. Ich fühle mich nicht gut dabei, aber es ist immer noch besser als Intimität, ein Leben ohne Eigentumswohnung und der Verzicht auf die vielen Vorteile, die mein Beruf mit sich bringt.« Sie haben beschlossen, sich lieber am Arbeitsplatz als zu Hause schlecht zu fühlen. Das ist Ihre Entscheidung. Aber es ist irrig zu glauben, Sie könnten nur zu Hause *oder* bei der Arbeit glücklich sein. Einerlei, ob Sie ein Workaholic sind oder Mühe haben, Arbeit und Familie unter einen Hut zu bringen, dieses Buch will Ihnen begreiflich machen, dass Sie Ihren Lebensstil nicht aufgeben müssen, um Ihre Einstellung zur Arbeit zu ändern. Es geht um Ausgewogenheit, nicht um Opfer. Sie brauchen sich nicht in einem Bereich schlecht zu fühlen, um Ihr Leben ins Gleichgewicht zu bringen. Sie können hart arbeiten und alle damit verbundenen materiellen Vorteile genießen *und* sich eines befriedigenden Privatlebens erfreuen. Gesunde Arbeit hilft Ihnen, ein ausgewogeneres Leben zu führen, das Ihnen Zeit für die Familie, Freunde und Hobbys lässt. Ihr Lohn ist eine frischere, realistischere Einstellung zur Arbeit und eine größere Leistungsfähigkeit. Dieses Buch hilft Ihnen, die Balance zwischen Beruf und Freizeit zu finden – davon werden Sie in allen Lebensbereichen profitieren.

Vielleicht sind Sie immer noch skeptisch und fragen sich, ob auch die Arbeitssucht zu dem Psychorummel gehört, den eifrige Psychotherapeuten erfunden haben, um anderen die Schuld an ihren Problemen geben zu können. Oder handelt es sich um eine neue Masche der profitgierigen Sensationspresse?

Meine Antwort lautet natürlich »nein«. Arbeitssucht ist das bestgekleidete Problem des 20. Jahrhunderts. Workaholics haben oft ein gutes Einkommen und ihre Familien verfügen über allen modernen Komfort. Workaholics mögen ihre Arbeitssucht genießen, aber sie fordert ihren Tribut von den Kindern. Wenn diese erwachsen sind, gerät ihre seelische Stabilität häufig ins Wanken. Erwachsene, die von arbeitssüchtigen Eltern großgezogen wurden, schleppen eine lebenslange Erblast mit sich herum. Die erwachsene Tochter eines Workaholics beschrieb ihre eigene Arbeitssucht und ihre Frustration in einem Brief, den sie mir schickte:

Äußerlich sind Workaholics angesehene Wohltäter und Schwerarbeiter. Unsere Gesellschaft lobt sie; aber was die Sucht im Inneren der Menschen anrichtet, ist schlimm. Sie trennt sie vom Rest der Welt, auch von Angehörigen und Freunden. Sie treibt sie dazu, ohne Unterlass zu arbeiten – in ihrer eigenen kalten, dunklen, einsamen Welt, in der nur Platz für neue Arbeit ist. Äußerlich sind sie gute Bürger, innerlich sterben sie einen langsamen Tod.

Workaholism und Arbeitssucht

In Amerika ist Workaholism der gebräuchlichere Ausdruck, aber ich spreche oft von einer *Sucht*, um den Ernst der Störung zu unterstreichen. Der Begriff wurde häufig beschrieben und definiert. Ich verstehe darunter *eine zwanghafte Störung, deren Kennzeichen* sind: *selbst auferlegte hohe Anforderungen, die Unfähigkeit, Gewohnheiten am Arbeitsplatz zu regulieren und ein Übermaß an Arbeit, verbunden mit dem Verzicht auf die meisten anderen Aktivitäten des Lebens.*

Den Ausdruck *Workaholic* prägte Wayne Oates im ersten Buch zu diesem Thema – *Confessions of a Workaholic* –, in dem er Workaholics als Menschen beschrieb, die zwanghaft arbeiten und daher Alkoholikern ähneln, die zwanghaft trinken. Obwohl der Begriff heute zum alltäglichen Wortschatz gehört, wurde er nicht in die offizielle psychiatrische und psychologische Terminologie aufgenommen.[5] Er wird in vielen Wörterbüchern nicht definiert, auch der Rechtschreibprüfung des Programms, mit dem ich dieses Buch schrieb, ist er unbekannt. Noch fehlt uns die Sprache, um angemessen über die Arbeitssucht reden zu können oder ihre Nuancen zu unterscheiden.

Viele Therapeuten, die zu einem großen Teil selbst Workaholics sind, betrachten die Arbeitssucht nicht als Problem. Sie nehmen sie nicht einmal wahr. Sie sehen nichts Falsches darin, 18 Stunden am Tag unter Hochdruck zu arbeiten. Sie leugnen, dass Arbeitssucht bei den Problemen ihrer Patienten eine Rolle spielt oder die Beziehungen der Menschen trübt, die bei ihnen Hilfe suchen. Nicht hinreichend informierte Therapeuten verordnen oft Arbeit als Lösung für seelische Probleme, anstatt sie als deren Ursache zu identifizieren. Während ich über dieses Thema forschte, schrieb und Vorträge hielt, empörte mich immer wieder die Unfähigkeit der Psychotherapeuten, Workaholics zu erkennen, zu verstehen und zu behandeln. Ich habe zahlreiche Fehldiagnosen erlebt, die auf diese mangelnde Bewusstheit zurückzuführen waren. Außerdem erschreckt mich die eigene Arbeitssucht vieler Therapeuten und ihre Weigerung, sich diesem Problem zu stellen.

Euphorie und Depression

Die Schauspielerin und Regisseurin Penny Marshall gestand in einem Interview mit der Zeitschrift *People*, sie sei derart arbeitssüchtig, dass sie die Wochentage nicht mehr auseinanderhalten könne und ihr Privatleben zu kurz komme. Viele Workaholics geben ihre Arbeitswut offen zu, versuchen aber die dunklere Seite ihrer Sucht zu verbergen. Sie reden von ihrer Leidenschaft für den Beruf und von ihrem vollen Terminkalender – von allem, was sie in günstigem Licht darstellt. Aber sie erwähnen nicht ihre Depressionen, Angstzustände und chronische Erschöpfung, die fast immer die Folgen der pausenlosen Arbeit sind. Die eine Seite der Arbeitssucht bringt Ehre, doch die andere trägt ein Stigma.

Arbeitssucht ist genauso eine Sucht wie Alkoholismus. Sie wird zusehends schlimmer und ist der unbewusste Versuch, verdrängte seelische Bedürfnisse zu befriedigen, die ihre Wurzeln in der Familie haben. Arbeitssucht kann das tägliche Leben zum Chaos machen, Familien zerstören, der Gesundheit schaden und sogar zum Tod führen. Wie ein Alkoholiker hat ein Workaholic starre Gedankenmuster, die seine Sucht verstärken (mehr darüber in Kapitel 4). Da er völlig in seiner Arbeit aufgeht, achtet er oft nicht auf Warnsignale, wie zum Beispiel Kopfschmerzen oder Leistungsabfall. Arbeitssucht schadet der körperlichen und seelischen Gesundheit. Sie hat physiologische und biochemische Folgen und kann Angst, Depressionen und sogar Selbstmordneigungen auslösen. Erfolgserlebnisse lösen – ähnlich wie Alkohol – einen Adrenalinstoß aus, auf den ein Kater folgt. Eines Tages macht die Euphorie ganz dem Katzenjammer Platz, dessen Symptome Zurückgezogenheit, Depressionen, Reizbarkeit und Angst sind. Wie andere Süchte kann auch die Arbeitssucht zum Zusammenbruch führen. Manche Workaholics brechen zusammen, bevor sie erkannt haben, dass etwas mit ihnen nicht stimmt und sie Hilfe brauchen. Sie sind derart niedergeschlagen, dass sie nicht mehr aus dem Bett kommen. Sie fühlen sich einsam, innerlich kalt und von Angehörigen und Freunden isoliert. Ehen zerbröckeln, und Gesundheitsstörungen nehmen ein bedrohliches Ausmaß an. In dieser Situation muss der Workaholic der Wahrheit ins Gesicht sehen und die Hilfe suchen, die er benötigt. Ed sagte: »Eines Tages war ich so weit, dass ich vor einer Mauer stand und nicht weiter konnte. Ich musste entweder damit fertig werden oder sterben.«

Die Arbeitssucht hat auch weitreichende soziale Folgen. Sie infiziert die anderen Familienmitglieder und löst auch bei ihnen körperliche und seelische Beschwerden aus. In diesem Buch benutze ich ein Suchtmodell zusammen mit einem Familienmodell, um die Schattenseiten der Arbeitssucht und ihre Folgen für den Workaholic und seine Familie deutlich zu machen. Die folgenden Kapitel decken diese dunkle Seite auf, die erfolgreiche Menschen entweder aus Scham verschweigen oder nicht sehen wollen. Tatsache ist, dass der Euphorie immer eine Niedergeschlagenheit folgt, die Tage oder Wochen anhalten kann. Wer nur über die Leistungen der Workaholics spricht, glorifiziert ihre Sucht und nährt den Mythos, dass sie ausschließlich positive Folgen hat.

Wie kann dieses Buch helfen?

Arbeitssucht kommt in unserer Gesellschaft so häufig vor, dass sie uns oft gar nicht auffällt. Da die Grenzen zwischen dem Zuhause und dem Arbeitsplatz unscharf geworden sind, ist es schwer, Arbeitssucht zu identifizieren, zumal es heutzutage überall üblich ist, dass Menschen rund um die Uhr arbeiten. Obwohl wir täglich mit dieser Sucht konfrontiert sind, halten wir sie meist für ebenso harmlos oder nützlich wie Kaffee oder Medikamente. Ein Verleger bot mir einmal ein hohes Honorar für ein Buch an und meinte zur Begründung: »Ich weiß, dass Sie ein Workaholic sind wie ich und dass Sie mit dem Buch rechtzeitig fertig werden.«

Mit diesem Buch will ich Mythen und falsche Behauptungen als solche entlarven. Dabei stütze ich mich auf alle derzeit verfügbaren klinischen und empirischen Studien wie auf Fallgeschichten. Überall in unserem Land berichten Frauen und Männer davon, wie sehr sie unter ihrer Arbeitssucht leiden. Diese persönlichen Geschichten sind zwar nicht wissenschaftlich quantifizierbar, doch haben sie ihren eigenen Wert, weil sie die seelischen Erfahrungen von Menschen dokumentieren, die mit Arbeitssucht konfrontiert sind. Die Einzelheiten stimmen so gut miteinander überein, dass man sie schon aufgrund ihrer Zahl nicht als bloßen Zufall abtun kann. Insofern können wir von einer qualitativen Wissenschaft der Arbeitssucht sprechen, gestützt auf die übereinstimmenden Aussagen und Befunde, die Therapeuten gesammelt haben.

Viele Aspekte dieses Buches sind bahnbrechend. Es ist das erste Buch über Arbeitssucht, das nicht nur die verheerenden Folgen für den Workaholic aufzeigt, sondern auch für diejenigen, die mit ihm leben und arbeiten: die Partner, Kinder und Kollegen. Es geht auf neue und innovative Forschungsergebnisse ein, die nirgendwo sonst erschienen sind und sich mit den erwachsenen Kindern von Workaholics befassen. Jedes Kapitel beginnt mit einer Fallgeschichte – manche Kapitel enthalten Tabellen, die Hunderte von Fallgeschichten und die klinischen und empirischen Daten zusammenfassen. Jedes Kapitel schließt mit einem Abschnitt, den ich »Vorschläge für Therapeuten« genannt habe. Dort sind Methoden beschrieben, mit denen Fachleute Workaholics sowie deren Angehörige, Chefs und Kollegen behandeln können.

Beim Schreiben dieses Buches habe ich mich auf meine eigenen Erfahrungen, meine wissenschaftlichen Studien und meine klinische Arbeit mit Hunderten von Workaholics und deren Familien sowie auf Briefe aus der ganzen Welt gestützt. Ich stelle das Problem so dar, dass jeder es verstehen kann, der mit der Arbeitssucht konfrontiert ist. Auch die Kombination aus wissenschaftlichen Erkenntnissen und klinischen Befunden macht dieses Buch einzigartig – es ist die erste Informationsquelle für Therapeuten. *Wenn der Job zur Droge wird* wurde für Psychologen, Sozialarbeiter, Ehe- und Familientherapeuten, Gesundheitsberater, Geistliche, Ärzte, Lehrer, Unternehmer und Personalbetreuer geschrieben. Es macht sie mit den Ursachen und der Tragweite des Problems vertraut und erklärt, wie man es diagnostizieren und behandeln kann. *Wenn der Job zur Droge wird* ist ein Buch für alle Menschen, die mit dieser heimtückischen und missverstandenen Sucht zu tun haben. Es will sie beraten und trösten, wenn sie nirgendwo sonst Hilfe finden. Ich hoffe, dass die Betroffenen von Therapeuten bald die Unterstützung erhalten, die sie verdienen, und dass die Arbeitssucht als schwere Störung anerkannt, diagnostiziert, verstanden und behandelt wird, damit wir den Platz in unserem Leben finden, wo beruflicher Erfolg und persönliche Erfüllung Seite an Seite wohnen und wo wir uns selbst verwöhnen, mit anderen zusammen sein und gelegentlich dem Müßiggang frönen können. Auch wenn Sie nicht bereit sind, Ihren Rucksack zu packen und in die Wildnis aufzubrechen, sollten Sie Ihr Leben doch mehr an Henry Thoreau ausrichten, der einmal sagte: »Die Zeit ist nichts weiter als ein Bach, in dem ich angle.«

Arbeitssucht

Mythen und Wirklichkeit

Margo

Als ich 14 war, nahm ich meinen ersten Job an, nicht weil ich musste, sondern weil ich wollte. Morgens ging ich in die Schule, und anschließend arbeitete ich 40 Stunden in der Woche in einem Lebensmittelgeschäft. Ich war stolz auf meinen Fleiß, hatte aber keine Ahnung davon, dass dies nur der Anfang war. Später ging ich an die Universität und arbeitete nebenher. Ich studierte und arbeitete zuviel. Nach eineinhalb Jahren hörte ich auf und gründete eine Familie. Wirklich arbeitssüchtig wurde ich Mitte 20 und in den 30ern, als meine Arbeitsbelastung zu ersten schweren Depressionen führte.

Als ich 24 war, wollte ich in der Firma, in der ich arbeitete, unbedingt Karriere machen und beschloss, mein Studium zu beenden. Ich schrieb mich an einer Universität ein und büffelte nachts Betriebswirtschaft. Tagsüber war ich Generaldirektorin eines Großhandelsunternehmens, das an sechs Tagen in der Woche täglich 24 Stunden produzierte. Es war ein anstrengender Beruf. Mein Mann unterstützte mich, und wir hatten einen prächtigen kleinen Sohn.

Das hielt ich durch, bis ich 30 war. Nach meinem Examen bildete ich mich im Sommer weiter. Jetzt strengte ich mich ganz besonders an. Ich belegte zwei Kurse und leitete immer noch die Firma, die inzwischen noch gewachsen war. Im letzten Semester arbeitete ich über 40 Stunden in der Woche und belegte drei Kurse. Ich schrieb fast nur Einsen und erhielt zweimal den Preis des Präsidenten für die am besten geführte Firma. Vielleicht ist Ihnen aufgefallen, dass ich meine Familie nicht mehr erwähnt habe. Mein Mann unterstützte mich nach wie vor, und mein Sohn war zehn Jahre alt. Aber unser Verhältnis litt darunter, dass ich selten zu Hause war. Entweder arbeitete ich im Betrieb oder in der Universität, selbst an den Wochenenden und in vielen Nächten.

Ich hielt mich für eine Superfrau. Alles gelang mir – glaubte ich jedenfalls. Obwohl ich ein schlechtes Gewissen hatte, was meinen Sohn betraf, versuchte ich, ihm die beste Mutter zu sein. Ich wusste nicht, wie ich mich entspannen konnte. Mit 30 war ich dem Zusammenbruch nahe. Nach dem Examen vermisste ich die Universität. Ich verdiente eine Menge Geld, aber mein Beruf füllte mich nicht mehr aus. Ich kam mir vor, als sei ich 80 Jahre alt. Ich hörte kaum Radio zum Vergnügen, las nur Bücher über Erziehung und fühlte mich miserabel, wenn mein Wochenende nicht bis auf die Minute verplant war, denn daran war ich gewöhnt.

In meiner Ehe kriselte es. Ich hatte schreckliche Stimmungsschwankungen und ärgerte mich über alles und jeden. Eine Therapie machte mir klar, dass ich an einer schweren Depression litt, ausgelöst von jahrelanger Arbeitssucht. Was tat ich also? Richtig – ich machte mich wieder an die Arbeit. Ich schrieb mich in einen Magisterkurs in Betriebswirtschaft ein und belegte zwei weitere Kurse für Studenten mit abgeschlossener Prüfung. Sofort fühlte ich mich besser; zumindest glaubte ich das. Ich eiferte meinem Vater nach, der in harten Zeiten härter arbeitete. Von meinem Mann zog ich mich immer mehr zurück, und leider erwartete ich von meinem Sohn die gleiche Vollkommenheit wie von mir selbst.

Nebenbei unterrichtete ich noch an der Abendschule und leitete weiter meine Firma. Mir war klar, dass ich kürzer treten musste, aber ich wusste nicht, wie. Nach meiner Magisterprüfung fand ich den perfekten Job. Jetzt wollte ich mich entspannen und das Leben genießen. Es fiel mir schwer, meine Firma zu verlassen, denn meine Angestellten waren meine Familie. Fast zwölf Jahre lang hatte ich diesem Unternehmen mit Herz und Seele gedient. Aber es gelang mir, durch die Tür zu gehen und keine »Chefin« mehr zu sein.

Ich kam mit meinem Leben jedoch nicht mehr zurecht und rief eines Freitagabends eine Nervenklinik an. Jetzt war ich so verzweifelt, dass ich alles tun wollte, um der vertrauten Berg-und-Tal-Fahrt ein Ende zu machen. Zwei ganze Wochen lang weinte ich ohne ersichtlichen Grund. Ich bewegte mich nur noch im Schneckentempo durchs Leben. Viele Leute hätten das als angenehm empfunden, aber nicht eine Workaholic wie ich. In meiner Verzweiflung rief ich per Notruf meinen Therapeuten an, den ich seit einiger Zeit nicht mehr besucht hatte. Beschämt schluckte ich jetzt die Antidepressiva, die ich bisher abgelehnt hatte. Wie konnte ich so tief sinken? Warum konnte ich nicht einfach härter arbeiten, um alles in den Griff zu bekommen? Aber jetzt gab es etwas, was ich nicht in den Griff bekam.

Arbeitssucht – Tugend oder Fluch?

Die Behauptung, dass die Öffentlichkeit und die Medien die Arbeitssucht nicht ernst nehmen, wäre eine Untertreibung. Da Fakten nicht verfügbar sind und die Arbeitssucht missverstanden wird, herrschen Mythen und Klischees vor. Wie viel wissen Sie über die bestgekleidete Sucht? In welchem Umfang stützt sich Ihr Wissen auf Mythen, in welchem Umfang auf Tatsachen? Dieses Kapitel gibt die Antworten auf diese Fragen; es widerlegt die Mythen, die in unserer Gesellschaft gehegt werden, und beschreibt die sozialen Bedingungen, die es Workaholics schwer machen, ihre Sucht zu überwinden.

Wenn Sie den Leuten erzählen, dass Sie ein Workaholic sind, kichern sie vielleicht. Aber wenn Sie ihnen sagen, Sie seien arbeitssüchtig, können Sie mit schallendem Gelächter rechnen, unterbrochen von Bemerkungen wie »Mensch, das ist ein guter Witz!« Wir gebrauchen diese Ausdrücke sehr oft – und häufig mit positivem Unterton. Arbeitskollegen prahlen mit ihrer Arbeitssucht und erzählen, dass sie 18 Stunden oder drei Tage lang an einem Projekt gearbeitet hätten, als ob das ein Grund wäre, stolz zu sein. Andererseits gibt niemand damit an, drei Tage lang betrunken gewesen zu sein oder eine ganze Torte auf einmal verdrückt zu haben.

Niemand weiß genau, wie viele Workaholics in den Sitzungszimmern, Klassenzimmern, Fabriken und Häusern schuften. Nach einer landesweiten Umfrage von Day Timers, Inc. aus dem Jahr 1994 arbeitet z.B. der durchschnittliche amerikanische Angestellte 46 Stunden in der Woche im Büro und sechs Stunden zu Hause. Das ergibt zusammen eine 52-Stunden-Woche. 40 Prozent der Teilnehmer waren bereit, für ein höheres Gehalt in der Woche weitere zehn Stunden länger zu arbeiten. Das wären dann 62 Stunden pro Woche. Um die Jahrhundertwende wurde wöchentlich 60 Stunden gearbeitet! Hat die moderne Technik uns nicht mehr Freizeit versprochen?

Was steckt hinter dieser Hektik, und wo fängt sie an? Ist unsere schnelllebige Zeit die Ursache oder unsere Erziehung? Liegt es and den Genen, an einer verkorksten Psyche, an düsteren Kindheitserinnerungen? Was motiviert Menschen wie Margo, sich und ihre Familie über jedes vernünftige Maß hinaus zu belasten? Warum hielt sie an ihrer Selbstzerstörung fest, und wie gelang es ihr schließlich doch, aus dem Teufelskreis auszubrechen? Diese und viele andere Fragen werden in den folgenden Kapiteln beantwortet. Aber ein breiterer historischer und kultureller Blickwinkel trägt dazu bei, Mythen und Wirklichkeit voneinander zu trennen.

Historische und kulturelle Trends

In den 80er Jahren, dem Jahrzehnt der »Yuppies« – der jungen, aufwärts strebenden Angestellten – galt es bei »Baby Boomers« für schick, Workaholic zu sein. Eine 60-Stunden-Woche war üblich, und viele, vor allem die jungen Ledigen und die Unternehmer, arbeiteten 70, 80 oder sogar 90 Stunden in der Woche. Viel Arbeit und viele Partys verklärten das Leben der Yuppies. Das schicke Leben setzte Arbeitssucht voraus, weil man den gesellschaftlichen und finanziellen Anforderungen sonst nicht hätte genügen können. Materieller Profit durch harte Arbeit lag ganz im Trend. Fragte man einen Yuppie, welche Inschrift er sich auf seinem Grabstein wünsche, antwortete er gewöhnlich kichernd: »Bin bereits bei der nächsten Besprechung.«

Alkoholismus wurde mit Pennern, Instabilität und Verantwortungslosigkeit in Verbindung gebracht, Arbeitssucht dagegen mit Status, Macht und materiellem Profit. Alkoholismus war eine Charakterschwäche, Arbeitssucht eine Charakterstärke. Bei geselligen Anlässen stellten karrierebewusste Manager sich gerne als Workaholics vor, um ihre unermüdlichen Bemühungen zu betonen und ihr Ansehen bei Kollegen zu vergrößern. Baby Boomers arbeiteten hart, weil sie die Arbeit liebten. Arbeit machte Spaß, sie war kreativ und stimulierend. Viele von ihnen waren ehemalige Sportler, und der Arbeitsplatz war ihr neuer Sportplatz. Hier hatten sie sozusagen die Chance, eine Goldmedaille zu gewinnen und sich am Beifall der Kollegen zu freuen.

Während der Alkoholismus die »hässliche Sucht« war, wurde die Arbeitssucht als »nette Sucht« idealisiert. Ein Buch von Marilyn Machlowitz über Workaholics, das in den 80er Jahren erschien, begrüßte die Lebensweise dieser Süchtigen und nannte sie Tugend und Laster zugleich. Die Autorin war der Meinung, Workaholics seien überraschend glücklich mit ihrem Laster, weil sie ja tun durften, was sie liebten.[2]

In den 90ern schlug das Pendel nach der anderen Seite aus. Die heutigen Twens sind weniger hektisch als jene, die im vergangenen Jahrzehnt volljährig wurden. Sie sparen zwar und arbeiten an ihrer Karriere, sind aber der Auffassung, dass das Leben nicht nur aus Arbeit besteht. Von den Workaholics werden sie als Faulpelze und Versager abgestempelt, und sie scheinen kaum in die hektischen 90er Jahre zu passen, in denen die 60-Stunden-Woche dominiert.

Dennoch, Arbeitssucht ist nicht nur ein historischer Trend oder eine Modeerscheinung. Meine Großmutter, die auf einer Baumwollfarm arbeitete, seit sie sieben Jahre alt war, und meine Mutter im Jahr 1925 am Ende eines harten Arbeitstages gebar, war nie arbeitssüchtig, und auch die Mobilität der 80er Jahre brachte keine Workaholics hervor. Diese Arbeitsauffassung war die Folge der historischen und kulturellen Trends ihrer Zeit. Die japanische Kultur erwartet beispielsweise, dass der Mensch hart arbeitet. Die Japaner haben den Ausdruck *Karoshi,* um die Zehntausende von Arbeitnehmern zu bezeichnen, die jedes Jahr tot umfallen, weil sie 60 bis 70 Stunden in der Woche gearbeitet haben. Obwohl sie ansonsten gesund sind, brechen sie an ihrem Schreibtisch tot zusammen, meist infolge eines Schlaganfalls oder Herzinfarkts. Unter den Fabrikarbeitern in den 40er und 50er Jahren ist Karoshi so verbreitet, dass man die japanische Arbeitswelt schon als »Schlachtfeld« bezeichnet hat.[3] Wir dürfen jedoch nicht vergessen, dass kulturelle und historische Trends die Arbeitssucht zwar fördern, sie aber ebenso wenig verursachen wie die Drogen- oder Alkoholsucht. Allerdings gibt es auf jeder Ebene der Gesellschaft bestimmte Bedingungen, die Arbeitssucht unwiderstehlich machen.

Was begünstigt Arbeitssucht?

Obwohl die Ursache der Arbeitssucht in der Persönlichkeit liegt, gibt es im Leben jedes Menschen Risikofaktoren, die Arbeitssucht begünstigen oder es schwierig machen, sie zu überwinden. Solche Faktoren können andere Menschen oder Umstände sein, die den Zyklus der Sucht in Gang halten, indem sie die Botschaft »Du musst mehr arbeiten!« ausstrahlen. Da die Lebensverhältnisse jedes Menschen unterschiedlich sind, gibt es auch viele verschiedene begünstigende Faktoren. Wir können vier Ebenen unterscheiden, wobei jede Ebene in der nächsten wurzelt.[4]

Das tägliche Umfeld

Die erste Ebene ist das unmittelbare Umfeld. Es konfrontiert uns mit den Faktoren, die unser tägliches Leben beeinflussen: Familie, Schule, Arbeit, Kirche. Die Familie, in der wir aufwuchsen oder in der wir zur Zeit leben, und der Beruf können Arbeitssucht begünstigen. Ein Beispiel dafür sind Erwachsene, die zuviel arbeiten, um die finanziellen Ansprüche ihrer Partner oder Kinder zu erfüllen. Wenn diese Ansprüche höher sind als das Einkommen, geraten wir in Versuchung, Überstunden zu machen, einen zweiten Job anzunehmen oder um Beförderungen und Gehaltserhöhungen zu wetteifern. Manchmal erhalten Workaholics von Angehörigen widersprüchliche

Botschaften – einerseits verlangen sie materiellen Komfort, andererseits klagen sie darüber, dass der Ernährer nie zu Hause ist. Chaotische Familienverhältnisse können ebenfalls den Wunsch wecken, im Büro zu bleiben, um seine Ruhe zu haben. Alleinerziehende Mütter oder Väter, denen es schwer fällt, zwei Hüte zu tragen oder zwei Berufe zu haben, um über die Runden zu kommen, werden ebenfalls leicht arbeitssüchtig. Auch schlecht bezahlte oder sehr anstrengende Arbeit kann einen Menschen zum Workaholic machen, ebenso der Chef, der unmögliche Forderungen stellt und seinen Angestellten ständig über die Schultern schaut.

Wechselbeziehungen

Die zweite Ebene entsteht durch die Wechselbeziehungen zwischen zwei Faktoren der ersten Ebene, zum Beispiel Heim und Arbeit, Heim und Schule oder Heim und Religion. Ein Beispiel dafür wäre eine Firma, die von ihren Angestellten verlangt, einen Teil ihrer Freizeit zu opfern, um mehr zu verdienen und Anerkennung zu erlangen. Ein arbeitssüchtiger Manager sucht nach Mitarbeitern, die ebenso hart und hektisch arbeiten wir er:

> Ich versuche Problemen vorzubeugen, indem ich Menschen einstelle, die so sind wie ich. Bei Vorstellungsgesprächen lasse ich Leute durchfallen, die einen gelassenen Eindruck machen oder kein Verständnis für die Loyalität und die harte Arbeit in unserer Firma haben. Ich halte nach Begeisterung und Hingabe Ausschau, nach der Entschlossenheit, die Arbeit gut zu machen, einerlei, wie hart sie ist.

Ein anderes Beispiel sind die Techniken, die dazu beitragen, dass die Grenze zwischen Heim und Schule und Heim und Arbeit verschwimmen. Es ist eine Ironie, dass der neue Trend – Bildschirmarbeit zu Hause –, der den Beruf flexibler und familienfreundlicher machen sollte, die Arbeitssucht sogar fördert. Das Gleiche gilt für die gleitende Arbeitszeit, die es Angestellten erlaubt, ihre Wochenstunden nach ihren persönlichen Bedürfnissen einzuteilen. Wenn Heim und Büro miteinander verschmelzen, können wir rund um die Uhr arbeiten.

Medien und Behörden

Die dritte Ebene stellen Zeitungen, Fernsehen und Behörden dar. Beispiele dafür sind die klischeehaften Witze, die Workaholics in günstigem Licht darstellen, Anzeigen, die Workaholics ansprechen, und Medien, die Workaholics mit Ruhm und Reichtum überhäufen. Als die Managementberaterin Marilyn Machlowitz gefragt wurde, was ein Ehepartner tun könne, um einen Workaholic zu ändern, gab sie in einer populären Zeitschrift folgenden heilsamen Rat:

> Angehörige sollten sich bemühen, die Arbeitswelt des Workaholics kennen zu lernen. Wenn möglich, sollten sie gemeinsam zu Mittag essen. Schon kleine Kinder kann man am Wochenende mit ins Büro, ins Labor oder in den Laden nehmen. Damit die gemeinsame Zeit Spaß macht, müssen die Hausarbeiten vereinfacht werden. Bezahlen Sie beispielsweise Rechnungen per Telefon, und kaufen Sie einen Mikrowellenherd. Am wichtigsten ist es, dass die Familie damit rechnet, oft allein zu sein. Ein Börsenmakler sagte mir: »Ich bin vielleicht ein schlechter Vater, aber wenn meine Firma mich braucht, bin ich da.«[5]

Die Botschaft lautet: Orientieren Sie sich nach dem Workaholic und seinem Terminplan, beteiligen Sie sich an der Sucht, wann immer es möglich ist, und seien Sie darauf vorbereitet, oft allein zu sein. Mit anderen Worten: Beißen Sie die Zähne zusammen, und lassen Sie das Problem in Ruhe.

Zu dieser Ebene gehören auch Gesetze, die Arbeitssucht entweder fördern oder die zulässige Arbeitszeit nicht einschränken, was vor allem in sehr anstrengenden Berufen des Sicherheitsbereichs notwendig ist, etwa bei Notfallmedizinern und Fluglotsen.

Wie der folgende Bericht zeigt, machen technische Errungenschaften die Arbeit und die Arbeitssucht reizvoll. Darauf hat auch die Werbung schon reagiert, die sich bemüht, Arbeitssucht als verführerisch und sexy zu verkaufen, ähnlich wie es die Tabakindustrie in den 40er und 50er Jahren mit ihren Produkten getan hat. Heute ist es in Amerika verpönt, eine attraktive Schauspielerin mit einer Zigarette im Mund, einem Scotch in der Hand und verführerischem Blick auf einem Plakat abzubilden. Nun versuchen Sie sich vorzustellen, dass man IBM zwingen könnte, ein Plakat zu entfernen, das am Eingang dieser gigantischen Computerfirma hängt und einen Workaholic zeigt, der mit einer Hand auf den Computer einhämmert und mit der anderen eine dicke Prämie in Empfang nimmt. Weit hergeholt, meinen Sie? Immerhin hat öffentlicher Druck die Firma Reynolds Tobacco gezwungen, eine Zigarettenreklame in der Nähe einer Schule zu entfernen. Eltern hatten sich darüber beklagt, dass sie Teenager zum Rauchen verführen könne. Die Arbeitssucht wird dagegen nicht tabuisiert, sondern gefördert und als normal hingestellt.

Wie man eine Tretmühle romantisiert
Von Owen Edwards

Neulich hielt ich in einem Kurs für angehende Journalisten an einer großen Universität einen Vortrag. Hinterher schlug der Professor – mein Gastgeber – vor, die Diskussion in einem Studentencafé fortzusetzen. An einem kleinen, runden Tisch saßen junge Männer und Frauen in der vollen Blüte ihrer Jugend. Unterhielten sie sich über Fellini, oder flirteten sie im beißenden Qualm ihrer französischen Zigaretten, oder lasen sie Yeats und Hemingway? Keineswegs. Mit Ausnahme eines Studenten und einer Studentin arbeiteten sie alle an ihrem Laptop!

Selbst in einer Welt, die durch Unisex, Bitterkeit zwischen den Geschlechtern, Neopuritanismus und penetrante Liebenswürdigkeit immer öder wird, war diese fingerfertige Ernsthaftigkeit bestürzend. Einst konnten auch die fleißigsten Studenten Arbeit und Freizeit unterscheiden. Sie gingen in die Vorlesung (so habe ich es gehört), schrieben ihr Notizpapier voll, verbrachten eine Weile in der Bibliothek und kauften eines Tages einen Rahmen für ihr Diplom. Wenn sie einen Kaffee trinken gingen, entspannten sie sich. Eben darum gingen sie Kaffee trinken. Aber, ach, das war, bevor die Computerindustrie anfing, die Tretmühle zu romantisieren.

Soweit ich mich erinnere, unternahm eine Anzeige der Firma Apple zum erstenmal den Versuch, der täglichen Arbeit den gleichen Status wie dem Sex zu verleihen. Das Foto hätte von Gauguin sein können: An einem Strand vor einer kleinen Schilfhütte saß ein gut aussehender junger Mann, der, einer schrulligen, alten, romantischen Tradition folgend, ein Buch las. Drinnen in der Hütte stand ein Macintosh, funkelnd wie eine Ikone. Die Botschaft war klar: Dieser Mann, dem keine vorbeischlendernde französische Schauspielerin hätte widerstehen können, dieser Mann arbeitete! Als Schriftsteller, der seit Jahren mit seinem PC arbeitete, hätte mich das nicht beeindrucken sollen. Aber ich war beeindruckt. Wer weiß, was im Mac dieses fahrenden Ritters gespeichert war. Eine ganzseitige Anzeige? Die Formel für eine revolutionäre neue Legierung? Was auch immer, er war einer wie ich, oder vielmehr einer von den Burschen, die wir alle gerne sein möchten. Relaxed, aber allzeit bereit. Apple war auf etwas Großes gestoßen: Die Firma verkaufte Technik wie After Shave. Wichtiger noch: Sie verkaufte Arbeit als neue Lust.

In gewisser Weise war das eine Variation eines alten Themas. Arbeit und Tugend galten lange als Zwillinge. Welcher Pressesprecher eines Präsidenten hat nicht irgendwann atemlos den 18-Stunden-Tag seines Chefs gerühmt? Gewiss, Topmanager mieden sittsam Zigaretten, prahlten aber mit ihrer Arbeitssucht. Aber erst seit kurzem wird die unermüdliche Drohne als attraktiv dargestellt. Männer und Frauen hämmern auf ihren Laptop ein, wagemutig wie Arthur, der Excalibur schwingt, und klappen ihn jedes Mal auf, wenn sie eine Minute Zeit haben, noch ein Business anzukurbeln. Wenn sie ins Büro oder vom Büro nach Hause fahren, telefonieren sie, wenn sie zu Mittag essen, empfangen sie Besucher. Sie hetzen vom Faxgerät zum E-Mail-Bildschirm und nutzen den Abend, der einst dem Vergnügen vorbehalten war, um Kunden in Hongkong zu betreuen. Selbst ich, der früher einmal in einer

Fibel für Geschäftsleute davor warnte, im Flugzeug zu arbeiten, ertappe mich dabei, dass ich die Übertragung von Beethovens Zweiter Symphonie aus Europa sausen lasse, um noch ein paar Worte in den Computer zu tippen. Auch mein Terminplan hat immer weniger Lücken. Eigentlich bin ich ja Autor geworden, um der ewigen Tretmühle zu entkommen.

Warum also arbeite ich fast pausenlos? Warum arbeiten Studenten im Café? Weil die Technik, mit der wir uns selbst versklaven, wirklich sexy ist, mehr als Schreibmaschinen und Aktenschränke es je sein konnten. Mit seiner einsamen Insel hat Apple weniger ein Bild kreiert als die Wirklichkeit beschrieben. Information ist Macht, die Zugehörigkeit zum inneren Zirkel ist eindrucksvoll, Mobilität ist magnetisch. Nennen Sie mich einen Verräter an meinen Idealen, nennen Sie mich einen armen Verführten – aber ich fühle mich wie Prometheus, wenn ich einen Artikel wie diesen in einer Höhe von 10.000 Metern schreiben, aus dem Flugzeug einem weit entfernten Redakteur faxen und danach meine E-Mails abrufen kann. Ich glaube, ich bin den gleichen Reizen erlegen wie sie einst ein rotes Mustang-Cabriolet ausstrahlte, nur dass es diesmal um Megabytes geht und nicht um PS.

Habe ich den Köder der Madison Avenue geschluckt und mich für das Schicksal eines Kulis entschieden, verführt von einer cleveren Illusion? Ich bezweifle es. Eines Tages, vielleicht sogar auf einer Flugreise, wird die exotische Schöne im Sessel neben mir sich zu mir herüberbeugen, ihre Lippen aufregend nahe an mein Ohr bringen und heiser flüstern: »Na, du großer Junge, was hast du denn da in deinem Laptop?«[6]

In der Gesellschaft verankerte Überzeugungen

Die vierte Ebene der begünstigenden Faktoren sind die allgemeinen Muster und die Ideologie der Gesellschaft, der Kultur, der Politik und der Wirtschaft. Arbeitssucht wird beispielsweise von religiösen Leitsprüchen wie »Faule Hände sind Werkzeuge des Teufels« gefördert. Die puritanische Arbeitsethik, die immer noch lebendig ist, schätzt harte Arbeit und preist sie als Arznei gegen die Sünde. Unsere Kultur applaudiert der Ar-

34

beitssucht sogar dann noch, wenn sie das Leben bedroht oder die Familie zerbricht. Ein begünstigender Faktor ist auch eine unermüdliche Wirtschaft, die von Arbeitnehmern Überstunden verlangt, damit sie genug Geld für einen akzeptablen Lebensstandard verdienen.

Benachteiligte Gruppen wie Frauen, Schwule und Lesben werden gegen ihren Willen zu Workaholics, um einer Gesellschaft, die sie abwertet, zu beweisen, dass sie doch einen Wert haben.[7] Diese Menschen erhalten oft subtile oder direkte Botschaften (real oder eingebildet), die besagen, dass ihre Familie, ihre Kollegen und die ganze Gesellschaft nichts von ihnen halten. Als Kinder wurden sie vielleicht unterdrückt und mussten ständig beweisen, dass sie nützlich waren. Mit der Zeit glaubten sie daran, dass sie minderwertig, sündhaft oder gestört seien, und erfuhren zugleich, dass Leistung eine brauchbare, wenn auch nur vorübergehende Kompensation für die Klischees biete, die über sie in Umlauf sind.

Manche benachteiligten Gruppen fangen schon sehr früh mit diesem Kompensationsprozess an und übertreffen ihre Altersgenossen in der Schule. An der Uni und im Beruf lernen diese Menschen, dass lange, harte Arbeit ihnen ein Gefühl der Befriedigung gibt und ihre Minderwertigkeitsgefühle lindert. Von da an sind sie darauf versessen, der Welt durch Leistung ihren Wert zu beweisen, und sie werden mit Anerkennung, Beifall und Geld belohnt. Eine 50-Jährige, der die Eltern immer vorhielten, sie leiste nicht genug, versucht möglicherweise immer noch, sich den Respekt des Vaters zu verdienen, indem sie Tag und Nacht schuftet. Die direkten und indirekten Botschaften der Kultur an die Geschlechter fördern die Arbeitssucht bei Männern ebenso wie bei Frauen.

Unsere Gesellschaft idealisiert die Frau, die alles macht, und zwar flott. Sie muss nicht nur eine gute Ganztagsmutter sein, sondern auch Erfolg in ihrem Ganztagsberuf haben, nebenbei den Haushalt führen und sich um den Partner und um gesellschaftliche Verpflichtungen kümmern. Wenn sie dann noch Zeit hat, darf sie sich auch entspannen. Frauen fühlen sich als Versager, wenn sie es nicht schaffen, Managerin, Mutter, eine gute Gärtnerin, Köchin und Expertin auf jedem nur denkbaren Gebiet zu sein und daneben noch einen privaten Fitnessberater zu haben, der ihnen hilft, schön zu bleiben. Stephanie gestand:

> Viele Frauen meiner Generation haben die Frauenemanzipation von Anfang an mitgemacht und glauben daher auch deren Botschaft: »Ja, du kannst alles schaffen!« Jeden Morgen, wenn ich mit den Füßen den Boden berühre, verspreche ich mir selbst, heute alles ins Gleichgewicht zu bringen. Aber ich schaffe es nie, und darum bin ich immer niedergeschlagen.

Da Supermütter nicht perfekt sind, haben sie ständig ein schlechtes Gewissen – weil sie zu Hause bleiben, weil sie keinen Beruf haben, weil sie einen Beruf haben, weil sie die Kinder im Kindergarten unterbringen, weil sie nicht genug Geld verdienen, weil sie den Kindern nicht genug Disziplin beibringen, weil sie nicht in die Elternsprechstunde der Schule gehen. Ihr Minderwertigkeitsgefühl verstärkt die Überzeugung, dass sie irgendwie unzulänglich sind, und der Kreislauf beginnt von vorne: Sie vergraben sich noch tiefer in ihrer Arbeit, um für ihre unverzeihlichen Sünden zu büßen. Im Gegensatz dazu versuchen die Männer in unserer Gesellschaft, ein idealer Vater zu sein, ein überaus erfolgreicher Vater, der viel Geld verdient und der Familie allen Komfort bietet, aber Gefühle und Nähe scheut – ein Faktor, der die Arbeitssucht in unserer Gesellschaft fördert. Aus Angst, sich in der Firma lächerlich zu machen, verzichten sie auf einen freien Tag, wenn ihre Kinder geboren werden, und sie geben vor, noch eine Besprechung zu haben, wenn sie ihre Kinder aus dem Kindergarten holen müssen.[8] Unsere Gesellschaft zwingt Arbeitnehmer, sich zwischen Arbeit und Familie zu entscheiden, unterstützt sie dabei aber nicht.

Gloria Steinem beschreibt, wie die Geschlechtermasken, die unsere Gesellschaft uns aufzwingt, die Arbeitssucht begünstigen:

> Ein »männliches« Paradigma wird oft noch schmerzhafter, wenn die Rasse, die soziale Schicht oder die sexuelle Orientierung es

unmöglich machen, das Ideal der Macht zu erreichen, das nicht nur männlich, sondern auch weiß, heterosexuell und erfolgreich ist. Und ein »weibliches« Paradigma wird für Frauen oft verdoppelt, wenn sie farbig, arm oder lesbisch sind oder sich nicht durch Unterordnung unter den richtigen Mann oder die Familie »selbst finden« können und sich daher minderwertig fühlen.

Nur wenn Männer auch *im* Haus gleichberechtigt sind, können Frauen *draußen* gleichberechtigt sein. Weil Frauen überlastet sind und die von Männern beherrschte Kultur sie dazu zwingt, ist dieses Land die einzige demokratische Industrienation der Welt ohne ein landesweites System der Kinderbetreuung, ohne Ansätze zu einer flexiblen Arbeitszeit, ohne Erziehungsurlaub für Väter und Mütter, ohne kürzere tägliche oder wöchentliche Arbeitszeit für Väter und Mütter kleiner Kinder und vieles mehr.[9]

Mythen über die Arbeitssucht

Unter dem Einfluss unzureichender Daten, kultureller und historischer Trends sowie der Massenmedien verdecken Mythen über die Arbeitssucht das Problem und tragen dazu bei, dass es missverstanden oder geleugnet wird. Obwohl Arbeitssucht die angesehenste und am meisten geförderte aller Süchte ist, ist sie eine schwere Störung, die von der gesellschaftlichen Anerkennung nur maskiert wird. Wie Margo wird der Workaholic gelobt, obwohl er enttäuscht und verzweifelt ist. Die Sucht gibt sich einen positiven Anstrich und schmeichelt sich überall in unserer Gesellschaft ein. Obwohl es erheblich weniger wissenschaftliche Studien über Arbeitssucht gibt als über jede andere Sucht, zeigen immer mehr klinische und empirische Befunde und die wachsende Einsicht in den Suchtprozess klar und deutlich, was Arbeitssucht ist, so dass wir Mythen und Wirklichkeit voneinander trennen können.

»Mein Beruf verlangt das«
Workaholics laufen gegen die Uhr, drohen dem Himmel mit

der Faust und stöhnen über ihre knappe Zeit. Da sie nie alle Aufgaben bewältigen können, müssen sie mit dem quälenden Gefühl leben, andauernd Niederlagen zu erleiden. Sie hetzen, sind immer beschäftigt und beurteilen sich danach, was sie tun, nicht danach, was sie sind.

Ein verbreiteter Mythos besagt, Arbeitssucht werde durch Leistungsdruck oder Angst vor Entlassungen hervorgerufen. Deshalb müssen wir angeblich länger als von neun bis 17 Uhr arbeiten. Aber die empirischen Daten belegen, dass die moderne Technik und der Arbeitgeber zwar die Arbeitssucht fördern können, sie jedoch nicht verursachen. Arbeitssucht ist vor allem ein psychisches und in geringerem Maße ein soziologisches Problem. Workaholics fühlen sich minderwertig, unabhängig davon, was sie leisten, und sie setzen sich ständig höhere, unerreichbare Ziele. Neuen Herausforderungen stellen sie sich nur, wenn sie sofort glänzen können. Doch trotz all ihrer Aktivität verspüren sie eine innere Leere. Sie fühlen sich oft einsam, sind früher als alle Kollegen im Büro und gehen als letzte. Sie haben keine Lust, sich frei zu nehmen, und wenn sie es tun, nehmen sie Arbeit mit nach Hause. Spaß und Lachen betrachten sie als Zeitverschwendung, und oft verachten sie Menschen, die Humor haben, unbekümmert sind und wenig leisten.

Arbeitssucht ist keine plötzliche Reaktion auf ein Ereignis im Leben eines Erwachsenen. Ihre Wurzeln liegen in der Kindheit – sie ist ein entwicklungsbedingtes Phänomen, das oft unbemerkt bleibt, weil manche Kinder überaktiv sind und viel leisten und kompensieren wollen.

Klinische Befunde lassen darauf schließen, dass Arbeitssucht die Folge einer gestörten Familie in der Kindheit ist und bei Erwachsenen zu gestörten Familienverhältnissen beiträgt.[10] Workaholics nehmen ihre Einstellungen und zwanghaften Gewohnheiten mit in ihre neuen Familien und an den Arbeitsplatz. Margo begann mit 14 zu arbeiten, zum Teil deshalb, weil ihr Vater ein Workaholic war und sie seine Anerkennung brauchte. Noch als Erwachsene wollte sie unbedingt beliebt sein und alles richtig machen, und sie erkannte, dass sie das Gleiche von ihrem kleinen Sohn erwartete.

Barbara Garson beschreibt drei Stadien der Arbeitssucht von der Ursprungsfamilie bis ins Erwachsenenalter.[11] In Stadium 1 wächst der Workaholic in einer Familie auf, in der ein Elternteil Alkoholiker oder Workaholic ist. Oder aber die Familie ist gestört und stellt Regeln auf, die es nicht erlauben, Gefühle frei auszudrücken oder über persönliche und zwischenmenschliche Probleme offen zu reden. Die Eltern erwarten von den Kindern Perfektion und äußern nur dann Zuneigung, wenn das Kind gute Noten in der Schule hat und viel leistet.

Das zweite Stadium umfasst die 20er und 30er Jahre. Jetzt kann die Arbeitssucht akut werden, wenn gute Leistungen am Arbeitsplatz nicht anerkannt werden. Aber auch Beförderungen und Prämien für gute Leistungen können die Arbeitssucht jetzt anfachen.

In Stadium 3, den 40er und 50er Jahren, verstärkt die Mid-Life-Crisis die Arbeitssucht. Die Gesundheit und die Beziehungen können in dieser Phase zum Problem werden – wenn die Arbeitssucht nicht geheilt wird, kann sie chronisch werden und zur Scheidung oder gar zum Tod führen.

Erwachsene Workaholics fühlen sich zu Tätigkeiten hingezogen, bei denen sie unter Druck stehen und ihre zwanghaften Gewohnheiten ausleben können. Die Therapeuten Richard Weinberg und Larry Mauksch sind der Meinung, dass die Interaktionsmuster, an die ein Mensch sich in seiner Ursprungsfamilie gewöhnt hat, in seinem künftigen Leben und im Beruf oft eine wichtige, wenn auch unbemerkte Rolle spielen und zu unerwünschtem Stress beitragen.[12]

Erkenntnis 1: Die Quelle der Arbeitssucht liegt in uns. Der Workaholic, der seinen anstrengenden Beruf für seine Arbeitssucht verantwortlich macht, ist ebenso typisch wie ein Alkoholiker, der seiner nörgelnden Frau die Schuld an seinem Alkoholismus gibt.

Der Mythos von der Tugend

Es kommt gar nicht so selten vor, dass wir eine Zeitung öffnen und eine Anzeige mit der Überschrift »Workaholic gesucht«

lesen. Viele Leute glauben zwar, Workaholics seien die besseren Arbeiter, aber nichts könnte von der Wahrheit weiter entfernt sein. In vielen Industrieländern ist es Tradition, dass die Arbeitgeber die Arbeitssucht schätzen und fördern und Bedingungen schaffen, die diese Sucht begünstigen. Anne Wilson Schaef und Diane Fassel werfen dem Handel und der Industrie in ihrem Buch *The Addictive Organization* vor, sie trügen dazu bei, dass Arbeitssucht geleugnet und als akzeptabel oder gar vorteilhaft dargestellt werde – im Glauben, Workaholics seien produktiver.[13] Ihrer Meinung nach fördern viele Unternehmen die Arbeitssucht, weil sie Fehlverhalten unter ihren Arbeitnehmern leugnen, verdecken und belohnen. Nach Auffassung der Autoren haben arbeitssüchtige Manager und andere Angestellte in Schlüsselpositionen einen negativen Einfluss auf den Betrieb und seine Mitarbeiter. Andere Fachleute weisen darauf hin, dass Erwachsene, die aus gestörten Familien stammen, sich unbewusst einen Beruf suchen, in dem sie unter Stress stehen, damit sie ihre Arbeitssucht ausleben können, indem sie ungelöste Familienprobleme »nachspielen«.[14]

Workaholics sind meist keine Mannschaftsspieler. Da sie alles selbst im Griff haben wollen, fällt es ihnen schwer, Probleme gemeinsam zu lösen und mit anderen zusammenzuarbeiten. Sie halten ihre Auffassung und ihre Arbeitsweise für die beste und lehnen Lösungen ab, die nicht perfekt sind. Wenn ein engstirniger Mensch sich durchsetzt, werden Spontanität und Kreativität unterdrückt. Da Workaholics nicht delegieren wollen, überlasten sie sich selbst – die Folgen sind Groll, Reizbarkeit und Ungeduld. Auch Wutausbrüche sind nicht selten. Ihre hohen Erwartungen können weder sie noch ihre Kollegen erfüllen. Disharmonie breitet sich aus, und die Moral der Gruppe lässt nach. Wenn die Mitarbeiter versuchen, in kürzerer Zeit mehr zu leisten, droht ihnen und ihren Untergebenen Erschöpfung. Sie sind weniger leistungsfähig als jene Kollegen, die weniger Zeit damit verbringen, ein Arbeitsziel zu planen und darauf hinzuarbeiten. Je intensiver sie sich mit ihrer Arbeit beschäftigen, desto mehr nimmt die Erschöpfung zu und die Leistung ab.

Erkenntnis 2: Workaholics setzen sich selbst und andere unter Druck. Die Folge sind schlechte Moral, Disharmonie, Konflikte, geringere Produktivität, höhere Fehlzeiten und Verspätungen wegen Krankheit, mangelnde Kreativität und fehlender Teamgeist. Arbeitssucht ist demnach keine Tugend.

Der Mythos vom Helden

Workaholics werden von Kollegen beneidet. Sie leisten viel, übernehmen Verantwortung und werden mit jeder Situation fertig. Diesen Eindruck erwecken sie zumindest. Je härter sie arbeiten, desto mehr werden sie gerühmt. Colman McCarthy, ein in den USA bekannter Kolumnist, drückt es so aus:

> Die Lebensweise des Workaholics gilt in Amerika als religiöse Tugend, als eine Form des Patriotismus und als eine Möglichkeit, Freunde zu gewinnen, Menschen zu beeinflussen und gesund, reich und klug zu werden. Darum wird der Workaholic sich kaum ändern, und wenn er sich noch so sehr quält. Er ist ja ein Muster an Tugendhaftigkeit. Er ist auserwählt und hat die größten Erfolgsaussichten.[15]

Die protestantische Arbeitsethik hindert uns daran, hart arbeitende Workaholics zu kritisieren, denn sie sind ja rechtschaffene Bürger. Als Kinder waren sie oft die Helden der Familie, und sie lernten, dass Arbeitssucht ein Gefühl der Macht vermitteln kann. Das Streben nach Macht hilft ihnen, Abstand zu ungelösten emotionalen Problemen zu gewinnen, und lindert ihre Angst. Neue Studien bestätigen ältere anekdotische Berichte, wonach Arbeitssucht schwere negative Folgen hat, unter anderem Depressionen, Angst, Perfektionismus, Stress am Arbeitsplatz, die Unfähigkeit zu delegieren und Gesundheitsstörungen.[16] Familien mit einem arbeitssüchtigen Elternteil sind gestört, und Arbeitssucht des Vaters führt zu Angst, Depressionen und Fremdbestimmung bei den Kindern.[17]

Erkenntnis 3: Workaholics leiden an einer zwanghaften Störung, die Gefühle – von Wut bis Depression – maskiert. Sie haben ein geringes Selbstwertgefühl und Schwierigkeiten mit der Intimität, und sie fürchten, ihre Macht zu verlieren.

Der Mythos vom Messias

Workaholics schwören, dass sie nur für ihre Familie oder zum Wohle der Firma oder der Gesellschaft so hart arbeiten. In Wirklichkeit sind ihre Motive narzistischer, als sie einzuräumen bereit sind.

Hinter all den Erfolgen verbergen sich das zwanghafte Bedürfnis, zu glänzen und anerkannt zu werden, und eine tief sitzende Unzufriedenheit sowie ein geringes Selbstwertgefühl. Da Workaholics nie mit sich zufrieden sind, brauchen sie ihre Arbeit, um ihre Identität und eine positive Einstellung zu sich selbst zu finden. Oft messen sie ihren Wert an den erzielten Ergebnissen. Sie wollen ihren Erfolg durch nachweisbare Resultate belegen.

Erkenntnis 4: Workaholics überanstrengen sich, um eine innere Leere zu füllen, seelische Schmerzen zu lindern und Gefühle zu unterdrücken.

Der Mythos »Ich bin mit dem Büro verheiratet«

Der Irrglaube, dass Workaholics ihre Arbeit lieben, weil sie soviel Zeit auf der beruflichen Tretmühle verbringen, ist weit verbreitet. In Wahrheit arbeiten sie für die Arbeit. Einerlei, wie die Arbeitsbedingungen sind und wie viel sie verdienen, sie sind bereit, alles Notwendige und noch mehr zu tun, um einen Auftrag zu erfüllen, selbst wenn die Firma es ihnen nicht lohnt.

Der Grund dafür, dass man ihnen vorwirft, »die Tretmühle zu romantisieren«, ist nicht unbedingt ihre Arbeitsliebe. Was sie lieben, ist die Flucht vor der Intimität, die ihnen die Arbeit ermöglicht, und das damit verbundene gesteigerte Selbstwertgefühl. Workaholics versenken sich in ihre Arbeit, um sich sicher zu fühlen, unabhängig davon, ob die Arbeit sie befriedigt.

Erkenntnis 5: Obwohl die meisten Workaholics behaupten, dass sie ihre Arbeit lieben, ist Zufriedenheit mit der Arbeit keine Voraussetzung für Arbeitssucht.

Der Mythos vom Hochstapler

Dieser Mythos behauptet, Arbeitssucht sei keine echte Sucht, weil sie keine physiologische Grundlage habe wie die Abhängigkeit von Chemikalien oder Essen. Das ist falsch, denn die Arbeitssucht ist eine Verhaltensstörung, die den Betroffenen vom Adrenalin abhängig macht. Adrenalin ist ein Hormon, das der Körper unter Stress produziert und das ähnlich wirkt wie Amphetamin. Workaholics bezeichnen den Energiestoß, den sie verspüren, oft als »Adrenalinhoch«. Da sie nach Adrenalin süchtig sind, brauchen sie immer höhere Dosen, um dieses Hoch aufrechtzuerhalten. Manche Forscher glauben, dass Workaholics sich unbewusst unter Stress setzen, um diese Euphorie zu erleben.[20]

Nach einer harten Arbeitswoche verließ ein Universitätsprofessor sein Büro. Er fühlte sich nicht wohl beim Gedanken an ein Wochenende ohne Terminplan. Auf dem Weg nach draußen überreichte ihm jemand ein Schreiben, das ihn an den Ablauf der Antragsfrist für eine Subvention erinnerte. Plötzlich wurde er ruhig, und das Adrenalin begann zu fließen. Die Gewissheit, dass es noch mehr zu tun gab, beruhigte ihn wie die volle Flasche den Alkoholiker. Aber als er seinen Antrag geschrieben hatte, kehrte die Depression zurück.

Adrenalinsucht macht süchtig nach Krisen, in denen der Körper das Hormon produziert und den Workaholic mit seiner Droge versorgt. Bei der Arbeit führen Workaholics routinemäßig solche Situationen herbei. Eine Methode besteht darin, sich selbst oder Mitarbeitern unrealistische Ziele zu setzen, eine andere ist der Versuch, zu viele Arbeiten gleichzeitig zu erledigen. Während der Workaholic davon »high« wird, fühlen die Mitarbeiter sich jedoch gestresst und ausgebrannt und reagieren ähnlich wie Kinder mit einem Alkoholiker in der Familie: launisch, verwirrt und frustriert. Dem Adrenalinstoß folgen körperliche Beschwerden. Zuviel Adrenalin hindert die Zellen daran, das Blut von dem gefährlichen Cholesterin zu befreien. Die Folge sind verstopfte oder beschädigte Arterien und möglicherweise ein Herzanfall.

Erkenntnis 6: Der Adrenalinstoß löst ebenso wie andere Drogen körperliche Veränderungen aus, vor allem eine »Arbeitseuphorie«, die süchtig macht und tödlich sein kann.

Der Mythos von der Arbeitssucht als Stiefkind

Die meisten Leute glauben, Arbeitssucht sei nicht der Suchtfamilie zuzuordnen und weniger schwerwiegend als primäre Süchte. Sogar einige Therapeuten betrachten sie als positive Angewohnheit, weil sie nicht mit einem gesellschaftlichen Stigma behaftet ist wie der Alkoholismus, Essstörungen oder andere Arten des Zwangsverhaltens, die als Charakterfehler gelten. Manche Betriebsberater bezeichnen die Arbeitssucht sogar als positiv.[19] Dieser Mythos schadet auch der Familie des Workaholics, wie es Brenda in Kapitel 3 schildert; denn andere fallen darauf herein und glauben, das Leben mit einem Arbeitssüchtigen sei nicht so schlimm wie das Leben mit einem Alkoholiker. Arbeitssucht wird in unserer Gesellschaft auch deshalb nicht als ernste Sucht angesehen, weil man sie für harmlos oder gar für gesund hält. Dadurch wird diese Sucht noch heimtückischer und ist in gewisser Hinsicht gefährlicher und schwerer zu heilen als andere Süchte – sie wird ja gelobt und geschätzt.

Viele Alkoholiker haben festgestellt, dass sich unter ihrer Trunksucht eine Arbeitssucht verbirgt. Das Leben vieler Ärzte, die eine Entziehungskur machen, ist nicht nur wegen der Sucht nach Alkohol tiefgreifend gestört, sondern auch deshalb, weil sie 70 bis 80 Stunden in der Woche arbeiten.[20] Bei anderen ist die Arbeitssucht eine primäre Sucht. Man schätzt, dass zwischen 27 und 30 Prozent der Bevölkerung arbeitssüchtig sind. In einer Umfrage von Patrick Carnes gaben 27 Prozent der Teilnehmer an, Arbeitssucht sei ihre primäre Sucht – in einer anderen Studie wurden 28 Prozent der Teilnehmer als Workaholics identifiziert.[21] Workaholics leugnen ihre Sucht oft hartnäckiger als andere Süchtige, weil die Gesellschaft sie anerkennt. Doch zwischen Lob und Beifall zerbrechen Ehen und Freundschaften, geht die Leistung zurück und treten körperliche Nebenwirkungen und Gesundheitsprobleme auf. Niemand, am wenigsten der Workaholic, versteht, was nicht in Ordnung ist. Mitten in ihrem zerbröckelnden Umfeld ertränken Workaholics ihre Sorgen, indem sie die Ärmel hochkrempeln und sich noch tiefer in ihre Arbeit vergraben.

Erkenntnis 7: Arbeitssucht kann eine primäre Sucht sein; sie kann sich aber auch als sekundäre Sucht mit anderen Süchten vermischen.

Der Mythos vom einträglichen Beruf

Nach diesem Mythos wird man nur arbeitssüchtig, wenn man einen einträglichen Beruf hat. Bei den meisten Workaholics kommt das Zwangsverhalten im Beruf zum Ausdruck, bei anderen ist die Arena der Haushalt, eine ehrenamtliche Tätigkeit, ein Hobby, das Fitnessstudio oder die Kindererziehung. In anderen Fällen legen sie ein Zwangsverhalten an den Tag, wenn sie Bäume pflanzen, ein Kleid schneidern oder das Badezimmer streichen. Melda war eine erfolgreiche Anwältin, bis sie vor Erschöpfung zusammenbrach. Sie gab ihre Kanzlei auf und kaufte mit ihrem Mann ein altes Haus. Bald merkte sie, dass das Büro keine Voraussetzung für Arbeitssucht war. Sie arbeitete Tag und Nacht, um das Haus zu renovieren, und hätte beinahe ihre Genesung verhindert, weil sie ihr Zwangsverhalten vom Büro auf die Arbeit im Haus übertrug.

Erkenntnis 8: Arbeitssucht ist nicht auf bezahlte, einträgliche Berufe beschränkt. Sie tritt in vielen Formen auf und konsumiert die Zeit, Energie, Gedanken und Identität des Workaholics.

Der Mythos vom Bummelanten

Wörterbücher definieren den Bummelanten als einen Menschen, der sich vor Arbeit oder Verpflichtungen drückt. Workaholics trauen sich nicht, kürzer zu treten, weil sie fürchten, man werde sie als Bummelanten abstempeln oder ihnen Nachlässigkeit vorwerfen. Die Ursache dieser Einstellung ist die Angst vor dem Versagen. Die Furcht, den alten Schwung zu verlieren und nie wiederzufinden, wenn sie sich mehr schonen, sitzt bei ihnen tief. Sie treiben sich an, weil sie fürchten, ihre »faule Seite« werde sonst zum Vorschein kommen. Diese Furcht geht zum Teil auf Entbehrungen in der Kindheit zurück. Die Japaner leiden zum Beispiel immer noch unter dem Trauma des wirtschaftlichen Ruins nach dem Krieg, und ältere

Amerikaner können die Wirtschaftskrise der 30er Jahre nicht vergessen. Einerlei, wie reich diese Menschen sind, sie haben ständig Angst, im Armenhaus zu landen, wenn sie in ihrer Leistung nachlassen.

Verstärkt wird diese Furcht durch den verbreiteten Glauben, nach der Heilung der Arbeitssucht gehe die Leistung zurück. Aber Arbeitssucht ist keine Garantie für gute Leistungen. Workaholics streben nach Quantität, gesunde Arbeitnehmer streben nach Qualität. Workaholics können ein Risiko für sich selbst und andere sein, wenn sie einen gefährlichen Beruf haben. Wer Werkzeug, Maschinen oder schwere Ausrüstung bedienen muss, kann körperliche und materielle Schäden verursachen, wenn er es ständig eilig hat. Auch Berufe, die geistige Wachheit erfordern – z.B. Pilot oder Gehirnchirurg – eignen sich nicht für Workaholics, die möglichst rasch den nächsten Punkt auf dem Terminkalender abhaken wollen. Geheilte Workaholics können also die Qualität ihrer Arbeit sogar verbessern.

Erkenntnis 9: Ausgeglichene Arbeitnehmer sind leistungsfähiger und produktiver, weil sie weniger unter Stress leiden und einen klareren Kopf haben.

Der Mythos »Morgen höre ich auf«

Die Annahme, das Arbeitssucht geheilt werden kann, wenn man einfach die Arbeitszeit verringert, ist falsch. Mäßigung ist zwar wichtig, aber eine verringerte Arbeitszeit allein ist keine Lösung. Workaholics sind bei der Arbeit nämlich nicht immer körperlich aktiv. Sie verbringen viel Zeit mit zwanghaftem Denken, selbst wenn sie sich scheinbar entspannen oder gesellig sind.

Workaholics können nicht anhand ihrer Arbeitszeit entlarvt werden, Alkoholiker nicht anhand der Zahl ihrer Drinks und Esssüchtige nicht anhand der Zahl ihrer Portionen. Wenn sie lediglich ihre Arbeitszeit reduzieren und ihre Freizeit verlängern, gleichen sie einem Arzt, der eine eiternde Wunde nur mit Pflaster zuklebt. Die Wurzeln der Arbeitssucht reichen tief.

Workaholics können ihr Zwangsverhalten nicht steuern. Sie benutzen verschiedene Worte, um ihre wahren Gefühle über die »große Kluft« auszudrücken: Verantwortung am Arbeitsplatz und Verpflichtungen gegenüber der Familie.

Alle Suchtprogramme verlangen Abstinenz. Wer von einer Chemikalie abhängig ist, muss völlig nüchtern werden, weil der Körper weder Alkohol noch Drogen zum Leben braucht. Da aber auch Workaholics arbeiten und Esssüchtige essen müssen, bedeutet Abstinenz bei ihnen, dass sie aufhören, *zwanghaft zuviel zu arbeiten oder zu essen.* Notwendig ist also Mäßigung am Arbeitsplatz, verbunden mit Ausgewogenheit in anderen Lebensbereichen – Familie, Gesellschaft, Spiritualität.

Erkenntnis 10: Um Arbeitssucht zu heilen, genügt es nicht, die Arbeitszeit zu verringern. Die Heilung erfordert Einsicht in die tieferen Ursachen: unbefriedigte seelische Bedürfnisse, Probleme mit der Intimität, Streben nach Macht.

Widerlegung der Mythen

Menschen, die sich selbst als Workaholics bezeichnen, sind meist keine. Echte Arbeitssüchtige gehen ins Büro, wenn es keinen ersichtlichen Grund dafür gibt und wenn niemand es verlangt. Am Arbeitsplatz verursachen sie häufig Disharmonie – sie arbeiten mit Kollegen nicht gut zusammen. Ihr Familienleben und ihre Beziehungen sind oft schwer gestört.[22]

Gesunde, nicht arbeitssüchtige Arbeitnehmer sind nicht an Tätigkeiten interessiert, die für Workaholics wie geschaffen sind, und halten sie nicht so lange durch wie Arbeitssüchtige. Sie sind weniger dazu bereit, sich selbst und ihre Familien für eine Arbeit zu opfern, die ihren Einsatz nicht belohnt.

TABELLE 1.1

Porträt der Wirklichkeit der Arbeitssucht

- Arbeitssucht ist ein Zwangsverhalten, das Workaholics an ihren Arbeitsplatz mitnehmen. Der Arbeitsplatz ist nicht die Ursache.
- Arbeitssucht ist eine psychische Störung, keine Tugend, und sie kann am Arbeitsplatz mehr Probleme hervorrufen, als sie löst.
- Die Maske des »Helden« verdeckt tieferliegende seelische Probleme, von denen Workaholics durch ihre Leistung ablenken wollen.
- Workaholics opfern ihre Freizeit und ihr Familienleben nicht für die Arbeit, sondern zur Selbstbestätigung.
- Obwohl die meisten Workaholics behaupten, dass die Arbeit ihnen Spaß macht, ist Freude an der Arbeit keine Voraussetzung für Arbeitssucht.
- Workaholics sind süchtig nach ihrem eigenen Adrenalin. Sie setzten sich selbst unter Stress und sehnen Krisen herbei, um wieder eine »Adrenalin-Euphorie« zu erleben.
- Arbeitssucht kann eine primäre Sucht sein oder sich als sekundäre Sucht mit anderen Süchten vermischen.
- Workaholics brauchen keinen lohnenden Beruf, um arbeitssüchtig zu werden. Das Zwangsverhalten kann sich auch in anderen Tätigkeiten ausdrücken.
- Wenn Workaholics wieder ihr inneres Gleichgewicht finden, verbessert sich ihre Arbeitsleistung und ihre Zufriedenheit.
- Um Arbeitssucht zu heilen, genügt es nicht, die Arbeitszeit zu reduzieren. Notwendig sind gründliche Innenschau, Einsicht und die Auseinandersetzung mit vernachlässigten Lebensbereichen.

Vorschläge für Therapeuten

Da die Arbeitssucht von Mythen umrankt ist, schenken Therapeuten den Bedürfnissen der Workaholics und den Auswirkungen der Arbeitssucht auf Individuen und Familien wenig Aufmerksamkeit. Arbeitssucht wird oft anderen Faktoren zugeschrieben, die von den wichtigen Problemen ablenken. Diese Probleme müssen aber gelöst werden. Mangelndes Wissen und Missverständnisse in Bezug auf Arbeitssucht können die Therapie behindern. Therapeuten können ihren Patienten nur helfen, wenn sie zwischen Mythen und Wirklichkeit unterscheiden lernen und sowohl die Arbeitssucht als auch die ihr zugrunde liegenden Gefühle ernst nehmen. Es genügt nicht, das offensichtliche Verhalten bei der Arbeit zu untersuchen. Wichtiger sind Symptome, die auf Depression, Angst und Wut schließen lassen und der »Treibstoff« der Arbeitssucht sind. Diese Emotionen muss der Patient auf konstruktivere Art und Weise ausdrücken. Außerdem müssen tiefer liegende Probleme gelöst werden: Minderwertigkeitsgefühle, Schwierigkeiten mit der Intimität, Perfektionismus und Machtstreben. Nur wenn Therapeuten sich informieren und das Problem nicht mehr leugnen, können sie helfen.

Widerstand des Patienten

Die Arbeitssucht ist eine Störung, die dem Betroffenen weismachen will, dass er sie nicht hat. Viele Workaholics leugnen, dass sie arbeitssüchtig sind. Äußerungen wie »So viel arbeite ich gar nicht«, »Ich verbringe viel Zeit mit meiner Familie« oder »Ich habe viele Freunde und Hobbys« sind ein Teil des Widerstandes. Bei genauerem Hinsehen erinnern ihr Familienleben, ihr Urlaub, ihre Freundschaften und ihre Hobbys oft an ihre stressige, bis ins Kleinste geplante Arbeit.

Bitten Sie den Patienten, diese Lebensbereiche zu beschreiben, und fragen Sie ihn, was seine Angehörigen zu seinem Arbeitsstil sagen. Die Aussagen der Familie stehen oft in krassem Gegensatz zu denen des Workaholics. Konfrontieren Sie den Patienten mit diesen Widersprüchen. Sie können auch Partner oder andere Familienmitglieder einladen, um aus erster Hand Informationen zu bekommen, die den Aussagen des Workaholics widersprechen und seinen Widerstand schwächen. Bei den meisten Workaholics hat der Widerstand bereits nachgelassen, bevor sie einen Therapeuten aufsuchen.

Wenn ein Workaholic zur Therapie kommt, lautet eine der ersten Bemerkungen, die er macht: »Sagen Sie mir bitte nicht, dass ich meine Arbeit aufgeben soll.« Meist liefert er auch gleich die Begründung dafür: »Ich habe zwei Kinder zu

ernähren. Zahlen Sie meine Hypothek ab, wenn ich aufhöre?«
oder »Ich liebe meine Arbeit.« Seine größte Angst ist, dass er
nur geheilt werden kann, wenn er weniger arbeitet oder den
Beruf wechselt. Seine Meinung steht fest: »Entweder arbeite
ich, oder ich arbeite nicht. Es gibt keinen Mittelweg.« Diese
Aussagen spiegeln sein Schwarzweiß-Denken wider (siehe
Kapitel 4); sie sind typisch für seine Unfähigkeit, sich ein fle-
xibles Gleichgewicht zwischen Arbeit und Freizeit vorzustellen. Er fürchtet, dass ihm nichts mehr bleibt und seine Welt
auseinander fällt, wenn er seine Arbeitssucht aufgibt. Er findet
seine Identität allein in der Arbeit. Darum meiden Workaholics
in der Regel die Therapie und klammern sich hartnäckig an
ihre Arbeit, die ihnen ein Gefühl der Sicherheit vermittelt.

Sie müssen auf den Widerstand des Patienten vorbereitet
sein und ihm versichern, dass seine Arbeitszeit wenig mit den
notwendigen Veränderungen zu tun hat und er der Architekt
aller Veränderungen in seinem Leben ist. Das gibt ihm das Gefühl, die Dinge im Griff zu haben, und hilft ihm, sich auf die
eigentlichen Probleme zu konzentrieren. Die meisten Workaholics machen ihren Arbeitsplatz oder ihre Familie für ihre
Arbeitssucht verantwortlich. In diesem Fall erklären Sie dem
Patienten, welche Faktoren tatsächlich die Arbeitssucht begünstigen, und helfen ihm, diese Faktoren von der Sucht zu trennen, für die er die Verantwortung übernehmen muss.

Oft braucht der Patient Hilfe, um zu verstehen, dass seine
Schmerzen innere Ursachen haben. Viele Workaholics machen
die moderne Lebensweise und den Leistungsdruck dafür verantwortlich. Aber wer die Schuld der Firma, der Rezession
oder seinen Geldproblemen gibt, belohnt sein destruktives
Verhalten und lenkt sich und andere von den wahren Ursachen
des Problems ab. Es kann durchaus sein, dass Workaholics sich
für die Arbeitssucht entscheiden und fälschlich behaupten, sie
hätten keine andere Möglichkeit. Wenn sie sich ihrer Verantwortung bewusst werden, geben sie die Rolle des Opfers auf.
Fordern Sie Ihren Patienten auf, eine Liste der Vor- und Nach-
teile seiner Arbeitssucht zu erstellen, damit er konkret sieht,
was er verlieren müsste.

Grenzen setzen

Helfen Sie dem Patienten, Grenzen zu ziehen und nein zu sagen, wenn er die Wahl hat oder wenn er bereits überlastet ist. Welche Grenzen ein Workaholic sich setzen sollte, hängt von seiner Situation ab. Manche können ihren Arbeitstag auf acht Stunden begrenzen und auf Arbeit am Wochenende und an Feiertagen verzichten. Sie begreifen, dass jede Arbeit, die darüber hinausgeht, keine Tugend, sondern eine Sucht ist.

Workaholics brauchen Hilfe, um klare Grenzen zu setzen, weil es ihnen leicht fällt, vage Grenzen zu überschreiten. Ein Beispiel dafür ist der Terminkalender. Fordern Sie den Patienten auf, seinen Terminkalender wegzuwerfen, wenn er Rubriken von 7 Uhr morgens bis 23 Uhr abends hat, und einen neuen Kalender zu kaufen, der um 11 Uhr beginnt und um 17 Uhr aufhört. Diese einfache Maßnahme ist erstaunlich wirksam, weil sie klare Grenzen setzt. Der Patient sollte jede Woche auf kreative Weise solche Grenzen festlegen und jede Woche seine Fortschritte bewerten. Rechnen Sie aber damit, dass dem Workaholic eine Menge Gründe einfallen, warum er die akzeptierten Grenzen nicht einhalten konnte. Die folgende Woche bietet dem Patienten eine neue Gelegenheit, sich zu bewähren.

Zeitplanung

Helfen Sie dem Patienten zu beurteilen, wie zweckmäßig er mit seiner Zeit umgeht. Reden Sie mit ihm über die Kunst, Prioritäten zu setzen und zu delegieren. Lassen Sie ihn an Beispielen schildern, wann er diese Qualitäten bewiesen hat. Helfen Sie ihm auch, sich auf die Probleme zu konzentrieren, die sofortige Aufmerksamkeit erfordern, und auf unrealistische Ziele zu verzichten. Bewerten Sie seine Fähigkeit, um Hilfe zu bitten, wenn er sie braucht; zeigen Sie ihm, dass es zu seinem Vorteil ist, wenn er zu Hause und im Büro Arbeiten delegiert.

Schlagen Sie dem Patienten vor, täglich etwas Zeit für sich selbst zu reservieren. Ein stressfreies Leben und ein klarer Kopf setzen richtige Ernährung und genügend Ruhe voraus.

Empfehlen Sie ihm, drei ausgewogene Mahlzeiten am Tag zu sich zu nehmen, nicht eine oder zwei, und nichts in Eile, während der Arbeit, zwischen zwei Mahlzeiten oder beim Fernsehen zu essen. Prüfen Sie jede Woche nach, ob der Patient sich Zeit für sich selbst genommen hat, und suchen Sie nach den Gründen dafür, warum es ihm mit Sicherheit nicht gelingt, einen Plan einzuhalten, der für andere unproblematisch ist. Die wahren Gründe des Problems müssen also auf den Tisch kommen, und selbst die kleinsten Fortschritte sollten anerkannt werden.

Die Arbeit leicht und das Spiel ernst nehmen

Zeigen Sie Ihrem Patienten, wie er Arbeit und Spiel miteinander verbinden kann, anstatt scharf zwischen diesen beiden wichtigen Teilen des Lebens zu trennen. Wenn er die Arbeit leichter und das Spiel ernster nimmt, kann er wieder ausgewogen werden. Achten Sie aber darauf, dass er aus seiner Freizeit nicht eine exakt geplante, stressige Wettkampfzeit macht.

Ein Bankdirektor begann Golf zu spielen, um seinen übervollen Terminplan ausgewogener zu gestalten. Er bestand darauf, die Punkte nie zu zählen und nie von einem Loch zum anderen zu eilen. Er wollte Spaß haben, nicht gewinnen. Das war das Gegenteil dessen, was er im Büro tat. Wenn er mit Geschäftspartnern spielte, wunderten sie sich über ihn – er war auf dem Golfplatz »ein ganz anderer Mensch«, fröhlich, unbeschwert und ein angenehmer Gesellschafter.

Es ist wichtig, dass Sie einem Workaholic prozessorientierte Aktivitäten empfehlen, damit er lernt, den Augenblick zu genießen. Er sollte sich ein Hobby, einen Sport oder eine andere Freizeitbeschäftigung suchen, die er »unvollkommen« beherrscht. Aktivitäten, die von der rechten Gehirnhälfte gesteuert werden – z. B. Tanzen oder Theater spielen –, bieten dem Workaholic einen Ausgleich für seinen ernsten, logischen, von der linken Gehirnhälfte dominierten Beruf.

Fordern Sie den Patienten auf, auch die heiteren Seiten des Lebens zu sehen und zwischendurch zu lachen. Humor und

Lachen haben eine günstige Wirkung auf das Immunsystem, weil sie die Zahl der Immunzellen vergrößern. Lachen fördert außerdem die Produktion von Endorphin, dem natürlichen Schmerzmittel des Körpers, das die Wirkung des Adrenalins abschwächt, weil es der düsteren Wirklichkeit zum Trotz die Stimmung aufhellt und Schmerzen und Stress lindert.

Wie man Arbeitssucht erkennt 2

Glenn

Erst als ich erwachsen war, einen Beruf hatte, heiratete und Vater wurde, erkannte ich allmählich, dass ich arbeitssüchtig war. Aber leicht fiel mir diese Einsicht nicht. Nur der klare Blick und die ständigen Bitten meiner liebevollen Frau halfen mir einzusehen, dass ich meine ganze Energie in meine Arbeit steckte und für die Familie nichts mehr übrig ließ. Jemand fragte mich einmal, wie es ist, mit einem arbeitssüchtigen Vater aufzuwachsen. Ebenso gut könnte man einen Fisch fragen, wie es ist, in einem Teich zu leben. Für mich war diese Sucht das Wasser, in dem ich schwamm, und die Luft, die ich atmete. Mein Vater war Reisender, das ist alles. Er war Verkäufer, und seine Aufgabe bestand darin, den Markt für hochwertige schweizerische Textilmaschinen zu erschließen. Für einen Mann seiner Generation tat er alles, was man von ihm erwartete. Er arbeitete hart und war ein guter Ernährer. Konnte man mehr verlangen? Gab es ein besseres Vorbild als so einen Vater?

Als Kind konnte ich nicht erkennen, was in meiner Familie nicht stimmte, genau so wenig wie ein Fisch verstehen kann, was mit seinem Teich nicht in Ordnung ist. Als Ehemann und Vater folgte ich blindlings dem Beispiel, das mein Vater mir einst gegeben hatte. Ich arbeitete lange und hart. Als Gründungspastor einer erfolgreichen jungen Gemeinde hatte ich einen Arbeitsplatz, an dem ich mich heimisch fühlte. Ich tat alles, um der Kirche zum Erfolg zu verhelfen. Ich kümmerte mich um alles. Ich arbeitete 60, 70 und mehr Stunden in der Woche für die Gemeinde und gab ihr meine Lebenskraft. Und meine Erfolge wurden allgemein gerühmt. Wenn ich einmal nicht arbeitete, war ich »in Bereitschaft«. Ich erinnere mich an chaotische Abende mit meiner Familie. Wir wurden andauernd vom Telefon unterbrochen. Alle waren still, während ich mich höflich mit dem Anrufer unterhielt, als lebte ich in einem Meer der Ruhe. Meine Frau und ich hatten überaus wichtige Gespräche zwischen Eheleuten, die jäh abgebrochen wurden, weil ich lange Telefongespräche führen musste. Dabei ging es um so bedeutsame Themen wie »Letzten Sonntag haben mir die Lieder gar nicht gefallen« oder »Ich glaube, der Dirigent mag mich nicht«. Leider war meinen einfältigen Ohren jedes Klingeln des Telefons wichtiger als die Bitten meiner Kinder um Zuwendung. Wo war ich, wenn meine Kinder mich brauchten? Ich tat, was man von jedem Vater erwartet: Ich arbeitete hart, ernährte meine Familie und war erfolgreich.

Von inneren Kräften getrieben, die offenbar stärker waren als ich und von einer Kultur unterstützt wurden, die ihre Männer lobt, wenn sie selbstständige, harte Arbeiter sind, wurde ich in meinem Beruf immer erfolgreicher und fühlte mich zu Hause immer mehr als Versager. Natürlich vergrub ich mich gerade deswegen noch mehr in meine Arbeit. Wo sollte ich denn meine Zeit verbringen? Zu Hause, wo ich eine Niete war, oder am Arbeitsplatz, wo ich Erfolg hatte?

Auf Drängen meiner Frau ging ich schließlich zu einem Therapeuten. Erst jetzt begann ich zu verstehen, dass mein Herz leer war, und ich erlebte wieder die Einsamkeit, die ich schon als Kind empfunden hatte. Als Jugendlicher hatte ich verzweifelt versucht, die innere Leere aufzufüllen – mit Alkohol, Drogen, Reisen, Essen, Spielen, Sex, Motorrädern, Drachenfliegen, Tauchen und Rennfahren. Aber nichts füllte die Leere so gut wie die Arbeit. Nichts machte mich so süchtig, und nichts fand größeren Beifall in der Gesellschaft.

In der Therapie verstand ich allmählich diese starke, fast selbstmörderische Kraft, die mich angetrieben hatte, dieses tiefe, unerfüllte Bedürfnis, das unter anderem ein liebevoller, nicht ständig abwesender Vater hätte befriedigen können und müssen.

Ich spüre diese Leere immer, aber sie ist kleiner und schwächer geworden. Wenn ich sie spüre, verfalle ich nicht mehr in Arbeitswut und schnauze auch nicht meine Familie an. Ich weiß, dass ich besser auf mich Acht geben muss. Nach jahrelanger Arbeit an mir selbst kann ich endlich frei entscheiden, wie ich mich als Ehemann und Vater verhalte und was ich mit meinem kostbarsten Gut anfange – meiner Zeit. Zum Glück habe ich das begriffen, bevor meine Kinder erwachsen sind. Jetzt verbringe ich mehr Zeit mit meiner Familie. Ich mache viele Fehler, aber die Zeit ist gut investiert.

Agonie und Ekstase

Wir haben uns mit einigen Mythen befasst, die sich um die Arbeitssucht ranken. Jetzt können wir uns die Symptome dieser Sucht näher ansehen und herausfinden, wie man sie erkennt. Manchmal tragen Sie Ihre Arbeitssucht mit sich herum wie einen Pokal. Sie arbeiten lange und hart und gehen nicht auf Partys. Sie vergeuden weder Zeit noch Geld. Sie sind vernünftig, und andere Leute nennen Sie engagiert, verantwortungsbewusst und gewissenhaft. Anfangs haben Sie das Gefühl, dass das Lob, das Schulterklopfen, das höhere Gehalt die Mühe rechtfertigen. Aber nach einiger Zeit wird die Sucht zu einer Bürde. Sie haben so viel zu tun, und Sie müssen es perfekt tun. Werden Sie es schaffen? Oder werden Sie die anderen enttäuschen? Sie müssen beweisen, dass Sie der Aufgabe gewachsen sind. Wenn Ihnen das nicht sofort gelingt, müssen Sie eben die Ärmel hochkrempeln – alle sind von Ihnen abhängig.

Die Arbeitssucht gräbt sich immer tiefer in die Seele. Sie ist eine Kette, die Sie überall mit sich herumschleppen. Wenn Sie nicht am Schreibtisch sitzen, sind die zwanghaften Gedanken trotzdem da. Im Grunde sind Sie schon im Büro, wenn Sie morgens aufwachen.

Obwohl Sie immer länger und entschlossener arbeiten, bricht Ihr Leben auseinander. Ihre Firma weiß Ihre Arbeit nicht zu schätzen. Ihr Chef sitzt Ihnen im Nacken. Einerlei, wie viel Mühe Sie sich geben, er ist nie zufrieden. Sie sind am Arbeitsplatz ungeduldig und unruhig. Sie schnauzen Kollegen an, und diese schnauzen zurück. Die Kollegen ärgern sich darüber, dass Sie früher im Büro sind als alle anderen und später nach Hause gehen. Und Sie verachten Kollegen, die am Wochenende und an Feiertagen nicht arbeiten.

Auch in Ihrer Familie finden Sie keine Anerkennung für Ihre harte Arbeit und den Lebensstandard, den sie Ihnen verdankt. Sie können sich nicht darauf verlassen, dass zu Hause in Ihrer Abwesenheit alles in Ordnung ist. Man belästigt Sie andauernd mit Problemen, die Sie von der Arbeit ablenken. Ihre Angehörigen klagen darüber, dass Sie nie da sind und dass Sie nie zuhören, wenn Sie einmal da sind. Sie werden in Auseinandersetzungen hineingezogen, und Ihre Kinder sind außer Rand und Band. Manchmal haben Sie das Gefühl, dass Ihre Familie sich gegen Sie verschworen hat. Allmählich kommen Sie sich zu Hause wie ein Fremder vor. Ihre alten Freunde schauen nicht mehr vorbei, und nichts macht Ihnen Spaß. Nur am Arbeitsplatz klappt alles – aber auch die Arbeit macht Ihnen weniger Freude als früher. Wenn Sie Ihre Arbeit nicht hätten, bliebe Ihnen gar nichts mehr. Sie rackern sich weiter ab und hoffen, dass alles besser wird. Ihr Leben ist kalt, düster und einsam geworden – ohne Sinn. Selbstzweifel und Versagensangst plagen Sie. Sie würden gerne mit jemandem reden, der Sie versteht und Ihnen hilft, die unsichtbaren Ketten abzustreifen.

Für Menschen, die diesen Punkt erreicht haben, gibt es oft keine Rückkehr mehr. Selbst die Therapeuten, die sie aufsuchen, erkennen manchmal das Problem nicht oder wissen nicht, wie man es behandelt. Und wenn das geschieht, fühlt der Workaholic sich noch hoffnungsloser und den anderen noch mehr entfremdet.

Zu Beginn meiner Vorlesungen mache ich mit den Teilnehmern ein Experiment, damit sie eine Vorstellung davon bekommen, wie ein Workaholic sich fühlt. Ich bitte sie, sich gegenseitig mit Fragen zu bombardieren: Wie lautet deine Sozialversicherungsnummer? Deine Adresse? Deine private Telefonnummer mit Vorwahl? Deine Telefonnummer im Büro mit Vorwahl? Deine Geschäftsadresse? Deine E-Mail-Adresse? Deine Telefaxnummer? Die Nummer deines Führerscheins? Dein Geburtsdatum? Der Befragte muss sofort antworten, während er einen Mitgliedsantrag für eine Verbindung ausfüllt und alle blauen Gegenstände im Saal zählt – und das alles innerhalb einer Minute. Diese Aufgabe ist so gut wie unlösbar; aber wer sich daran versucht, spürt den Adrenalinstoß, die Frustration, die Reizbarkeit und manchmal auch die Versagensangst, die mit unmöglichen Forderungen einhergehen. Machen Sie diesen Versuch mit Freunden. Werden auch Sie »high« davon? So gehen Workaholics mit ihrer Arbeit, ihrem Urlaub und ihrer Familie um. Achten Sie auf die Symptome!

Die Symptome der Arbeitssucht

Arbeitssucht kann eine ganze Reihe von Symptomen auslösen. Im Laufe der Jahre habe ich Hunderte von Fallstudien über Menschen gesammelt, die zugaben, Workaholics zu sein. Diesen Studien habe ich die folgenden zehn Warnsignale entnommen.[1] Denken Sie daran, dass nicht immer alle zehn Signale vorhanden sind und dass sie bei jedem Menschen in verschiedenen Kombinationen auftreten. Trotzdem sind sie wichtige Anhaltspunkte, die Arbeitssüchtigen, ihren Familien und Therapeuten helfen können, Workaholics zu identifizieren.[2]

1. *Sie sind immer sehr beschäftigt und haben es immer eilig.* »Ich gehe zur Tür hinaus, schaue auf die Uhr und merke, dass mir noch zehn Minuten bis zum nächsten Termin bleiben. Also eile ich an den Schreibtisch zurück und rufe jemanden an … und bevor ich es merke, sind 15 Minuten vorbei. Natürlich komme ich zu spät zu meiner Verabredung.«

2. *Sie wollen alles im Griff haben.* »Ich muss schreiben, produzieren und in meinem Leben die Hauptrolle spielen. Eigentlich habe ich keine Zeit, diesen Bericht zu schreiben; aber wenn ich ihn einem anderen überlasse, dann weiß ich, dass er es nicht macht, wie es sich gehört. Ich muss nächtelang an der neuen Werbekampagne arbeiten; aber ich weiß, dass es sich lohnt – wir werden unsere Kunden behalten. Ich mache es lieber selbst, anstatt Zeit mit den dummen Ideen anderer zu vergeuden.«

Workaholics halten es für ein Zeichen von Schwäche oder Unfähigkeit, zu delegieren oder um Hilfe zu bitten. Wenn sie etwas nicht selbst in der Hand haben, fühlen sie sich unwohl. Darum können und wollen sie nicht um Hilfe bitten. Sie neigen dazu, ihre Arbeit bis ins Kleinste zu organisieren und zu planen, damit alles vorhersehbar, gleichmäßig und beherrschbar ist. Dadurch hemmen sie ihre Spontanität und Flexibilität.

3. *Nichts ist ihnen jemals gut genug.* »Ich halte mich für einen Übermenschen. Ich bin nicht zufrieden, wenn ich etwas erreiche, ohne den Grundstein für etwas Neues zu legen. Ich fürchte sonst, dass ich Rückschritte mache oder die Dinge

nicht mehr im Griff habe. Darum muss ich ständig versuchen, ein Ziel zu erreichen oder eine Aufgabe zu erfüllen.«

Es ist schwierig, für perfektionistische Workaholics zu arbeiten, und noch schwieriger, mit ihnen zu leben. Das Leben beschränkt sich allein auf das, womit der Workaholic glänzen kann. Er beurteilt sich und andere ohne Gnade. Oft sagt er: »Wenn ich es selbst tue, dann weiß ich, dass es richtig gemacht wird.« Da er unmögliche Ansprüche stellt, sind Versagen und Wut auf andere seine ständigen Begleiter.

4. *Ihre Beziehungen leiden unter ihrer Arbeit.* »Bei den Proben stellte ich mir meinen lächelnden Vater in der ersten Reihe vor. Er sah so stolz aus. Seine imaginäre Gegenwart motivierte mich, meine Rolle zu lernen. Aber am Tag der Vorstellung hatte er eine geschäftliche Besprechung außerhalb der Stadt. Er versprach, sofort vom Flugplatz aus zu kommen, um mich im zweiten Akt zu sehen. Während des ersten Aktes lenkten die Türen, die geöffnet wurden, und die Schritte im Saal mich ab. Ich schaute ins Publikum und suchte nach seinem Gesicht. Aber seine Besprechung dauerte länger, und er verpasste die Aufführung.«

Frau Hoffmann hatte ihren Vater schon öfter vermisst. Er vergaß, ignorierte oder belächelte viele Familienfeiern. Seine Frau musste ihn ständig an Geburtstage, Familientreffen, Jahrestage und Feiertage erinnern. In Gedanken war er im Büro. Er war mit seiner Arbeit verheiratet und hatte wenig Zeit für andere.

5. *Sie haben immer wieder Anfälle von Arbeitswut.* »Ich setze mir ständig knappe Termine. Es lohnt sich einfach nicht, eine Arbeit aufzuschieben. Ich werde verrückt. Ich kann nicht schlafen. Ich habe Angst, bis ein Projekt abgeschlossen ist. Also klemme ich mich dahinter und mache es. Dann rauche ich pausenlos, esse nichts, nehme keine Anrufe entgegen und schlafe nicht. Wenn ich fertig bin, krieche ich aus meiner Höhle. Ich sehe schrecklich aus und fühle mich auch so. Aber das ist mir egal, wenn die Arbeit fertig ist.«

Wir alle arbeiten manchmal zuviel, um einen Termin einzuhalten. Aber Workaholics setzten sich jedes Mal Termine, die sie nur im Arbeitsrausch einhalten können. Manche arbeiten lieber tagelang ohne Pause, als die Arbeit über einen vernünftigen Zeitraum zu verteilen.

In Extremfällen gleicht der Workaholic dem Alkoholiker, der ständig seinen Drink braucht. Anstelle des Alkohols steckt er Notizbücher in den Koffer, unter den Autositz oder in die Schublade zu den Handschuhen. Wo er geht und steht, braucht er offenbar einen »Schuss« Arbeit.

6. *Sie sind nervös und griesgrämig.* »Ich höre immer diese lästige Stimme im Kopf. Sie sagt, ich hätte kein Recht, mich zu entspannen. Sie sagt, Spaß sei Zeitvergeudung.«

Workaholics haben ein schlechtes Gewissen, wenn sie nichts Produktives tun. Wenn sie Sport treiben, putzen oder etwas anderes tun, was nach Arbeit aussieht, fühlen sie sich wohl. Aber wenn sie mit Freunden ausgehen, werden sie nervös und reizbar. Freizeit ist verschwendete Zeit, und sie werden so unruhig, dass sie sogar mit Hobbys etwas leisten oder verdienen wollen.

7. *Sie geraten bei der Arbeit in Trance.* Dieser Zustand ist mit den »Blackouts« des Alkoholikers vergleichbar. Workaholics können sich nach langen Gesprächen nicht mehr an alles erinnern, weil sie ständig an ihre Arbeit denken. Sie schalten immer wieder ab. Beim Autofahren übersehen sie Stoppschilder und verpassen Abzweigungen, weil sie an ihre Termine am nächsten Tag denken. Manche Workaholics behaupten zwar, die besten Ideen kämen ihnen beim Autofahren; aber das bedeutet, dass sie nicht auf die Straße achten. Es ist kein Wunder, dass sie häufig Unfälle haben.

8. *Sie sind ungeduldig und reizbar.* Da die Zeit ihr kostbarstes Gut ist, verabscheuen Workaholics das Warten. Sie wollen im Geschäft, im Restaurant oder im Kino zuerst an der Reihe sein. Vielleicht sind sie Ihnen beim Arzt oder Zahnarzt schon einmal aufgefallen: Es sind diejenigen mit den geöffneten Notizbüchern und den rasch kritzelnden Bleistiften. Mit der Zeit kann ihre Ungeduld zur Impulsivität werden. Sie treffen voreilige Entscheidungen und beginnen mit einem Projekt, bevor sie alle notwendigen Informationen gesammelt haben. Da sie

keine Zeit für intensive Nachforschungen vergeuden wollen, machen sie vermeidbare Fehler.

9. *Sie glauben, sie seien nur so gut wie ihr letzter Erfolg.* »Die Arbeit gab mir Sicherheit. Sie füllte die Stunden, gab mir ein Ziel und stärkte mein Selbstwertgefühl. Aber sobald ein Projekt abgeschlossen war, kehrten die Leere, die Unruhe und die Depression zurück. Ich fühlte mir nur wohl, wenn ich etwas leisten konnte, wenn ich beweisen konnte, dass mit mir alles in Ordnung war.«

10. *Sie haben keine Zeit für sich selbst.* Workaholics opfern ihre ganze Zeit für die Arbeit und kümmern sich wenig um Ernährung, Ruhe und Bewegung. Wenn Kettenrauchen, übermäßiger Kaffeekonsum und zwanghaftes Essen hinzukommen, verschlechtert die Gesundheit sich weiter. Selbst wenn echte Symptome wie Kopfschmerzen, Geschwüre oder Bluthochdruck auftreten, reden Workaholics sich ein, dass sie keine Zeit für den Arzt haben. Ein Teil von ihnen weiß, dass sie ein Problem haben; ein anderer Teil ignoriert das Problem. Tabelle 2.1 zählt die körperlichen und seelischen Warnsignale auf, die mit der Arbeitssucht einhergehen.

TABELLE 2.1

Porträt der körperlichen und verhaltensbedingten Symptome der Arbeitssucht

körperliche Symptome:	verhaltensbedingte Symptome:
Kopfschmerzen	Wutausbrüche
Erschöpfung	Unruhe
Allergien	Schlafstörungen
Verdauungsbeschwerden	Verspanntheit
Magenschmerzen	Hyperaktivität
Geschwüre	Reizbarkeit und Ungeduld
Stechen in der Brust	Vergesslichkeit
Kurzatmigkeit	Konzentrationsprobleme
Nervöse Tics	Langeweile
Benommenheit	Stimmungsschwankungen
	(von Euphorie zur Depression)

Die vielen Gesichter der Arbeitssucht

Tabelle 2.1 ist eine allgemeine Beschreibung der Arbeitssucht. Haben Sie sich wiedererkannt? Sind auch Sie an den Schreibtisch gekettet? Oder arbeiten Sie lediglich hart? Der folgende Work Addiction Risk Test (WART) kann Ihnen helfen, es herauszufinden.

Ist der Job Ihre Droge?

Um herauszufinden, ob Sie ein Workaholic sind, bewerten Sie die folgenden Aussagen mit 1 für »trifft nie zu«, 2 für »trifft manchmal zu«, 3 für »trifft oft zu« und 4 für »trifft immer zu«. Schreiben Sie die Zahl, die Ihre Arbeitsgewohnheiten am besten beschreibt, links vor die einzelnen Aussagen, und zählen Sie diese Punkte zusammen. Das höchstmögliche Ergebnis ist 100, das niedrigste 25. Je höher Ihr Wert ist, desto größer ist die Wahrscheinlichkeit, dass Sie arbeitssüchtig sind. Je niedriger er ist, desto geringer ist die Wahrscheinlichkeit.

1. Ich mache lieber alles selbst, anstatt um Hilfe zu bitten.

2. Ich werde ungeduldig, wenn ich auf andere warten muss oder wenn etwas zu lange dauert.

3. Ich habe es eilig und renne gegen die Uhr.

4. Ich werde gereizt, wenn man mich mitten bei der Arbeit unterbricht.

5. Ich bin immer beschäftigt und habe viele Eisen im Feuer.

6. Ich erledige zwei oder drei Dinge auf einmal (Beispiel: Ich esse, schreibe ein Memo und telefoniere).

7. Ich übernehme mehr Arbeit, als ich verkrafte.

8. Ich habe ein schlechtes Gewissen, wenn ich mal nicht arbeite.

9. Wenn ich eine Arbeit erledigt habe, will ich konkrete Ergebnisse sehen.

☐ 10. Ich bin mehr am Endergebnis meiner Arbeit als an der Arbeit selbst interessiert.

☐ 11. Es geht mir nie schnell genug.

☐ 12. Ich werde wütend, wenn etwas nicht nach meinem Kopf geht.

☐ 13. Ich stelle immer wieder die gleiche Frage, ohne zu merken, dass ich die Antwort bereits bekommen habe.

☐ 14. Ich verbringe viel Zeit damit, Zukunftspläne zu schmieden, und vergesse dabei das Hier und Jetzt.

☐ 15. Ich arbeite länger als meine Kollegen.

☐ 16. Ich werde wütend, wenn andere nicht meinen hohen Anforderungen entsprechen.

☐ 17. Ich werde nervös, wenn ich eine Situation nicht im Griff habe.

☐ 18. Ich setze mich oft mit knappen Terminen unter Druck.

☐ 19. Wenn ich nicht arbeite, fällt es mir schwer, mich zu entspannen.

☐ 20. Ich verbringe mehr Zeit mit meiner Arbeit als mit Freunden, Hobbys oder Erholung.

☐ 21. Ich stürze mich auf ein Projekt, um einen Vorsprung zu haben, auch wenn noch nicht alle Phasen beendet sind.

☐ 22. Ich ärgere mich selbst über die kleinsten Fehler, die ich mache.

☐ 23. Ich opfere mehr Zeit und Energie für meine Arbeit als für meine Beziehungen.

☐ 24. Ich vergesse oder ignoriere Geburtstage, Familientreffen, Jahrestage oder Feiertage oder finde sie unwichtig.

☐ 25. Ich treffe wichtige Entscheidungen, bevor ich alle Fakten kenne und durchdacht habe.

Bewertung:

Wenn Sie 67–100 Punkte haben, sind Sie sehr arbeitssüchtig. Es kann sein, dass Sie bald ausgebrannt sind und dass auch Ihre Familie darunter leidet. Wenn Sie 57–66 Punkte haben, sind Sie ein gemäßigter Workaholic, und es besteht noch Hoffnung, dass Sie und Ihre Angehörigen dauerhafte Schäden verhindern können. Wenn Sie 25–56 Punkte haben, gelten Sie nicht als arbeitssüchtig – wahrscheinlich sind Sie ein guter Arbeiter. Sie brauchen nicht zu befürchten, dass Ihr Arbeitsstil Ihnen oder anderen schadet.

Denken Sie aber daran, dass nicht alle Workaholics in dieses Muster passen. Die Arbeitssucht hat viele Gesichter:

- Eine leitende Angestellte nimmt Piepser, Handy, Telefax, Computer und Modem mit ins Krankenhaus, obwohl sie eine schwere Operation hinter sich hat.
- Ein Pfarrer rast mit 130 Stundenkilometern über die Autobahn und arbeitet dabei an seiner nächsten Predigt.
- Eine Psychotherapeutin kann nicht nein sagen und gibt allen einen Termin, die sie konsultieren wollen, obwohl sie bereits erschöpft ist.
- Eine Architektin arbeitet im Geist an einem Bauprojekt, während sie mit ihrem Mann Geschlechtsverkehr hat.
- Eine Supermutter ist berufstätig, erledigt den Haushalt, bringt die Kinder zur Schule, kocht und besucht Abendkurse.

Workaholics sind nicht immer Millionäre. Die Zahl der arbeitssüchtigen Frauen nimmt zu, weil immer mehr Frauen in einstige Domänen der Männer eindringen. Workaholics gibt es nicht nur im Büro, und nicht alle werden gut bezahlt. Auch Klempner, Elektriker, Kellnerinnen und Wartungsarbeiter können arbeitssüchtig sein.

Der Arbeitsstil der Workaholics ist ebenfalls unterschiedlich. Meist stellen wir uns vor, dass sie monatelang von Sonnenaufgang bis Sonnenuntergang ohne Pause arbeiten. Aber die Arbeitssucht hat viele Muster, die zwischen pausenloser Arbeit und totaler Lethargie variieren. Manche Workaholics arbeiten in der Tat unablässig, während andere Anfälle von Arbeitswut haben und dann für einige Zeit erschlaffen. Finden Sie sich selbst, einen Angehörigen oder Kollegen in einer der folgenden Kategorien von Workaholics wieder?

Rastlose Workaholics

Ich bezeichne die typischen Workaholics als *rastlose Workaholics* – sie arbeiten zwanghaft Tag und Nacht, an Wochenenden und Feiertagen. Sie machen keine Pause, können sich nicht entspannen, verzichten meist auf Freizeit und Erholung.

Anstatt einmal auszuspannen, wollen sie unbedingt ihre Termine einhalten und sind oft schon Wochen vorher fertig. Wenn sie sechs Wochen Zeit hätten, sind sie ebenso angespannt, als müsste morgen alles erledigt sein. Das versetzt ihnen den ersehnten Adrenalinschub, und nichts und niemand kann sie aufhalten. Wenn sie früher als geplant fertig sind, können sie sich mit neuen Projekten beschäftigen. Die Arbeit ist wichtiger als ihre Beziehungen und wichtiger als die Gefühle anderer Menschen. Marge wurde beispielsweise im Krankenhaus, in dem sie arbeitete, für ihren unermüdlichen Einsatz so gelobt, dass sie noch mehr tun wollte, obwohl ihr Mann sich dagegen wehrte. Ihre Sucht wurde so schlimm, dass sie zu Hause tagelang Hundekot herumliegen ließ, weil sie keine Zeit zum Putzen hatte. Wen wundert es, dass die Ehe geschieden wurde? Nach der Trennung klagte sie:

> Erst nach der Scheidung wurde mir klar, dass ich nicht verpflichtet war, so viel zu arbeiten. Ich weiß, dass ich lange Zeit adrenalinsüchtig war. Meine Gedanken kamen nachts nie zur Ruhe, weil das Adrenalin mich aufputschte. Da ich nicht schlafen konnte, knipste ich jedes Mal, wenn ich eine Idee hatte, das Licht an und notierte den Einfall. Ich dachte, das werde mir helfen einzuschlafen. Mein Mann fragte mich immer wieder, warum ich Tag und Nacht arbeitete. Das Adrenalin gab mir das Gefühl, dass ich keinen Schlaf brauchte, außer zwei oder drei Stunden am Tag. Trotzdem war ich nicht müde. Es machte mir Spaß!

Wenn eine Aufgabe erfüllt ist, gehen rastlose Workaholics sofort zum nächsten Punkt der Tagesordnung über, und sie tun vieles gleichzeitig. Sie sind Perfektionisten, sie arbeiten gründlich, und niemand genügt ihren Anforderungen. Rastlose Workaholics sind durch und durch arbeitssüchtig und streben stets nach den höchsten Zielen.[3]

Anfallkranke Workaholics

Die zweite Gruppe sind die *anfallkranken Workaholics*, die zwischen plötzlicher Arbeitswut und Lethargie schwanken. Bei ihnen setzt der Adrenalinstoß ein, wenn sie anfangen, fieberhaft zu arbeiten. Danach folgt eine Phase der Trägheit. Sie warten bis zur letzten Minute, geraten in Panik und arbeiten hektisch, um ihre Aufgabe zu erfüllen. Jenny arbeitete zwei bis drei Tage lang pausenlos und schlief dann zwei Tage lang. Genauer gesagt, sie brach zusammen und schlief mit ihren Kleidern ein, wie eine Alkoholikerin, die ihren Rausch ausschläft.

> Wenn ich so einen Anfall bekam, machte ich mich an die Arbeit und blieb bis drei oder vier Uhr morgens auf, um fertig zu werden. Es war wie ein Zwang. Ich dachte, es könne etwas dazwischenkommen, und wollte unbedingt heute fertig werden. Dieser Anfall dauerte 14 bis 16 Stunden; dann schlief ich zwei oder drei Stunden und fing wieder an zu arbeiten. So ging das noch zwei Tage weiter. Dann war ich erschöpft und schlief mich aus. Es war, als müsse ich einen Rausch ausschlafen. Manchmal schlief ich in den Kleidern. Ich hasste das. Ich hasste es wirklich!

Im Gegensatz zu den rastlosen Workaholics, deren Produktivität offensichtlich ist, haben anfallkranke Workaholics lange Phasen, in denen sie nicht arbeiten. Wer sie in einer solchen Phase antrifft, würde nie glauben, dass sie ein Problem haben. Wenn ein Termin naht, warten sie zunächst ab und fallen dann in hektische Aktivität. Zögern und fieberhaftes Arbeiten sind zwei Seiten derselben Medaille. Das Zaudern verrät die Angst, der Aufgabe nicht gewachsen zu sein. Manche dieser Workaholics sind derartige Perfektionisten, dass sie mit einer Arbeit gar nicht erst anfangen. Aber während sie etwas tun, was sie von der Arbeit ablenkt, plagt sie ständig der Gedanke, dass sie fertig werden müssen. Äußerlich scheinen sie der Arbeit aus dem Weg zu gehen; aber im Kopf arbeiten sie wie besessen.

Bei Familientreffen oder sogar bei Sitzungen der Anonymen Workaholics sind sie körperlich anwesend, aber im Geiste mit anderen Dingen beschäftigt. In der Phase des Zögerns fühlen sie sich gelähmt und unfähig zu arbeiten. Sie leiden an einer *Arbeitsanorexie*; das heißt, der Zwang, nicht zu arbeiten, ist bei ihnen ebenso stark wie bei anderen der Zwang zu arbeiten, gerade weil sie von der Arbeit so besessen sind.[4]

Workaholics mit Aufmerksamkeitsdefizit

Lee ist ein Beispiel für die dritte Kategorie von Workaholics, denen mit *Aufmerksamkeitsdefizit*. Sie sehnen sich nach einem Adrenalinstoß, langweilen sich leicht und suchen ständig nach neuen Reizen. Lee ist fast jeden Morgen wütend, wenn er das Haus verlässt, weil seine Frau oder seine Kinder etwas getan haben, was ihn ärgert. Auf dem Weg zur Arbeit droht er anderen Verkehrsteilnehmern mit der Faust und flucht. Wenn er im Büro ankommt, hat er sich abgeregt und ist bereit zur Arbeit. Diese Workaholics suchen unbewusst nach Aufregung, Krisen und starken Reizen, um sich konzentrieren zu können. Sie sind oft nervös, klopfen mit den Fingernägeln auf den Tisch, drehen Däumchen oder rennen hektisch hin und her. Sie lieben gefährliche Berufe, Hobbys und ein Leben zwischen Arbeit und Spiel.

Da sie am Rande des Chaos leben, strömt das Adrenalin ständig durch ihre Adern. Manche versuchen wie Lee, Langeweile auf relativ ungefährliche Weise zu vertreiben: Sie setzen sich knappe Termine, arbeiten an vielen Projekten gleichzeitig, nehmen große Herausforderungen an und können sich ohne vorherige starke Stimulation nicht entspannen. Andere lieben sehr riskante Beschäftigungen: Sie arbeiten an der Börse, werden Fallschirmspringer oder arbeiten in der Notaufnahme einer Klinik.

Allen fällt es schwer, sich auf die vor ihnen liegende Aufgabe zu konzentrieren. Das, was gerade anliegt, langweilt sie bald, und sie gehen Hals über Kopf zum nächsten Projekt über, um einen neuen Adrenalinstoß auszulösen. Workaholics mit Aufmerksamkeitsdefizit nutzen ständig Nebensächlichkeiten, um Krisen zu provozieren und »high« zu werden. Sie geraten in Wut, weil kein Papier im Faxgerät steckt. Nicht selten sind sie selbst an der Krise schuld, aber sie werden auch gelobt, weil sie Krisen bewältigen. Die Betriebspsychologin Gayle Porter erläutert dieses Phänomen am Arbeitsplatz:

> In einer Krise suchen alle nach einer Lösung. Man hat selten Zeit zu untersuchen, wie die Krise hätte abgewendet werden können. Aber das ist ein kostspieliges Verfahren. Alle Mitarbeiter eines Betriebes sollten damit rechnen, dass ein Kollege Krisen verursacht oder mitverursacht. Vorgesetzte loben Mitarbeiter, die sich während der Krise hervortun. Aber gerade sie könnten an der Krise schuld sein, weil sie Workaholics sind.[5]

Im Gegensatz zu den anfallkranken Workaholics, die derart perfektionistisch sind, dass sie mit einem Projekt gar nicht erst anfangen, arbeiten Workaholics mit Aufmerksamkeitsdefizit an vielen Projekten zugleich, beenden sie aber nicht. Anders als die rastlosen Workaholics, die wie unter Zwang weiterarbeiten, lassen Workaholics mit Aufmerksamkeitsdefizit ihre Projekte unvollendet und wenden sich der nächsten aufregenden Arbeit zu. Einzelheiten langweilen sie, aber sie geraten in Euphorie, wenn sie neue Ideen ausprobieren und viele Projekte gleichzeitig beginnen können. Es fällt ihnen jedoch schwer, bis zum Schluss durchzuhalten. Diane Fassel bezeichnet diesen Workaholic-Typ als *Innovator*. Sie hat ihn bei der Arbeit beobachtet:

> Sie können sich nicht lange genug konzentrieren, um zu vollenden, was sie angefangen haben. Mehr noch, sie langweilen sich, wenn sie weitermachen. Bei näherer Betrachtung entdeckte ich, dass diese Arbeitnehmer nach dem Adrenalinstoß süchtig waren, der neuen Ideen folgte, und dass die anstrengende Detailarbeit sie deprimierte. Sie gehen zu neuen Projekten über, um »high« zu bleiben. Natürlich bleiben Innovationen, die nicht genügend durchdacht werden, in der Schublade liegen und nützen dem Unternehmen nichts.[6]

Der Zwang, sich auf ein neues Projekt zu stürzen, bevor es genügend durchdacht und ausgereift ist, erschwert es dem Workaholic mit Aufmerksamkeitsdefizit, mit dem Projekt rechtzeitig fertig zu werden. Anstatt sich ernsthaft mit Alternativen oder möglichen Folgen zu befassen, anstatt abzuwarten und zu planen, drängt er oft zur Tat. Er arbeitet, ohne den Einzelheiten die gebührende Aufmerksamkeit zu schenken und ohne die Meinung anderer zu berücksichtigen. Die Folgen können katastrophal sein, wenn die Sucht eine sorgfältige Planung verhindert. Oft muss er den Schaden hinterher selbst ausbügeln.

Genießerische Workaholics
Der vierte Typ, der *genießerische Workaholic*, ist das genaue Gegenteil des Workaholics mit Aufmerksamkeitsdefizit. Er arbeitet langsam, überlegt und methodisch. Als ausgemachter Perfektionist hat er tief im Inneren Angst, das fertige Projekt sei nicht gut genug. Es fällt ihm schwer zu beurteilen, wann eine Aufgabe erfüllt ist. Er genießt seine Arbeit, so wie Alkoholiker einen Bourbon genießen. Wenn Norman seine Konten saldiert, braucht er acht Stunden für tabellarische Darstellungen, die andere in einer Stunde erledigen. Seine Frau meint, er sei ebenso süchtig nach Arbeit wie manche Leute nach Essen. Er arbeitet immer, erreicht aber nie viel. Sie sagt:»Manchmal schaue ich mir seine Arbeit an und habe den Eindruck, dass er gar nichts geleistet hat. Soviel ich weiß, addiert er Tag für Tag dieselben Zahlenreihen.«
Genießerische Workaholics verlängern ihre Arbeit unbewusst, wenn sie merken, dass sie mit einem Projekt fast fertig sind. Sie sind dafür berüchtigt, dass sie genau aufschreiben, was zu tun ist, und dafür oft länger brauchen als für die eigentliche Arbeit. Norman freut sich sehr über seine Listen, auf denen er jeden erledigten Punkt abhaken kann: Jede Zeile, die er durchstreichen kann, verschafft ihm große Befriedigung – der sichtbare Beweis seiner Leistung.
Diese Tunnelsicht, diese am Detail haftende und egozentrische Arbeitsweise macht es dem genießerischen Workaholic

schwer, in einem Team zu arbeiten. Kollegen beklagen, dass genießerische Workaholics die Arbeit aufhalten, weil sie alles bis aufs i-Tüpfelchen planen wollen. Wenn die anderen bereit sind weiterzumachen, halten genießerische Workaholics sie zurück, indem sie alles noch einmal »analysieren«, Ideen zerpflücken, jede Idee aus jedem denkbaren Blickwinkel untersuchen, sich in Details verfangen und Pläne ein Dutzend Mal überarbeiten wollen. Da sie Projekte immer für unvollendet halten, selbst wenn die Kollegen anderer Meinung sind, fällt es ihnen schwer, alte Projekte abzuschließen und neue zu beginnen.

Fürsorgliche Workaholics

Roberta ist ein Beispiel für den fünften Typ, den *fürsorglichen Workaholic*. Er verspürt den zwanghaften Drang, Verantwortung für andere zu übernehmen, mit anderen zu fühlen und immer für sie da zu sein. Roberta fühlt sich nicht wohl, wenn sie nicht anderen hilft oder etwas für andere tut. Sie hat einen Vollzeitjob, sorgt für ihren Mann und ihre zwei Kinder, hilft den Bedürftigen in ihrer Kirchengemeinde und reist in Länder der Dritten Welt, um den Armen zu helfen. Sie glaubt, jeder Mensch, der ihr begegne, sei von Gott gesandt, und das dient ihr als Rechtfertigung, zwanghaft Tag und Nacht für andere zu arbeiten. Obwohl sie ständig überlastet ist, weil sie sich zwar um andere kümmert, aber nicht um sich selbst, wundert sie sich darüber, dass sie immer müder wird.

Das ist Arbeitssucht unter dem Schleier edler Motive. Fürsorgliche Workaholics sitzen nicht hinter einem Schreibtisch oder vor einem Computer. Sie pflegen Kranke, sorgen für Kinder, setzen sich für Notleidende ein oder retten die Seelen der Verlorenen. Wir finden sie oft unter Geistlichen und in Hilfsberufen. Sie sind nur glücklich, wenn sie anderen helfen. Dann haben sie das Gefühl, gebraucht zu werden; sie stehen dann nicht im Mittelpunkt und erleben eine Art Euphorie. Sie denken, fühlen und handeln, als seien sie allmächtig und könnten sich um die Gefühle und Probleme aller Menschen kümmern. Währenddessen zerbröckelt ihre eigene Welt unter ihren Füßen. Fürsorgliche Workaholics, die sich aus Pflichtgefühl übermäßig belasten, setzen sich unter Stress und erschöpfen ihre Energie. Eine Nonne sagte einmal: »Ich glaube, manche religiösen Menschen wollen erlöst werden, indem sie möglichst viele Seelen retten und möglichst viele Kranke pflegen. Je mehr sie tun, desto bessere Menschen sind sie.«

Abbildung 2.1 zeigt die Typologie der Workaholics auf der Basis der ersten vier Typen. Der fünfte Typ, der fürsorgliche Workaholic, ist kein eigenständiges Phänomen, sondern kann jeder der ersten vier Typen sein.

ABBILDUNG 2.1
Typologie der Workaholics

	gut	
Abschluss der Arbeit	anfallkranke Workaholics (wenig initiativ/ gut im Abschluss)	unermüdliche Workaholics (sehr initiativ/ gut im Abschluss)
	genießerische Workaholics (wenig initiativ/ zögerlich im Abschluss)	Workaholics mit Aufmerksamkeitsdefizit (sehr initiativ/ zögerlich im Abschluss)
	zögerlich	
	gering ———— **Arbeitsinitiative** ————▶ stark	

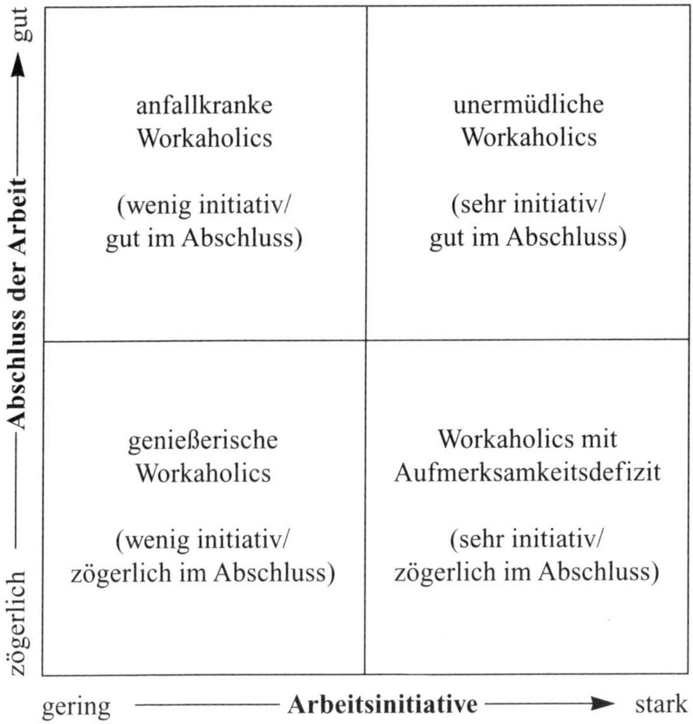

Vorschläge für Therapeuten

Die Symptome der Arbeitssucht werden oft übersehen. Es ist daher besonders wichtig, sie zu erkennen. Wenn Ihnen das Muster bekannt ist, können Sie mit der Therapie beginnen und dem Patienten helfen, mehr an sich selbst zu denken. Sie können gemeinsam mit dem Patienten die Art seiner Arbeitssucht und die damit verbundenen Probleme identifizieren und geeignete Therapieziele festlegen. Wichtig ist auch, dass Sie sich Ihrer eigenen Tendenzen zur Arbeitssucht bewusst sind.

Die Anwendung des WART

Ich habe den Work Addiction Risk Test (WART) entwickelt, um die Symptome der Arbeitssucht aufzudecken. Der Test (siehe Seite 62 f.) hat sich als klinisch brauchbar erwiesen. Statistische Studien belegen, dass er sehr zuverlässig ist. Die ermittelten Werte sind in der Regel zeitlich konsistent.[7]

Echte Workaholics können den WART benutzen, um Problemfelder zu identifizieren und Ziele zu setzen. Leser können mit dem Test herausfinden, welche Lebensbereiche Anlass zur Besorgnis geben, und dann einige oder alle Tipps anwenden, die ich in diesem Buch gebe, um zu ändern, was sie ändern wollen. Wer den Test erneut liest und die Aussagen liest, die er mit drei oder vier Punkten bewertet hat, erfährt eine Menge über seine Situation und kann darüber nachdenken, was er unternehmen muss, um das mit jeder Situation verbundene Risiko zu verringern und sein Leben so zu ändern, dass er sich aufrichtig einen oder zwei Punkte geben kann. Therapeuten können ihren Patienten helfen, aus jeder Situation, die sie ändern möchten, ein Ziel zu machen und ihr zwanghaftes Verhalten allmählich zu überwinden.

Wayne und Mary Sotile haben den WART für Paare modifiziert und dabei entdeckt, dass der Test nützliche Gespräche zwischen Partnern in Gang setzen kann.[8] Paare können den WART zusammen lesen und entscheiden, wie sehr jede Aussage auf jeden von ihnen zutrifft. Nachdem sie jeweils »meine«

und »deine« Punkte addiert haben, können sie vergleichen, wie sie ihre »Arbeit« und die des Partners bewerten und wo zwischen ihnen Übereinstimmung besteht. Sie können prüfen, ob sie den Partner nach einiger Zeit anders einschätzen, und sich Fragen stellen wie »Hast du dich so verändert, dass dein Partner es nicht bemerkt?« oder »Durch welche kleinen Veränderungen deiner Arbeitsweise und der des Partners sowie deiner und seiner Einstellung zur Arbeit könnte sich eure Lebensqualität verbessern?«

Therapieziele auf den Typ der Arbeitssucht abstimmen

Verschiedene Arten von Workaholics haben verschiedene Probleme am Arbeitsplatz und in der Familie. Therapeut und Patient können gemeinsam therapeutische Ziele setzen, die zur Arbeitssucht des Patienten passen. Ein anfallkranker Workaholic könnte sich zum Beispiel vornehmen, einen beständigeren und gleichmäßigeren Arbeitsstil zu entwickeln und seine Arbeitszeit zu begrenzen. Manche Workaholics brauchen eher Hilfe, weil sie lethargisch und gleichzeitig von ihrer Arbeit besessen sind. Einige benötigen einen Plan, der es ihnen ermöglicht, nicht mehr pausenlos und weniger hektisch zu arbeiten und sich gelegentlich frei zu nehmen.

In meiner eigenen Praxis ist mir aufgefallen, dass viele adrenalinsüchtige Workaholics zugleich an einer Störung mit Aufmerksamkeitsdefizit leiden. Therapeuten müssen damit rechnen, dass der Patient Medikamente braucht. Die Ärzte Edward Hallowell und John Ratey, die Autoren von *Driven to Distraction*, beschreiben, was sie »hochstimulierte Individuen mit Aufmerksamkeitsdefizit, die Langeweile verabscheuen« nennen. Ähnlich wie Workaholics mit Aufmerksamkeitsdefizit versuchen diese Menschen, Langeweile zu vertreiben und können sich ohne starke vorherige Stimulation nicht entspannen. Diese Lust an der Aufregung und an Krisen ist eine Strategie, die diese Menschen unbewusst anwenden, um sich einen Adrenalinstoß zu verschaffen, der ihnen hilft, sich auf die Arbeit zu konzentrieren:

Möglicherweise hilft ihnen der Reiz der Gefahr, sich zu konzentrieren, ähnlich wie stimulierende Medikamente, die Neurotransmitter beeinflussen. Stimulierende Medikamente, die bei der Störung mit Aufmerksamkeitsdefizit üblich sind, fördern die Freisetzung von Epinephrin (Adrenalin) im Gehirn. Durch gefährliches Verhalten wird das Gleiche erreicht. Insofern kann dieses Verhalten eine Art Selbstmedikation sein. Außerdem kann eine gefährliche Situation die zusätzliche Motivation liefern, die, wie wir wissen, die Konzentration verbessert. Wenn jemand hochmotiviert ist, kommt es ebenfalls zu Veränderungen auf der Ebene der Neurotransmitter, welche die Konzentration fördern.[9]

Es ist also schwierig, Workaholics mit Aufmerksamkeitsdefizit ohne geeignete Medikamente zu behandeln. Nur wenn ihre Lust an Krisen und starker Stimulation abnimmt, kann die Therapie optimal wirken. Sobald klar ist, dass Medikamente unnötig sind, können Therapeuten andere traditionelle Methoden des Stressabbaus anwenden. Sie können ihren Patienten erklären, dass nichts dagegen einzuwenden ist, wenn sie sich ab und zu Zeit für ein langes, heißes Bad nehmen, sich am Kamin oder auf der Veranda entspannen oder bei Kerzenlicht leise Musik hören. Allerdings profitieren sie davon nur, wenn Körper und Geist voll und ganz zusammenarbeiten. Ermutigen Sie Ihre Patienten, alle Gedanken abzublocken, die mit der Arbeit zu tun haben, und bringen Sie ihnen bei, wie das geht. Weisen Sie darauf hin, dass sie beim ersten Versuch möglicherweise Langeweile oder Unruhe empfinden, sich aber davon nicht entmutigen lassen dürfen. Wenn der Adrenalinschub fehlt, treten Entzugssymptome auf, und das einzige Mittel dagegen ist Durchhalten. Wird der Patient nervös, sollte er sich körperlich bewegen, tief atmen oder meditieren und unbedingt gelassen bleiben, bis die Unruhe abklingt.

Mäßigung am Arbeitsplatz
Wer von einer Chemikalie abhängig ist, muss totale Abstinenz üben. Workaholics sind jedoch auf ihre Arbeit angewiesen, so dass ihnen nichts anderes übrig bleibt, als Maßhalten zu lernen. Sie müssen ihre zwanghafte Arbeitssucht und ihr negatives

Denken überwinden. Für manche Workaholics bedeutet das, bestimmte Aktivitäten einzuplanen und die Arbeitszeit zu begrenzen. Andere brauchen einen Plan, der maximale Flexibilität und Ausgewogenheit in anderen Lebensbereichen – Familie, Freunde, Spiritualität – vorsieht. Das wichtigste Ziel besteht darin, ein Gleichgewicht zwischen der Arbeit und den anderen Lebensbereichen zu finden. In der Literatur besteht Einigkeit darüber, dass eine positive Einstellung zur Arbeit vor allem von einem erfüllten Leben außerhalb des Arbeitsplatzes abhängt. Ein harmonisches Familienleben ist ein seelischer Stoßdämpfer, der die negativen Auswirkungen der Arbeit dämpft und die positiven verstärkt.[10]

Sie können Ihrem Patienten helfen, einen »Abstinenzplan« aufzustellen, der auf seine persönlichen Bedürfnisse und Verhältnisse zugeschnitten ist. Dieser Plan schließt Zeit für Geselligkeit, Erholung, Hobbys, Familie und Spiritualität ein. Er legt aber auch regelmäßige Arbeitszeiten fest, die Arbeitswut ebenso wie Zaudern verhindern, und sieht vor, dass der Patient sich rechtzeitig auf Termine einstellt und seine Arbeit über eine realistische Zeitspanne verteilt. Wenn Sie einen Wochenplan aufstellen, sieht der Patient, wie er seine Zeit verbringt und welche Lebensbereiche er bisher nicht berücksichtigt hat. Sie können ihm auch helfen, seine perfektionistischen Ansprüche zu mäßigen, sich erreichbare Ziele zu setzen und Arbeit im Büro und zu Hause zu delegieren.

Das Aufstellen des Plans

Zunächst sollte der Patient sich sein Leben als einen Kreis vorstellen, der aus vier Teilen besteht:

Selbst: persönliche Bedürfnisse wie Ruhe, Bewegung, Entspannung, Selbstachtung Spiritualität, Ernährung und freie Zeit zum Nachdenken oder Meditieren.

Familie: Zeit für den Partner oder Ehepartner, Kinder, Eltern und Geschwister. Die Familie ist die wichtigste Stütze des Patienten.

Spiel: Spaß, Hobbys, Erholung, Freundschaften.

Arbeit: am Arbeitsplatz produktiv sein, Freude an der Arbeit haben, in Maßen arbeiten, andere Lebensbereiche nicht vernachlässigen.

Nun soll der Patient über die folgenden Punkte nachdenken:

1. Wie leben Sie Ihr Leben JETZT? Notieren Sie, wie viel Prozent Ihrer Zeit Sie JETZT den vier Lebensbereichen widmen (die Summe muss 100 % betragen):

SELBST   _____

FAMILIE   _____

SPIEL   _____

ARBEIT   _____

SUMME   100 %

2. Wie würden Sie Ihr Leben gerne leben? Notieren Sie den ERWÜNSCHTEN Prozentsatz Ihrer Zeit, den Sie den vier Lebensbereichen widmen würden, wenn Ihr Leben ausgewogener wäre:

SELBST   _____

FAMILIE   _____

SPIEL   _____

ARBEIT   _____

SUMME   100 %

3. Tragen Sie die unter 1. und 2. ermittelten Prozentsätze auf S. 77 oben ein. Subtrahieren Sie JETZT von ERWÜNSCHT, um den REST zu ermitteln, also den Wandel, ausgedrückt in Prozent Ihrer Zeit, den Sie in jedem Bereich bewirken müssen, um Ihr Leben zu harmonisieren. Ein negativer Wert bedeutet, dass Sie diesem Bereich zuviel Aufmerksamkeit widmen.

	SELBST	FAMILIE	SPIEL	ARBEIT
ERWÜNSCHT	_____	_____	_____	_____
JETZT	_____	_____	_____	_____
REST	_____	_____	_____	_____

4. Denken Sie über die vier RESTE nach, und nennen Sie drei oder vier Ziele für jeden Bereich, die Sie sich setzen können, um die notwendigen Veränderungen herbeizuführen. Tragen Sie diese Ziele unten ein. Sie errichten das Fundament Ihres Planes, wenn Sie diese Ziele in die Tat umsetzen. Wenn Sie Ihren Plan eine Woche lang ausprobiert haben, gehen Sie ihn noch einmal durch: Was wollen Sie beibehalten, hinzufügen, streichen?

SELBST: _____

FAMILIE: _____

SPIEL: _____

ARBEIT: _____

Arbeitssucht als Krankheit der Familie

3

Brenda

Ich bezeichne mich oft als Witwe eines Workaholics, denn das Leben mit meinem Mann ist mit schrecklicher Einsamkeit, mit Problemen und Sorgen verbunden. Eines Tages wurde mir klar, dass ich ihm geholfen hatte, arbeitssüchtig zu werden: Ich hatte versucht, mit seinem Tempo Schritt zu halten; ich hatte geglaubt, es müsse an mir liegen, dass er so lange arbeitete; und ich hatte an das Märchen geglaubt, ein Leben mit einem Workaholic sei nicht so schlimm wie ein Leben mit einem Trinker.

Ich dachte, wenn ich hübscher wäre oder mehr Sexappeal hätte, würde er mehr Zeit mit mir verbringen. Seine Geliebte war seine Arbeit, und darum unterstützen meine Freunde mich nicht. Sie sagten: »Sei dankbar dafür, dass er nicht trinkt, keine Weibergeschichten hat und dich nicht schlägt« oder »Du kannst froh sein, dass er bei dir geblieben ist, als du ein Alkoholproblem hattest.« Solche Bemerkungen beschämten mich, und ich fragte mich: »Was stimmt nicht mit mir?«

Oberflächlich betrachtet sieht Michael wie ein ständig beschäftigter Mann aus. Er wird sehr gut für seine Arbeit bezahlt. Einmal hat er in drei Krankenhäusern gearbeitet und selbst noch viele Patienten betreut. Außerdem war er Gerichtssachverständiger in Vormundschaftssachen. Wir sind beide Psychotherapeuten und haben eine gemeinsame Praxis. Während ich etwa fünf Patienten am Tag betreue, bestellt mein Mann zehn bis zwölf. Er versteht nicht, warum ich nicht mehr tue, und behauptet, mein Beitrag in der Praxis sei unzureichend. Er saß an seinem Schreibtisch, telefonierte pausenlos, schlang seinen Imbiss hinunter und hielt mir vor, ich hätte Probleme. Einige Zeit lang raste er in der Mittagspause vom Büro nach

Hause, um dort einiges zu erledigen, und kehrte schweißüberströmt in die Praxis zurück, wo immer ein Stapel Akten auf dem Schreibtisch lag und seine Nachmittagspatienten warteten.

Für mich und unsere Ehe hatte er keine Zeit. Alle anderen bekamen ein Stück von ihm, nur ich nicht. Meist kam er zu spät zum Abendessen, sackte auf dem Sofa zusammen und schlief ein. Ich wurde entweder wütend oder zog mich einsam zurück. In meinem Kummer schluchzte ich in mich hinein und fragte mich, was ich falsch machte, wie ich ihn dazu trieb, mich zu ignorieren.

Eines Samstags schaute ich vom Sofa aus zu, wie er mit seinen üblichen Sieben-Meilen-Schritten hin und her rannte. Plötzlich erkannte ich, dass Michaels Verhalten zu meinem Alkoholproblem beigetragen hatte und dass ich zu seiner Arbeitssucht beitrug. Ich versuchte, mit ihm Schritt zu halten, damit er mir nicht vorwerfen konnte, faul zu sein. Er hatte es so eilig, dass er eine Weile brauchte, bis ihm auffiel, dass ich mich an den üblichen samstäglichen Arbeiten im Haus nicht beteiligte. Als er es schließlich merkte, fragte er, was mit mir los sei. Ich sagte, es sei Samstag und ich wolle mich ausruhen. Er sah mich an, als hätte ich den Verstand verloren.

In der nächsten Woche machte ich das Bett nicht, spülte das Geschirr nicht und kochte nicht. Ich nahm mir einen Tag frei und ging angeln. Außerdem ging ich wieder öfter mit Freundinnen essen. Ich schrieb mehr, weil es mir Freude machte, und empfing in der Praxis noch weniger Patienten. Eines Tages verließ ich die Stadt, während er arbeitete, und fuhr zu einer Freundin, bei der ich eine Woche blieb. Von dort rief ich ihn an und sagte ihm: »Ich liebe dich, aber deine Arbeitssucht ist ebenso zerstörerisch wie Alkoholismus. Wenn du willst, dass ich bei dir bleibe, musst du dir helfen lassen.«

Michael war einverstanden, ließ sich beraten und ist heute auf dem Weg der Besserung. Er hat erkannt, dass er adrenalinsüchtig ist, und ist fest entschlossen, die Sucht zu überwinden. Da ich endlich zugegeben hatte, machtlos zu sein, war ich in der Lage, ihn in Ruhe zu lassen, so dass er die Folgen seines destruktiven Verhaltens tragen musste. Sobald ich anfing, für mich selbst zu sorgen, und Michael nicht mehr unterstützte, wurde ihm bewusst, dass seine Arbeitssucht sein Leben zerstörte und seinen Angehörigen Kummer bereitete.

Ab und zu fällt er in seine alten, zwanghaften Gewohnheiten zurück – und ich helfe ihm dabei. Doch dank unserer Genesung hat die Barriere der Arbeitssucht, die uns so lange um wahre Intimität betrog, ihre Macht verloren.

Wir haben gelernt, uns mehr Zeit für unsere Beziehung zu nehmen. Wir gehen nicht nur einmal in der Woche aus, sondern machen auch mehrere Male im Jahr gemeinsam Urlaub. Früher hielt Michael es nicht länger als drei Tage ohne seine Praxis aus. Während ich am Strand lag und das Wasser und die Sonne genoss, war er im Hotel und half dem Personal, Möbel umzustellen. Heute liegt er neben mir und hält meine Hand.

Modell einer Workaholic-Familie

Sie kennen nun die Symptome der Arbeitssucht bei sich selbst und anderen. Darum wollen wir uns jetzt näher mit ihren Auswirkungen befassen. Dieses Kapitel zeigt, wie die Arbeitssucht andere Familienmitglieder ansteckt, so dass auch sie mit einer ganzen Reihe von seelischen Störungen zu kämpfen haben.

Um die krankhafte Natur der Arbeitssucht aufzuzeigen, benutze ich ein Modell, das die Arbeitssucht als Symptom eines gestörten Familiensystems konzeptualisiert. Die wichtigste Erkenntnis von diesem Standpunkt aus lautet: Süchte werden durch den Zusammenbruch des Familiensystems übertragen. Dieser Zusammenbruch ist in der Ursprungsfamilie des Workaholics sowie in seiner eigenen Familie sichtbar. Zwanghafte Verhaltensweisen werden von einer Generation an die nächste weitergegeben, wobei sie oft ihren Charakter ändern. Die Regeln und Verhaltensmuster einer Familie können also bewirken, dass Alkoholismus, Arbeitssucht und gegenseitige Abhängigkeit sich über Generationen hinweg fortsetzen. Dieses Modell betrachtet die Arbeitssucht als erlernte, zwanghafte Reaktion auf das gestörte System der Ursprungsfamilie. Die – nichtmedizinische – Therapie umfasst die Ursprungsfamilie, die Ehe und die eigene Familie des Workaholics aus einem strukturellen und systematischen Blickwinkel.

Arbeitssucht ist eine Familienkrankheit, unter der jedes Mitglied leidet. Wir können nicht genau erkennen, was mit den einzelnen Mitgliedern geschieht, wenn wir nicht die Wechselwirkungen in der Gesamtheit des Familienorganismus' verstehen. Wenn die Familie reibungslos zusammenarbeitet, wirken sich Veränderungen eines Mitglieds auf die anderen Mitglieder aus. Das System Familie versucht immer, sein Gleichgewicht zu bewahren – es organisiert sich um seine Probleme herum, was oft dazu führt, dass diese weiter bestehen. Familien von Workaholics verändern sich, weil sie versuchen, sich dem extremen Arbeitsmuster des Workaholics anzupassen. Die Arbeitssucht eines Mitglieds bringt die ganze Familie aus dem Gleichgewicht, und die Folge ist, dass sie ihre Funktion verändert, um ein geschlossenes System zu bleiben.

Die Familienmitglieder werden von der Arbeitssucht häufig negativ beeinflusst, und es kann sein, dass seelische Störungen bei ihnen auftreten. Der Beruf des Workaholics stellt familiäre Regeln auf, die durchgesetzt werden, oft trotz ihrer negativen Wirkung auf das seelische Wohlbefinden der Familienmitglieder. Häufig erlaubt eine stillschweigende Absprache in der Familie dem Workaholic zu arbeiten, wie er will, während der Partner und die Kinder sich miteinander gegen ihn verbünden. Der Workaholic verzichtet zugunsten seines Berufs oft auf seine Position in der Familienhierarchie.[1] Um die strukturellen Merkmale der Workaholic-Familie besser zu verstehen, wollen wir uns die Familie Smith näher ansehen.

Wenn Arbeitssucht die Familie trifft – Familie Smith

Jack Smith, 43 Jahre alt, suchte seinen Arzt auf, weil seine Gesundheit nachließ. Der Arzt sagte ihm, er sei arbeitssüchtig und die beste Arznei dagegen seien lange Wochenenden und Urlaub.

Auf seinen Urlaubsreisen schleppte Jack seine Akten quer durch Europa und um die halbe Welt. Seine Frau Dorothy sagte, sie wüssten beide, dass diese Akten nie geöffnet würden, weil sie es nicht zulassen würde. Aber sie beklagte, dass er ständig arbeite und dass sie sich einsam fühle, wenn sie Museen besuche, während Jack im Hotel arbeite. Selbst an ihren langen Wochenenden in ihrer Berghütte wollte Jack unbedingt ein Handy bei sich haben, wenn er sein Fischerboot bestieg. Dorothy beschwerte sich darüber, dass Jack ständig mit den anderen Anwälten seiner Kanzlei in Verbindung stand. Jacks Arbeitssucht sorgte immer wieder für Streit in der Ehe und hatte einen Keil zwischen ihn und Dorothy sowie zwischen ihn und die inzwischen erwachsenen Kinder getrieben.

Als die Kinder noch klein waren, hatte Dorothy bei Familienausflügen die Decke und den Picknickkorb getragen, während Jack seine Aktentasche getragen hatte. Dorothy ärgerte sich darüber, dass die Arbeit für Jack stets Vorrang hatte. Sie kam sich vor wie eine alleinerziehende Mutter. Die Kinder grollten dem Vater, weil er sie nicht an sich heranließ. Obwohl alle drei Kinder als Erwachsene erfolgreich waren, hatten sie ihrer Mutter gestanden, sie könnten ihrem Vater wohl nie etwas gut genug machen.

Dorothy fand es traurig, dass sie ihren Ehepartner kaum zu Gesicht bekam und dass sie sich allein um die Erziehung der Kinder kümmern, den Haushalt führen und an gesellschaftlichen Ereignissen teilnehmen musste – wenn Jack versprach, sie dort zu treffen, kam er nicht. Die Gespräche und Aktivitäten der Familie drehten sich um Jacks Launen. Alle stellten ihre eigenen Pläne zurück, weil sie hofften, zufällig ein wenig Zeit mit ihm verbringen zu können. Die Kinder lernten, dass sie ab und zu bei ihrem Vater sein durften, wenn sie Akten für ihn kopierten oder ihn an Samstagen in seiner Kanzlei besuchten und in einem Nebenzimmer spielten, während er wichtige Akten bearbeitete. Selbst wenn sie mit ihm angeln gingen, klagten sie darüber, dass der Vater meist im Geiste im Büro war. Dorothy ging sogar in eine Schule, um Anwaltsgehilfin zu werden, und nahm einen Job in Jacks Kanzlei an, nur um »ein wenig Zeit mit ihm zu verbringen«. Wenn Jack ausnahmsweise einmal versuchte, eine aktive Rolle in der Familie zu spielen, fühlte er sich von seiner Frau abgewiesen – sie war der Meinung, er mische sich in ihre Angelegenheiten ein.

Im Laufe der Therapie erfuhr Dorothy zum erstenmal, dass es Arbeitssucht gibt. Das half ihr, Jack in neuem Licht zu sehen. »Workaholic? Das hört sich ja so an, als sei mein Mann krank. Jetzt sehe ich ihn mit ganz anderen Augen – mit mehr Verständnis und Mitgefühl.«

Strukturelle und dynamische Merkmale des Familiensystems

Wir können die strukturellen Merkmale der Familie Smith so beschreiben: Dorothy und die Kinder sind zu Erweiterungen von Jacks Ego geworden. Familienkonflikte sind daher unvermeidlich.[2] Workaholics neigen zu Egozentrizität und brauchen meist sehr viel Zuwendung. Von der Familie erwarten sie, dass sie auf ihre Wünsche eingeht.[3] Jedes Familiemitglied wird vom Terminkalender, den Launen und Aktionen des Workaholics abhängig, und er bestimmt den Terminplan, die Stimmung und die Aktionen der Familie.

Ein Teufelskreis

Im Laufe der Zeit entwickeln Familienmitglieder bestimmte Verhaltensweisen als Reaktion auf die Arbeitssucht eines Angehörigen. Wenn Workaholics länger und härter arbeiten, wollen ihre Partner – ähnlich wie die Partner von Alkoholikern – sie oft dazu bringen, das zwanghafte Verhalten zu zügeln und mehr Zeit für die Familie zu haben. Workaholics betrachten diese Versuch häufig als Forderung, Kritik oder Nörgelei und vergraben sich noch tiefer in ihre Arbeit, so dass die Distanz zur Familie noch zunimmt. Da die anderen Familienmitglieder sich einsam, ungeliebt, isoliert und körperlich und seelisch verlassen fühlen, verbünden sie sich gegen den Workaholic und rächen sich mit Vorwürfen und Unnahbarkeit. Das führt dazu, dass der Workaholic sich ausgeschlossen fühlt. Seine Angehörigen klagen ständig über seine Arbeitssucht oder machen zynische Bemerkungen darüber. Oft zahlt der Workaholic es ihnen heim und kapselt sich noch mehr ab, selbst wenn er zu Hause ist. Der Partner beklagt sich darüber, dass er die Kinder allein erziehen muss und die Last der Verantwortung allein trägt. Manche Workaholics begründen ihre körperliche und seelische Abwesenheit mit eben diesen ständigen Klagen. Daraus entwickelt sich ein Kreislauf. Der Workaholic behauptet: »Ich würde nicht so viel arbeiten, wenn du nicht andauernd an mir herumnörgeln würdest«, und der Partner entgegnet: »Ich würde dir keine Vorwürfe machen, wenn du nicht pausenlos arbeiten würdest.«

Dorothys Problem in der Therapie war, dass er sie wegen seiner Arbeitssucht vernachlässigte; Jacks Problem war Dorothys ständige Kritik und sein Eindruck, ihr nichts recht machen zu können – nicht einmal sein beruflicher Erfolg gefiel ihr. Er begründete seine bewusst herbeigeführte Distanz so: »Warum sollte ich Zeit mit einem Menschen verbringen, der mir unaufhörlich Vorwürfe machte?« Dorothy hatte sich zurückgezogen, weil sie Jack für gefühllos hielt. Jacks Verteidigung war der Messias-Mythos (siehe Kapitel 1). Er behauptete, er arbeite hart für Dorothy und die Kinder, und konnte nicht verstehen, warum sie ihn einerseits kritisierte und andererseits die Früchte seiner Anstrengung erntete. Zwei Management-Experten bestätigen diese Beobachtung: »Für die leidende Familie ist es ein harter Schlag, wenn der Workaholic ihre Vorhaltungen mit den Worten kontert: ›Ich tue das alles für euch!‹«[4]

Machtkämpfe und ungewollte Unterstützung

Es klingt paradox, aber das Verhalten der Familie als Reaktion auf die Arbeitssucht unterstützt diese sogar. Wenn der Partner und die älteren Kinder sich um die kleinen Kinder und um den Haushalt kümmern, verschaffen sie dem Workaholic die Freiheit, die er braucht, um pausenlos arbeiten zu können. Sie schirmen ihn vor häuslichen Problemen ab und machen seine Arbeitssucht dadurch erst möglich.

Es gibt noch weitere »Unterstützungsmaßnahmen«: Der Partner richtet sich nach dem unmöglichen Terminplan des Workaholics, serviert das Abendessen immer wieder um Mitternacht, obwohl der Workaholic versprochen hat, um sieben nach Hause zu kommen, entschuldigt sein Fernbleiben auf Partys und Familientreffen, übernimmt seine Pflichten im Haushalt, geht mit ihm zu geschäftlichen Besprechungen oder gesellschaftlichen Ereignissen und nimmt Anrufe entgegen, die für ihn bestimmt sind.

Auch wenn die Familie immer wieder verlangt, der Workaholic möge seine Arbeitssucht mäßigen, unterstützt sie ihn ungewollt. Die Familienmitglieder sind von dieser Forderung ebenso besessen wie der Workaholic von seiner Arbeit. Je mehr die Familie ihn unter Druck setzt, damit er sich einen Tag frei nimmt, mit ihr Urlaub macht, weniger arbeitet oder früher nach Hause kommt, desto mehr fühlt sich der Workaholic bedroht und desto hartnäckiger weigert er sich. Meist deuten Workaholics diesen Druck als Versuch, ihre Autorität zu untergraben. Wenn der Partner dem Workaholic vorschreiben will, welche Grenzen er sich setzen soll, oder ihn kritisiert, weil er rückfällig wird, fühlt der Workaholic sich erst recht gedemütigt und entmachtet. Dafür gibt es von seinem Standpunkt aus nur eine Lösung: Er muss sich noch mehr in seine Arbeit stürzen und versuchen, dadurch seine Position zu festigen. Vorwürfe führen häufig zu Abwehrreaktionen: Der Workaholic behauptet, er ermögliche der Familie ein angenehmes Leben und sorge für ihre Zukunft.

Die Rolle der Gesellschaft

Oft traut die Familie sich nicht, am Workaholic Kritik zu üben, und dieser fühlt sich von der Zufriedenheit bestätigt, die seine Angehörigen zur Schau tragen. Die Gesellschaft unterstützt diese vorgetäuschte Idylle. Dem Ehepartner wird oft vorgeworfen, er sei undankbar oder unersättlich, trotz des materiellen Wohlstandes, den er dem Workaholic verdanke. Madge musste sich im Krankenhaus wegen Allergie, Kopfschmerzen, Magenbeschwerden und anderen Stresssymptomen behandeln lassen. Das sind die Symptome der Arbeitssucht – aber Madge war mit einem Workaholic verheiratet:

Ich musste ihn verlassen, sonst wäre ich zugrunde gegangen. Ich hatte mich an seiner Arbeitssucht angesteckt, und sie brachte mich langsam um. Ich versuchte, mit ihm Schritt zu halten, solange ich konnte, aber seine Arbeitssucht war stärker. Ich hielt nicht mehr mit und brannte aus. Er leitet eine Firma mit mehreren Millionen Dollar Umsatz. Seine Arbeit bedeutet ihm alles, sie ist sein Leben. Er arbeitet immer und ist immer »high«. Ich bin mit meinen zwei Kindern allein. Andere Leute verstehen nicht, in welcher Lage ich bin. Sie fragen mich, warum ich mich immer beklage. Wir haben zwei prächtige Kinder, er hat einen großartigen Beruf, er verdient viel Geld, und ich muss nicht arbeiten. Ich habe ein traumhaft schönes Leben – aber warum lächle ich nie?

Dorothy fühlt sich verleumdet:

Andern gegenüber ist mein Mann perfekt. Ich komme mir vor wie eine seiner Angestellten, sogar zu Hause. Er bestreitet, dass mit uns etwas nicht stimmt, und wird wütend, wenn ich ihm seine Arbeitssucht vorwerfe. Unsere Freunde wollen immerzu wissen, warum ich dauernd jammere. In ihren Augen bin ich eine undankbare Person. Sie verstehen nicht, was es heißt, einsam zu sein.

Die Angst, undankbar zu erscheinen, hält die Familie oft in Schach, so dass sie sich weder beklagt noch Hilfe sucht. Das Problem wird dann weiter geleugnet. Manche Partner von Workaholics fragen sich sogar, ob *sie* diejenigen sind, die ein Problem haben. Wenn sie erleben müssen, wie Freunde und Kollegen ihren arbeitssüchtigen Partner mit Lob und Prämien überschütten, glauben sie möglicherweise, mit ihnen stimme etwas nicht. Sie fühlen sich unerwünscht und dem arbeitssüchtigen Partner unterlegen. Wenn sie sich entspannen, kommen sie sich faul und minderwertig vor.

Kinder in der Elternrolle

Wenn die Grenzen zwischen den Generationen, die Kinder vor der Welt der Erwachsenen schützen, verletzt werden oder verschwimmen, können ältere Kinder in die Elternrolle gedrängt werden.[5] Sie werden sozusagen die Eltern ihrer Eltern und verzichten aus Rücksicht auf die seelischen Bedürfnisse oder den

Beruf der Eltern auf die Zuwendung, den Trost und die Anleitung, die sie selbst bräuchten. Workaholics, die in ihrer Ursprungsfamilie diese Rolle übernommen haben, geben sie oft an ihre eigenen Kinder weiter. Die Kinder werden dann zum emotionalen Ersatz des fehlenden Elternteils. Ein typisches Beispiel ist das Kind, das in die Rolle eines Erwachsenen schlüpft, um das Bedürfnis eines Elternteils nach Zuwendung zu befriedigen, während der arbeitssüchtige Partner physisch oder emotional abwesend ist. Es kann auch sein, dass der Partner des Workaholics als Alleinerzieher überlastet ist und ein Kind (meist das älteste) die Elternrolle spielt. Auf dem Kind lastet dann zu früh eine große Verantwortung, obwohl es seelisch noch nicht ausgereift ist. Es übernimmt beispielsweise Pflichten im Haushalt oder kümmert sich um jüngere Geschwister, um das System Familie zu stabilisieren. Die Leere, die zurückbleibt, wenn Kinder auf ihre Kindheit verzichten müssen – der Mangel an Anerkennung, Trost, Liebe und Schutz vor dem Druck der Erwachsenenwelt –, macht sich Jahre später als »innere Leere« bemerkbar.

Generationen-Dreiecke

Dreiecke über die Generationen hinweg bilden sich mitunter, wenn Ehepartner zu Rivalen werden oder das Band zwischen einem Elternteil und einem Kind wichtiger wird als die Ehe. Mütter verbünden sich beispielsweise mit einem Kind und klagen ihm insgeheim ihren Kummer über die emotionale Kälte des arbeitssüchtigen Vaters. Der Vater wird ausgeschlossen, und das Band zwischen Mutter und Kind wird auf Kosten des Ehebandes stärker. Diese Grenzverletzung kann den Groll des Kindes auf den abwesenden arbeitssüchtigen Vater vergrößern und die Spannungen zwischen beiden verstärken. Die Mutter stellt sich dann auf die Seite des Kindes und schwächt dadurch das Band zwischen den Eltern und zwischen Vater und Kind noch mehr, während das Band zwischen ihr und dem Kind gefestigt wird.

Wenn solche Bündnisse geschlossen werden, haben Workaholics das Gefühl, in ihrem eigenen Haus nur Zuschauer zu sein. Sie klagen, sie fühlten sich unsicher und in der Familie fehl am Platze. Milton z. B. behauptete, seine Frau und seine drei Töchter hätten sich gegen ihn verschworen. Er machte sie dafür verantwortlich, dass er sich außerhalb des Büros unwohl fühlte. In Wirklichkeit trug er eine Mitschuld an diesem Zustand, weil er sich an ihren Gesprächen und Aktivitäten nicht beteiligte und mit den Gedanken bei der Arbeit war. Obwohl er sich wie ein Außenseiter vorkam, verstand er nicht, dass sein eigenes Verhalten zu der Situation beigetragen hatte.

In Japan würde man ihn einen »Sieben-elf-Ehemann« nennen. Das ist die Bezeichnung für Väter, die von morgens bis abends arbeiten und kaum ein Familienleben haben:

> Für überarbeitete und erschöpfte Ehemänner wird das Heim ein Ort, an dem sie eine vertraute Schlafgelegenheit finden, aber nur wenig Nahrung für die Seele erhalten. Solche Männer fühlen sich meist wie Gäste, deren Hauptaufgabe es ist, Geld ins Haus zu bringen, sich aber nicht direkt und intensiv an Aktivitäten der Familie zu beteiligen oder ihre Kinder zu erziehen. Der Sieben-elf-Ehemann ist am Wochenende oft so müde, dass Familienausflüge und Arbeiten im Haushalt oder Garten ihn noch mehr erschöpfen. Er ist in der Familie eine Art Randfigur, dem von den Angehörigen kaum Anerkennung für seine Rolle in der Familie zuteil wird. Wenn die Familie Bündnisse gegen ihn schließt, fühlt er sich wahrscheinlich zu Hause unerwünscht, und das stärkt sein Verlangen nach Rückkehr in die vertraute Arbeitswelt.[6]

Wenn diese Bündnisse sich verfestigt haben, ärgern die Ehefrauen sich oft sogar, wenn Workaholics doch einmal versuchen, eine aktivere Rolle in der Familie zu spielen – sie betrachten es als Einmischung. Ältere Kinder weisen den Versuch des arbeitssüchtigen Vaters, ihnen wieder näher zu kommen, häufig brüsk zurück, weil er ihrer Meinung nach halbherzig ist und zu spät kommt.

Studien über die Familie des Workaholics

Meine Kollegen an der University of North Carolina in Charlotte und ich haben die anekdotischen Berichte überprüft.

Zwei empirische Studien bestätigten, dass Angehörige durch die Arbeitssucht ebenfalls Schaden erleiden können.

Die erste Studie, die sich jemals mit Arbeitssucht in der Familie befasste, entsprang unserem Wunsch herauszufinden, ob zwischen der Arbeitssucht und der Ursprungsfamilie oder der Situation in der jetzigen Familie ein Zusammenhang besteht.[7]

Familiensysteme und psychodynamische Theorien deuten schließlich darauf hin, dass das Verhalten Erwachsener seine Wurzeln in der Ursprungsfamilie hat. Viele Studien belegen, dass eine gesunde Ursprungsfamilie die Basis für seelische Gesundheit im Erwachsenenalter, eine gute Ehe und gute familiäre Beziehungen ist.

Wir testeten 107 Teilnehmer an Sitzungen der Workaholics Anonymous in fünf Regionen der USA und Kanadas. 14,2% unserer Stichprobe kamen aus dem Nordosten, 23,6% aus dem Südosten, 38,7% aus dem Nordwesten, 18,9% aus dem Südwesten und 0,9% aus Kanada. Die Teilnehmer waren durchschnittlich 44 Jahre alt, und 65% von ihnen waren Frauen.

Wir teilten die Antworten in zwei Gruppen ein, wobei die Antwort auf die folgende Frage als Grundlage diente: »Haben Sie schon einmal an Sitzungen einer Selbsthilfegruppe teilgenommen oder mit einem Arzt oder Therapeuten über ihre Arbeitsgewohnheiten gesprochen?« 70 Teilnehmer antworteten mit »Ja« und wurden der Kategorie »klinische Workaholics« zugeteilt, 36 antworteten mit »Nein« und wurden der Kategorie »nichtklinische Workaholics« zugeteilt.

Trotz der klinischen Beobachtung, dass erwachsene Workaholics aus gestörten Familien kommen, fanden wir in unserer gesamten Stichprobe keinen Zusammenhang zwischen der Arbeitssucht (ermittelt durch den WART) und der gestörten Ursprungsfamilie. Der Befund änderte sich jedoch, wenn wir die Teilnehmer in klinische und nichtklinische Workaholics einteilten. Klinische Workaholics, die sich um Hilfe bemüht hatten, bezeichneten ihre Ursprungsfamilie häufiger als gestört als jene Workaholics, die keine Hilfe gesucht hatten.

Die Befunde zeigten außerdem, dass zwischen der Arbeitssucht und der Situation in der Familie des Workaholics ein Zusammenhang bestand. Die Arbeitssucht rief erhebliche Störungen innerhalb der Familie hervor – je schwerer sie war, desto stärker war die Familie gestört, was die Kommunikation und die Fähigkeit betraf, Probleme zu lösen, Gefühle auszudrücken, Rücksicht auf andere zu nehmen und eine Einheit zu bilden.

Auf der Basis der WART-Ergebnisse teilten wir die Stichprobe in drei Gruppen ein, bei denen das Risiko, arbeitssüchtig zu werden, gering, mittel oder hoch war. Personen in der dritten Gruppe erklärten häufiger, ihre Familie habe Probleme mit der Kommunikation oder beim Informationsaustausch, die Rollen in der Familie seien unklar definiert und die Familie habe keine Verhaltensmuster entwickelt, um regelmäßig wiederkehrende Aufgaben zu lösen. Außerdem sagten sie häufiger, in ihrer Familie würden Gefühle als Reaktion auf familiäre Ereignisse nicht ausgedrückt und die Mitglieder wüssten die Aktivitäten und Anliegen der anderen nicht zu schätzen und hätten wenig Interesse daran. Sie betrachteten ihre Familie als ungesund und meinten, sie habe ungelöste Probleme.

Den Workaholics in unserer Stichprobe fiel es schwer, intime und gesellschaftliche Beziehungen aufrechtzuerhalten. Die gesellschaftlichen Beziehungen waren bei Männern erheblich stärker gestört als bei Frauen. Intimität war für die klinischen Workaholics ein Problem, sowohl in ihrer Ursprungsfamilie als auch in ihrer jetzigen. Vielleicht waren ihre jetzigen Probleme auf die früheren Probleme zurückzuführen; das würde jedenfalls erklären, warum sie häufiger Hilfe suchten als die nichtklinischen Workaholics.

Die zweite Studie – im folgenden Diagramm erläutert – untersuchte den Einfluss der Arbeitssucht auf Erwachsene, die in einer Familie mit einem Workaholic aufgewachsen waren. Es war die erste Studie, die sich mit erwachsenen Kindern von Workaholics befasste. Auch diesmal bestätigten die Befunde, dass Arbeitssucht mit gestörter Kommunikation einhergeht und zu gestörten familiären Beziehungen und Ehekonflikten beitragen kann.

Nehmen Kinder von Workaholics seelische Narben mit in das Erwachsenenalter?

Haben Kinder von Workaholics als Erwachsene das Gefühl, ihr Leben im Griff zu haben, oder fühlen sie sich ihrer Umwelt hilflos ausgeliefert? Die klinische Beobachtung, dass diese Kinder sich dem autoritären arbeitssüchtigen Elternteil anpassen, ist nie wissenschaftlich untersucht worden. Wenn dem so ist, könnte es bedeuten, dass die erwachsenen Kinder von Workaholics glauben, ihr Leben werde von äußeren Faktoren bestimmt, und dass sie wiederum versuchen, sich anzupassen und die Erwartungen von Autoritäten zu erfüllen, anstatt selbst zu denken und eigene Überzeugungen und Wertvorstellungen zu entwickeln.

Wenn die Kinder von Workaholics diese Einstellung haben, könnten seelische Probleme die Folge sein. Studien über Kinder von Alkoholikern deuten in diese Richtung – es ist bemerkenswert, dass es vor unserer Studie keine einzige Forschungsarbeit über Kinder von Workaholics gab.[8]

Um die Gültigkeit unserer Hypothese zu testen, baten wir eine Stichprobe von 211 jungen Erwachsenen, ihre Eltern mit Hilfe des WART zu bewerten. Auf der Basis ihrer Ergebnisse teilten wir die Eltern in Workaholics (eine Standardabweichung über dem Durchschnitt) und Nichtworkaholics ein. Dann untersuchten wir die jungen Erwachsenen (sie waren durchschnittlich 24 Jahre alt) auf Depression, Angst, Selbstbild und Abhängigkeit.

Wir stellten fest, dass die erwachsenen Kinder von Workaholics häufiger an Angst und Depressionen litten und sich häufiger nach äußeren Autoritäten richteten als die Vergleichsgruppe. Beim Vergleich zwischen Kindern von Alkoholikern und Nichtalkoholikern sind die Befunde ähnlich.[9]

Es gab keine Unterschiede im Selbstbild, und die Kinder von arbeitssüchtigen Müttern unterschieden sich nicht von den Kindern nicht arbeitssüchtiger Mütter. Diese Befunde entsprechen denen, die bei Studien über den »Typ A« gewonnen wurden und darauf hindeuten, dass Väter die Merkmale dieses Typs häufiger an ihre Kinder weitergeben.[10]

Unsere Befunde schließen sich gut an unsere erste Studie an, in der die Workaholics einen Zusammenbruch ihres Familiensystems beschrieben hatten. Obwohl die Forschung auf diesem Gebiet noch in den Kinderschuhen steckt, deuten die Ergebnisse unserer Studie darauf hin, dass Kinder auf seelisch ungesunde Weise von der Arbeitssucht beeinflusst werden und dass bei ihnen Narben zurückbleiben können, wenn sie heranwachsen. Diese Narben machen sich dadurch bemerkbar, dass die jungen Erwachsenen sich nach den Entscheidungen anderer richten, weniger Selbstvertrauen haben und häufiger an Angst und Depressionen leiden als die Gesamtbevölkerung.

Als die Medien von unseren Befunden erfuhren, klingelte mein Telefon ununterbrochen, und ich wurde mit Briefen von Erwachsenen überschwemmt, deren Vater oder Mutter Workaholic gewesen war. Typisch ist der folgende Brief von Butch:

Lieber Dr. Robinson,
gestern war ich in Kentucky zu einem Vorstellungsgespräch, als ich in der *Daily News* einen Artikel las, der Ihre Studie über Arbeitssucht und deren Folgen für die Kinder zusammenfasste. Ich bin 38 Jahre alt und habe noch nie nach der Lektüre eines Artikels jemandem geschrieben. Aber dieses Thema betrifft mich so sehr, dass ich unbedingt mehr darüber wissen will. Es ist eine Ironie, dass ich vor wenigen Tagen mit meinem besten Freund aus meiner Kindheit über ein Beziehungsproblem sprach. Er nimmt ein Medikament gegen Angst und glaubt, sein Zustand habe etwas mit seiner Kindheit und seinem Verhältnis zu seinem sehr erfolgreichen Vater zu tun.
Es ist mir peinlich, aber ich muss gestehen, dass ich ebenfalls Medikamente gegen Angst und hohen Blutdruck nehme. Mein Bruder hat dasselbe Problem und dazu ein Alkoholproblem.

Unser Vater war als Polizeipräsident und Bürgermeister immer einer der führenden Männer in unserer Stadt, als wir heranwuchsen. Wir drei haben insofern vieles gemeinsam, und mir scheint, es bestehen ungewöhnlich viele Übereinstimmungen zwischen uns.

Heute fällt es mir schwer, als Erwachsener eine normale Beziehung zu meinem Vater zu knüpfen. Wer ist er wirklich, und wie kann ich sein Freund werden? Ich versuche aufrichtig, »meinen Papa zu finden«, anders als früher. Ihre Forschungen sind sehr wichtig. Wenn Sie mir Literatur empfehlen können oder wenn ich Sie bei Ihren Studien unterstützen kann, lassen Sie es mich bitte wissen.

Mit freundlichen Grüßen

Butch Rowland

Vorschläge für Therapeuten

Es gibt verschiedene Möglichkeiten, Workaholics und ihren Angehörigen zu helfen, auch wenn sie ihre Probleme – ähnlich wie die Familien von Alkoholikern – leugnen. Nach außen hin scheint die Familie des Workaholics immun gegen die Auswirkungen des hektischen, zwanghaften Verhaltens zu sein. Workaholics verbergen ihre Angst, ihre Depression und ihre Furcht, nicht alles im Griff zu haben, hinter Zähigkeit und Perfektionismus, und es fällt ihnen schwer, andere um Hilfe zu bitten. Die Familienmitglieder wollen sich oft nicht äußern, weil sie fürchten, als undankbar zu gelten angesichts des materiellen Komforts, den sie dem Workaholic verdanken. Typische Workaholic-Familien tanzen um den riesigen »Elefanten im Wohnzimmer« herum, ohne allerdings seine Gegenwart wahrzunehmen. Das erzeugt Spannungen und Groll. Wenn Sie Paaren helfen, ihre Gefühle zu identifizieren und auszudrücken, lassen die Spannungen sich abbauen. Damit ist der Grundstein für die weitere Arbeit gelegt.

Die einleitende Informationssammlung

Zunächst ist es wichtig, die Struktur der Workaholic-Familie zu bestimmen. Gibt es beispielsweise eine stillschweigende Vereinbarung, die Arbeitssucht erlaubt? Besteht die unausgesprochene Erwartung, dass Kinder in eine Elternrolle schlüpfen, was bei ihnen langfristig zu seelischen Problemen führen kann? Wenn Sie diese unbewussten Faktoren ans Licht bringen, helfen Sie der Familie, ihr Verhalten neu zu strukturieren.

Sie können gemeinsam mit der Familie die Struktur des Familiensystems graphisch aufzeichnen, damit die Familienmitglieder erkennen, ob sich Bündnisse und Dreiecke gebildet haben, ob die Arbeitssucht unbewusst gefördert wird und ob die Angehörigen den Workaholic ausschließen. Wenn die Ehe kriselt und ein Ehepartner Bündnisse mit den Kindern geschlossen hat, oder wenn ein Kind in die Rolle eines Erwachsenen geschlüpft ist, können Sie mit dem Paar arbeiten und die Beziehung stärken, die Generationen deutlicher voneinander abgrenzen und vielleicht sogar dem Kind helfen, seine Elternrolle aufzugeben. Wenn Sie die stillschweigenden Absprachen in der Familie aufgedeckt haben, können Sie gemeinsam mit der Familie bewusste und zweckmäßigere Vereinbarungen formulieren, in denen die Rolle jedes Mitglieds genau festgelegt wird. Zeigen Sie den Familienmitgliedern auch, wie sie offen kommunizieren, auf die Anliegen anderer eingehen und Gefühle ausdrücken können.

Arbeitssucht als Krankheit der Familie

Es ist oft eine große Erleichterung für eine Familie, wenn Sie ihr erklären, dass Arbeitssucht eine Krankheit ist. Die Angehörigen des Workaholics fühlen sich dann nicht mehr zurückgestoßen und verstehen, welche subtilen, ihnen nicht bewussten Folgen die Arbeitssucht eines Familienmitglieds für sie hat. Das ermöglicht es Ihnen, die zwölf Schritte der Anonymen Alkoholiker, angepasst an die Arbeitssucht, anzuwenden (Näheres siehe Kapitel 9). Manche Familien profitieren davon, wenn sie sich weniger mit der Arbeitssucht und mehr mit sich selbst und den Kindern beschäftigen.

Wie bereits erwähnt, ist die Arbeitssucht eine nette Sucht. Darum ist es wichtig, dass Sie sich klarmachen, welchen Schaden diese Sucht bei Kindern anrichtet. Die Therapie muss auch auf die unrealistischen Erwartungen eingehen, die eine Familie den Kindern aufzwingt. Sobald die Familienstruktur gefestigt ist, sollten Sie tiefer bohren, um herauszufinden, ob die »nette Sucht« bei den Kindern Angst und Depressionen ausgelöst hat. Wichtig ist es auch, den Kreislauf der Arbeitssucht zu durchbrechen. Wenn Sie Kinder vor unerfüllbaren Anforderungen und dem Perfektionismus der Eltern schützen, können Sie verhindern, dass sich bei ihnen ein Typ-A-Verhalten entwickelt und dass der Workaholic seine Arbeitssucht an sie weitergibt.

Die unbewusste Unterstützung der Sucht

Sie müssen Ehepartnern und Kindern auch aufzeigen, dass sie sich immer wieder in den Zyklus der Arbeitssucht hineinziehen lassen, und ihnen einen Ausweg anbieten. Die Familienmitglieder können beispielweise damit aufhören, dem kranken Workaholic Arbeit ans Bett zu bringen, seine Abwesenheit bei geselligen Anlässen zu entschuldigen, seine Arbeit im Haushalt zu übernehmen, für ihn Anrufe entgegenzunehmen oder am Telefon zu lügen.

Helfen Sie der Familie herauszufinden, ob sie sich an den Workaholic angepasst hat. Die Familienmitglieder müssen begreifen, dass sie sich selbst schaden, wenn sie ihr Leben ganz nach dem arbeitssüchtigen Mitglied ausrichten. Wenn der arbeitssüchtige Vater verspricht, zum Mittagessen zu Hause zu sein, aber wieder einmal nicht kommt, sollte die Familie rechtzeitig essen und es dem Workaholic überlassen, sein Essen zuzubereiten. Es ist wichtig, dass die Familie den Workaholic in ihre Pläne einbezieht und ihm versichert, dass sie ihn vermisst und dass sein Fehlen sie enttäuscht; dennoch sollte sie ihr eigenes Leben nicht umkrempeln.

Die zwölf Schritte und Selbsthilfegruppen

Neben der individuellen Therapie profitieren Workaholics auch von Selbsthilfegruppen, deren Mitglieder ebenfalls mit Zwangsverhalten verschiedener Art zu kämpfen haben. In der Gruppentherapie helfen die Teilnehmer einander zu erkennen, dass Leugnen und Ablenkungen sie bisher daran gehindert haben, die Verantwortung für ihr Tun zu übernehmen und ihr Leben ins Gleichgewicht zu bringen. In Amerika gibt es in den meisten größeren Städten bereits Selbsthilfegruppen wie die »Workaholics Anonymous« (WA), die Literatur empfehlen und wöchentliche Sitzungen abhalten. Therapeuten sollten ihre Patienten mit den »zwölf Schritten« als Ergänzung der Einzeltherapie vertraut machen.

Die zwölf Schritte haben sich bei Millionen von Menschen mit unterschiedlichen Süchten als hilfreich erwiesen, unter anderem bei Alkohol-, Drogen-, Spiel-, Ess- und Kaufsucht. Die »Workaholics Anonymous« setzen diese Tradition fort und stellen ein anonymes, sicheres Umfeld zur Verfügung, in dem Workaholics akzeptiert werden und ihre Stärken, ihren Mut und ihre Hoffnungen einbringen können. Sie folgen den zwölf Schritten und arbeiten mit anderen genesenden Workaholics und mit Sponsoren, die über ein solides Programm für das Persönlichkeitswachstum verfügen. Unter der Anleitung der Mentoren entwickeln die Teilnehmer einen Selbsthilfeplan. Sie werden ebenso zum Verzicht auf zwanghaftes Arbeiten auf der körperlichen Ebene ermutigt wie zu einer positiven Einstellung, deren Quelle eine dem Menschen überlegene Macht ist. Der Arbeitsplan ist ein Leitfaden für die tägliche Arbeit; er setzt gesunde Grenzen und zeigt den Teilnehmern den Weg zu einem ausgewogeneren Leben. In Kapitel 9 finden Sie weitere Informationen über die WA. Elizabeth beschreibt ihre Erfahrungen mit den WA so:

> Die »Workaholics Anonymous« geben mir die Chance, mich mit Menschen meiner Art zusammenzusetzen, und zwar anonym. Ich brauche nicht zu befürchten, dass die ganze Welt von meiner Sucht erfährt, denn nichts, was ich sage, dringt aus dem Raum.

Dort kann ich mich abregen, mit anderen Erfahrungen austauschen und mir selbst zuhören. Es ist sehr beruhigend, mit anderen zusammen zu sein, die so sind wie ich und verstehen, was ich fühle. Und wenn ich ihnen zuhöre und erfahre, was sie tun, um ihr Verhalten zu ändern, wird mir klar, was ich tun kann; denn sie teilen ihre Erfahrung, ihre Kraft und ihre Hoffnung mit mir, ohne mich zu belehren.

Unterstützung für die Familie

Familienmitglieder brauchen oft Hilfe, damit sie ihre Gefühle ausdrücken können. Sie kommen sich verlassen und minderwertig vor; sie sind wütend auf den Workaholic und haben dabei ein schlechtes Gewissen. Vor allem Ehepartner müssen ein geeignetes Ventil für ihre Gefühle finden – ein Tagebuch, eine Selbsthilfegruppe oder eine individuelle Therapie. Häufig tut es ihnen gut, wenn sie verstehen, dass sie die Arbeitssucht des Partners nicht verursacht haben und sie nicht heilen können und dass die Sucht des Partners nur ein geringes Selbstwertgefühl, Angst und andere ungelöste Probleme maskiert.

Eine Organisation namens »WorkAnon« wurde in New York gegründet, zur gleichen Zeit, als die »Workaholics Anonymous« ihre Arbeit aufnahmen. »WorkAnon« betreut Ehepartner, Angehörige und Freunde von Workaholics, so wie »Al-Anon« als Ableger von »Alcoholics Anonymous« es tut. Barbara, die Gründerin von »WorkAnon« und die Frau eines WA-Gründers, erhielt eines Abends einen Anruf von einer verstörten Frau, die zu ihrem 25. Hochzeitstag ein ganz besonderes Abendessen vorbereitet hatte, zu dem ihr Mann nicht erschienen war. Die Frau legte ein Geschenk für ihn auf den Esstisch, ging zu Barbara, und die beiden gründeten WorkAnon. Manche Leute glauben, WorkAnon könne ihnen helfen, ihren Partner von seiner Arbeitssucht zu heilen. Aber WorkAnon will ebenso wie »Al-Anon« Partnern helfen, mit ihren Gefühlen fertig zu werden, nicht aber, den arbeitssüchtigen Partner zu heilen. Workaholics müssen selbst Hilfe suchen und die Verantwortung dafür übernehmen.

Therapeuten können Selbsthilfegruppen gründen, die ähnlich wie »Al-Anon« und »WorkAnon« arbeiten. Eine solche Gruppe kann einem Partner helfen, mit seiner verletzten Selbstachtung, seinen Schuldgefühlen und seiner Einsamkeit fertig zu werden. Sie kann eine Insel für Familien sein, die allein und ohne Hoffnung sind und aus Angst, undankbar zu erscheinen, nicht aufbegehren. In der Gruppe begegnen sie verständnisvollen Menschen und erhalten wertvolle Anregungen, so dass sie etwas unternehmen können, um ihr Leben zu ändern.

Was geht im Kopf des Workaholics vor?   **4**

Art

Seit ich 18 war, steckte ich einen abgegriffenen Wochenterminplaner in die Hüfttasche. Er wurde meine Bibel und Zählkarte, er diktierte jede Stunde der Hingabe an meine Krankheit und sorgte dafür, dass ich trotz meines hektischen Lebens keinen Termin vergaß. Er war gerammelt voll mit Pflichten, die ich zwischen meinen Terminen und dem Schlafengehen zu erfüllen hatte. Solange ich arbeitete, an meine Arbeit dachte oder geplante Arbeiten in meinen Kalender eintrug, fühlte ich mich wichtig und mächtig. Wenn ich die Erinnerung daran wachrufe, scheint das ängstliche, von Schuldgefühlen geplagte Ich meiner Kindheit unendlich fern zu sein.

Jetzt bin ich 48 und befinde mich im neunten Jahr meiner Genesung von der Arbeitssucht. Meine Kindheit war sehr schwierig. Auf der einen Seite setzte mich ein tyrannischer, arbeitssüchtiger Vater unter Druck, dem ich kaum etwas recht machen konnte. In seiner Nähe hatte ich immer Angst, er werde mich ausschimpfen oder bestrafen (das tat er auch oft), weil ich furchtsam, egoistisch oder böse gewesen war. Auf der anderen Seite war eine verschüchterte, distanzierte Mutter, die ihre Medikamente immer in Reichweite hatte. In ihrer Gegenwart hatte ich ebenfalls Angst und wurde ständig zurückgewiesen – ich war es nicht wert, geküsst oder umarmt zu werden. Die Kommunikation in meiner Familie bestand hauptsächlich aus Verwirrung und Streit. Fröhlichkeit wurde kritisiert, Traurigkeit bespöttelt. Zärtlichkeit wurde in gespielte Gesten verpackt und mit Hohn zugestellt.

Unter spontanen, selbstsicheren Kindern fühlte ich mich mickrig, hässlich und unbeliebt. Am sichersten fühlte ich mich, wenn ich allein spielte; dann konnte ich so tun, als sei ich einer meiner Lieblingshelden, ein mächtiger, beliebter Kämpfer für Gerechtigkeit, der sich allein (oder mit einem tierischen Gefährten) für die Ungeliebten und Schwachen einsetzte. Meine Kindheit streute also die tödliche Saat aus, die später zur Arbeitssucht erblühte: Selbstverleugnung, Selbstbeherrschung, Selbstbild.

In der Pubertät stürzte ich mich mit Feuereifer auf meine Pflichten als Schüler und beteiligte mich an freiwilligen Arbeitsgruppen. Dadurch gelang es mir, meine Gefühle zu zügeln und ein gesellschaftlich akzeptables Selbstbild aufzubauen. Dafür musste ich jedoch einen Preis zahlen: Ich verbrachte jede freie Minute damit, hart zu arbeiten. Als ich 18 war, war ich Berufsmusiker, ein guter Tennisspieler, Meisterboxer, ein erfolgreicher Leichtathlet, ein Schüler mit Bestnoten und ein Jungwissenschaftler mit Auszeichnung. Ich war Präsident einer Jugendvereinigung, die im ganzen Bundesstaat aktiv war, und leitete eine Schülergruppe. Zwei Jahre lang war ich der feste Freund des begehrtesten Mädchens der Schule, und einen Monat vor dem Examen erhielt ich ein Stipendium für Harvard.

Trotz meines Ruhmes änderten meine Eltern ihre Einstellung zu mir nicht. Meine Erfolge genügten nie, um Eindruck auf meinen Vater zu machen oder mir die Zuneigung meiner Mutter zu verschaffen. Meine Reaktion? Obwohl ich bereits schwer arbeitssüchtig war, vergrub ich mich noch mehr in meine Arbeit, strengte mich noch mehr an, gewann noch mehr Preise. Ich lernte allmählich, mir überall Streicheleinheiten zu holen, bei Lehrern, Trainern und Freunden. Auszeichnungen und öffentliches Ansehen ersetzten die fehlende Akzeptanz und Zuneigung in der Familie. Und vor allem stumpfte die pausenlose Arbeit mich gegen unangenehme Gefühle ab.

Das College richtete mich zugrunde. Mein ganzes Selbstwertgefühl basierte auf den grandiosen Erfolgen in der High School. Ich war fest davon überzeugt, dass in dieser Welt nur die Allerbesten überleben und wertvoll sind. Doch an der Universität schien jeder einzelne Student besser zu sein als ich! Mehr noch, alle wussten offenbar genau, wer sie waren und was sie mit ihrem Leben anfangen wollten. Ich dagegen hatte keine Ahnung. Meine Arbeitssucht als Teenager hatte mich derart beansprucht, dass ich keine Zeit gehabt hatte, darüber nachzudenken, wer ich wirklich war oder in welchem Beruf ich mein wahres Ich ausdrücken konnte. Drei Jahre lang kämpfte ich mit Depressionen und Selbstmordneigungen.

Am Ende meines vorletzten Studienjahrs entschloss ich mich, Jurist zu werden. Als Strafverteidiger konnte ich die Macht, von der ich mein Leben lang geträumt hatte, tatsächlich ausüben. Ich konnte in Gerichtssälen für die Gerechtigkeit kämpfen, für die Schwachen und Unterdrückten.

Ich schloss das Studium ab und arbeitete fünf Jahre lang als Strafverteidiger. Während dieser Zeit machte ich kein einziges Mal Urlaub. Ich arbeitete Tag und Nacht, bereitete Verhandlungen vor und betäubte damit meine Selbstzweifel. Der hohe Einsatz verschaffte mir meinen Adrenalinstoß und die Illusion, dass es bei meiner Arbeit um Leben und Tod ging. Erst Jahre später wurde mir klar, dass der machtlose, unterdrückte Mensch, den ich vor Gericht verteidigte, in Wahrheit das zitternde kleine Kind war, das sich tief in meinem Inneren verbarg. Die Prozesse, die ich führte, symbolisierten alle Schlachten, die ich als kleiner Junge verloren hatte. Und jeder Jurastudent, dem ich so liebevoll-väterlich geholfen hatte, war im Grunde ich.

Als ich dem Zusammenbruch nahe war, ergriff ich die Gelegenheit, ein juristisches Buch zu schreiben und Hochschullehrer zu werden. Jetzt hatte ich an Abenden und Wochenenden Zeit, meinen kleinen Sohn huckepack zu nehmen und mit ihm in den Bergen zu wandern. Das stärkte die Bindung zwischen Vater und Sohn, und diese gemeinsame Zeit hatte ich mir durch meinen anstrengenden Beruf verdient. Dank der Anästhesie und der Adrenalinstöße, die mir die Arbeitssucht verschaffte, vergingen zehn Jahre Vaterschaft wie im Flug.

Eines Tages brachte meine Frau sich und unseren zweiten Sohn beinahe um, weil sie unter Drogeneinfluss Auto fuhr. Am nächsten Tag schrieb sie sich in einem Rehabilitationszentrum ein, wo man sie für alkoholsüchtig erklärte. Ihr mutiger Schritt rettete nicht nur ihr Leben und unsere Ehe, sondern auch mein Leben. Ich nahm an ihrem Rehabilitationsprogramm teil, und dabei dämmerte es mir, dass alles, was über das Leben, Denken und Fühlen des Süchtigen gesagt wurde, auf mich zutraf. Ich brauchte nur das »zwanghafte Trinken« durch »zwanghaftes Arbeiten« zu ersetzen und war ebenso süchtig wie die Leute im Zentrum.

Am 20. August 1983 schrieb ich einen langen Brief an die Klinik, schilderte meine Symptome und fragte, ob es eine Therapie für Workaholics gebe. Aber den Leuten in der Suchtklinik war keine bekannt. Also nahm ich an den Sitzungen der »Anonymen Alkoholiker« teil. Die Geschichten, die ich dort hörte, glichen meiner eigenen Geschichte sehr.

Im Jahr 1990 erkannte ich, dass ich mich nicht allein heilen konnte, und gründete eine »Workaholics-Anonymous-Gruppe« in meiner Stadt. In den ersten zwei Jahren nahmen über hundert Menschen teil. Ich arbeitete ehrenamtlich für die World Service Organization der WA. Dort erfuhr ich mehr über diese heimtückische Krankheit, ihre tiefreichenden Wurzeln und subtilen Formen, die geschickten Rechtfertigungen und die erhebliche Mitschuld unserer Gesellschaft. Während ich langsam genese, entdecke ich täglich neue Aspekte meiner Arbeitssucht: Meine Angst vor echten Gefühlen zwingt mich, immer aktiv zu sein, nicht über mich selbst nachzudenken und meine Gefühle zu unterdrücken. Mein geringes Selbstwertgefühl zwingt mich, gefällige Masken zu tragen. Ich bin mir darüber im Klaren, dass diese heimtückische und unergründliche Krankheit mich nie ganz verlassen wird. Aber jedes Treffen der WA gibt mir Liebe, Kraft und neue Hoffnung. Ich bekomme Ratschläge, die ich in meinem Leben nutzen kann. Ich bekomme Tipps, die meine Genesung unterstützen. Ich entdecke, akzeptiere und stärke mein wahres Selbst. Zum erstenmal in meinem Leben lerne ich die erstaunliche Bandbreite meiner echten Gefühle kennen – und allmählich lerne ich, sie nicht zu verstecken, zu kanalisieren oder zu ändern und nicht vor ihnen zu fliehen. An guten Tagen empfinde ich unglaubliche Freude darüber, dass ich lebe. Mein krankes, irreales Leben ist endlich vorbei. Meine wahre Geschichte hat eben erst begonnen. Ich habe lange darauf gewartet.

Ich arbeite, also bin ich

Wir wollen nun genauer untersuchen, wie der Workaholic denkt. Psychologisch betrachtet, ist die Aussage »Ich arbeite, also bin ich« typisch für Workaholics, die glauben, als Mensch nur zu existieren, solange sie arbeiten.

Die Arbeit definiert die Identität des Workaholics, gibt seinem Leben einen Sinn und verschafft ihm Anerkennung und Beifall. In der Arbeit sieht der Workaholic die einzige Möglichkeit, seinen Wert als Mensch zu beweisen und den Schmerz zu betäuben, den unerfüllte Bedürfnisse auslösen. Er glaubt, er müsse sich sein Existenzrecht verdienen. Scham ist oft die Wurzel der Arbeitssucht, eine Art Selbsthass, die dazu führt, dass der Workaholic zum menschlichen Macher wird anstatt zum menschlichen Wesen. Er ist eine Karikatur, die sein Bedürfnis widerspiegelt, sein Dasein zu rechtfertigen. Er will seine Scham überkompensieren. Viele Workaholics glauben – wie Lynn –, sie müssten mehr tun als andere, um leben zu dürfen:

Aus irgendeinem Grund kann ich einfach nicht durchschnittlich sein. Ich muss mehr tun und mehr sein als ein Durchschnittsmensch. So habe ich immer empfunden, und nur dann fühle ich mich wohl.

Man hat die Arbeitssucht »die freiwillige Sucht der Unwürdigen« genannt.[1] Workaholics beurteilen sich selbst wie Groucho Marx: »Ich möchte nicht in einem Verein Mitglied sein, der mich als Mitglied haben möchte.«

Workaholics brauchen greifbare Erfolge; sie wollen beweisen können, was sie erreicht haben. Darum messen sie ihren Wert daran, wie viel Geld sie verdienen, wie viele Produkte sie verkaufen, wie viele Grundstücke sie an den Mann bringen, wie viele Projekte sie bearbeiten können oder wie schnell sie eine köstliche Mahlzeit auf den Tisch bringen. Darum stellen sie so gerne Checklisten auf und sind entzückt, wenn sie einen erledigten Punkt abhaken können.

Dieses starre Denken ist typisch für Workaholics mit unrealistischen Erwartungen an sich selbst und andere.[2] Die Therapeuten Diane Fassel und Anne Wilson Schaef sind der Meinung, die Checklisten der Workaholics seien enge Gürtel, keine flexiblen Arbeitshilfen:

Der Plan einer Frau sieht vor, dass sie täglich eine bestimmte Zeit mit den Kindern verbringt. Wenn die Kinder zwischen drei und fünf Uhr keine Lust haben oder nicht da sind, hat ihre Mutter keine Zeit mehr für sie. Die Checkliste sagt uns, was wir erreicht haben und was noch zu tun ist. Das Problem für den Workaholic besteht darin, dass er mit seiner Liste nie fertig wird. Er schreibt sie endlos fort.[3]

Lynn betrachtet alles, was sie tut, als Maßstab für ihren Wert als Person:

Die Einsen, die ich als Studentin bekomme, zeigen mir, dass ich gut bin. Manchmal setze ich mich hin und zähle alles zusammen, was ich leisten kann. Dadurch überzeuge ich mich davon, dass ich genug tue. Ich spreche drei Sprachen. Ich arbeite vier oder fünf Tage in der Woche. Ich schreibe meine Doktorarbeit. Ich habe einen Notendurchschnitt von eins Komma null. Du bist in Ordnung, Lynn. Ein Teil von mir ist stolz auf sich, aber ich muss mich selbst immer wieder an meine Leistungen erinnern, weil ein anderer Teil von mir sich nicht wohl fühlt.

Anstatt zu denken: »Welches Ziel ist für mich realistisch?« denken Workaholics: »Welche Leistung wäre so großartig, dass alle (und ich selbst) sehen würden, wie wertvoll ich bin?«[4] Die Anwältin redet sich ein, der nächste gewonnene Prozess werde sie ganz nach oben bringen. Der Autor glaubt, nach dem nächsten Buch werde man ihn verehren. Der Bauunternehmer wird alles Geld haben, das er braucht, wenn er nur noch ein Haus baut. Die eifrige Sammlerin braucht nur noch eine einzige seltene Orchidee, um ein Leben lang glücklich zu sein. Die Mutter und Hausfrau muss als Krönung ihrer Arbeit den perfekten Kuchen backen, das Badezimmer streichen und nachmittags an allen Aktivitäten der Kinder teilnehmen. Der Manager muss nur noch ein Bürogebäude kaufen, um es »geschafft« zu haben. Und die Schauspielerin braucht nur noch eine große Rolle, um berühmt zu werden. Wenn solche Pläne Teil eines Zwangsverhaltens sind, ist ihre Botschaft immer gleich: »Seht mich an – ich bin wertvoll.«

Das Hochstapler-Syndrom

Es war Januar, und Schnee bedeckte den Boden. In meiner Praxis bekam Sandy eine Panikattacke. Er arbeitete seit mehreren Jahren als Grundstücksmakler und fürchtete, er werde bald keinen Erfolg mehr haben, weil der Markt heiß umkämpft war. Außerdem, sagte er, werde sich irgendwann herausstellen, wie unfähig er im Grunde sei, und er werde seinen Job verlieren. Dabei hatte er eben erst eine Prämie bekommen, weil er im vorigen Jahr der beste Verkäufer seiner Firma gewesen war! Dieser Widerspruch überraschte mich. Er war offensichtlich intelligent, freundlich und tüchtig. »Zuerst freute ich mich über die Anerkennung«, sagte er. »Aber dann wurde mir klar, dass ich nur Glück gehabt hatte und dass ich nie wieder so erfolgreich sein werde. Ich glaube, dieses Jahr geht es steil bergab mit mir.«

Workaholics halten sich für Hochstapler. Sandy und Art und ihre Leidensgenossen glauben, sie hätten ihre Fähigkeiten nur vorgetäuscht, und sie fürchten, bald entlarvt zu werden. Sie fürchten sich vor dem Scheitern und vor dem Erfolg, und diese Furcht motiviert sie; denn sie bilden sich ein, sie müssten noch härter arbeiten, um nicht aufzufliegen. Ein Finanzberater sagte: »Ich will alles erreichen, was man in meinem Beruf erreichen kann. Ich bin bescheiden, wenn ich im Scheinwerferlicht stehe, aber ich fürchte mich davor, gar nicht im Scheinwerferlicht zu stehen.«[5]

Die Angst vor dem Versagen treibt Workaholics dazu, immer härter zu arbeiten, um ihrer Erfolge würdig zu sein. Sie laden sich Berge von Arbeit auf, obwohl sie bereits beruflich und privat überlastet sind. Sie bereiten sich geradezu auf den Misserfolg vor, weil ihre Ansprüche so hoch sind, dass niemand sie erfüllen könnte. Stephanie beschrieb die Einstellung des Workaholics so:

Ich habe das Gefühl, dass die Leute mich nach dem beurteilen, was ich erreiche, nach meiner Wirkung in der Welt. Und wenn ich nicht in allem mein Bestes gebe, fühle ich mich als Versager. Jedes Mal, wenn ich mir ein Ziel setze, das ich tatsächlich erreichen kann, denke ich: »Das war es nicht wert. Das war nichts.« Dann setze ich mir ein höheres Ziel, das ich unmöglich erreichen kann.«

Wie Magersüchtige, die in den Spiegel schauen und sich mit 40 Kilo noch fett vorkommen, denken Workaholics negativ, weil sie glauben, dass sie sich mehr anstrengen müssen, um Würde zu erlangen. Obwohl sie die Erwartungen der anderen sogar übertreffen, genügen sie ihren eigenen nie, da ihre Normen (ähnlich wie bei Magersüchtigen) starr und verzerrt sind. Innerlich fühlen sie sich wie ein kleines Kind, das nie etwas richtig macht, und sie kritisieren sich beim kleinsten Fehler unbarmherzig. Dan beschrieb diese Selbsterniedrigung während seiner Anfälle von Arbeitssucht so:

> Ich muss einfach versagen, wenn ich versuche, alles zu erreichen, was ich mir vornehme – niemand ist dazu imstande. Trotzdem setze ich mir Ziele, ohne genügend Zeit dafür zu haben. Ich bin zum Scheitern verurteilt, und dann ohrfeige ich mich selbst dafür.

Getrieben von Unsicherheit, versuchen Workaholics verzweifelt ihren Wert zu beweisen. Dabei maskieren sie ihre Unsicherheit mit autoritärem Gehabe – oft auf Kosten anderer. Die Management-Expertin Gayle Porter ist der Ansicht, dass Workaholics so sehr unter einem geringen Selbstwertgefühl leiden, dass sie mit anderen nicht vernünftig zusammenarbeiten können: Sie wollen Beziehungen nutzen, um ihr Selbstwertgefühl aufzupolieren, nicht um bessere Arbeit zu leisten:

> Der Workaholic kann sein Selbstwertgefühl tatsächlich durch harte Arbeit verbessern. Darum sucht er sich eine Arbeit, die ihm wahrscheinlich eine Gehaltserhöhung, eine Beförderung oder eine andere Anerkennung einbringt. Aber die Entscheidungen während der Arbeit sind von seiner Identitätskrise geprägt. Das Wohl der Firma, der Abteilung oder des Teams ist nebensächlich; er wählt seine Arbeit oder seine Methoden danach aus, ob sie sein Selbstwertgefühl stützen und ihm Anerkennung verschaffen.
> Wenn er Wahlmöglichkeiten hat, versucht der Workaholic so vorzugehen, dass keine Gefahr für sein Selbstwertgefühl besteht. Das Arbeitsergebnis ist sekundär. Die häufigste Reaktion auf Probleme ist längeres Arbeiten. Wichtig ist ihm auch, dass kein Zu-

sammenhang zwischen unzureichenden Ergebnissen und seiner Arbeit hergestellt wird. Daher muss er einen Weg finden, äußeren Einflüssen die Schuld zu geben, wenn er keinen Erfolg hat, anstatt sich ernsthaft mit Problemlösungen zu befassen.[6]

Louis erzählt, sein arbeitssüchtiger Chef gebe sich die größte Mühe, den Erfolg seiner Mitarbeiter zu sabotieren, um sein Selbstwertgefühl zu stärken. Je unfähiger sie zu sein schienen, desto kompetenter fühlte er sich. Anscheinend gefiel es dem Chef nicht, wenn Louis seine Arbeit gut machte oder ein Problem mit dem Computer löste, an dem alle anderen gescheitert waren. Sein Chef fühlte sich offenbar wohler, wenn etwas schief ging oder wenn ein Mitarbeiter einen Fehler machte. Er berichtet:

> Man sieht ihm die Erleichterung an, wenn jemand im Büro etwas falsch macht oder nicht weiterkommt. Er schwillt an wie ein Frosch. Er trampelt sozusagen auf uns herum, wenn wir auf dem Boden liegen, weil er dabei das Gefühl hat, obenauf zu sein.

Tanya klagte, ihre arbeitssüchtige Chefin weigere sich, ihren eigenen Vater im Büro zu empfangen, weil er keinen Termin habe. Außerdem wolle sie ihre Mitarbeiter nicht schulen, damit sie im Büro unersetzlich sei:

> Wer einen Auftrag bekommt, wird sofort mit der Lupe beobachtet. Einerlei, was wir tun, sie kann es besser, und niemand wird für gute Arbeit gelobt. Wenn es ein Problem gibt, findet sie es, und wenn es keines gibt, denkt sie sich eines aus, weil sie unbedingt überlegen sein möchte.

Workaholics reden sich ein, sie seien die einzigen, die ein bestimmtes Problem am Arbeitsplatz lösen könnten. Das verschafft ihnen ein Gefühl der Überlegenheit und schmeichelt ihrem Selbstbewusstsein. Natürlich fallen die Minderwertigkeitsgefühle der Workaholics erst recht auf, wenn sie andere erniedrigen, um ihre Überlegenheit zu beweisen. Wir können dieses Bedürfnis nach Überkompensation als »Hei-ho-Syndrom« bezeichnen.

Das Hei-ho-Syndrom – Überkompensation und Adlers
Psychotherapie
von Dr. Jane J. Carroll

»Hei ho, hei ho, wir sind vergnügt und froh« singen die kleinen Männchen im Disney-Film *Schneewittchen und die sieben Zwerge*, wenn sie sich auf den Weg in ihre Diamantenmine machen, wo sie den ganzen Tag schuften, weil es »unsere Pflicht« ist. Die Zwerge beginnen und beenden ihren harten Arbeitstag mit einem schmissigen Chor: »Wir rackern und wir plagen uns den lieben langen Tag.«

Im Gegensatz zu Trickfilmfiguren trällern Workaholics auf dem Weg zur Arbeit kein fröhliches Lied. Aber sie freuen sich zum Teil aus den gleichen Gründen auf ihren harten Arbeitstag: Menschen, die sich für »Zwerge« halten, gibt eine riesengroße Arbeit das Gefühl, wichtig zu sein, wie Elizabeth erklärte:

Ich dachte immer: »Siehst du diesen Haufen Arbeit? Siehst du, wie wichtig ich bin?« Die Arbeit gab mir meine Identität. Und wenn andere diese Aktenberge sahen, dachten sie: »Mein Gott, sie muss ein großes Tier sein!« Das ist keine gesunde Denkweise, aber mein Selbstwertgefühl hing tatsächlich von diesem Aktenberg ab. Ich dachte, wenn ich an vier oder fünf Projekten gleichzeitig arbeite, bin ich besser als andere. Aber im Grunde fühlte ich mich minderwertig und versuchte, dieses Gefühl zu kompensieren.

Die Arbeitssucht der sieben Zwerge war eine Kompensation für ihre kleine Statur, ihr komisches Aussehen und ihre Schrullen. Nach Adler können wir annehmen, dass Menschen übermäßig hart arbeiten, um ihr Minderwertigkeitsgefühl zu kompensieren.[7] Adler stellt die These auf, seelische Störungen seien die Folge des Strebens nach Perfektion. Der Mensch versucht, sein Selbstwertgefühl zu steigern und sein Minderwertigkeitsgefühl zu lindern. Die Arbeit gibt dem Leben einen Sinn und stärkt das Selbstbewusstsein, vor allem bei denen, die sich für minderwertig halten. Menschen, die isoliert sind, verspottet werden und sich selbst gering schätzen, stellen ihren Selbstwert in Frage, versuchen aber, der Misere zu entkommen, indem sie Strategien entwickeln, die das Selbstbewusstsein stärken. Niemand will sich selbst für unwichtig halten, und darum finden die Menschen Wege, ihre negativen Gedanken abzuwehren – oft im Beruf.[8]

Der Versuch, perfekt zu sein, um Minderwertigkeitsgefühle zu überwinden, beginnt früh im Leben. Kinder, denen es schwer fällt, mit Spott, Ablehnung, der Scheidung der Eltern oder einem Alkoholiker in der Familie fertig zu werden, entwerfen psychologische Fluchtpläne, die sie für überlebenswichtig halten.[9] Diese Pläne nehmen sie mit in das Erwachsenenalter und arbeiten oft zwanghaft, um ihre Minderwertigkeitsgefühle zu lindern und sich einreden zu können, sie seien wertvoller, als sie geglaubt hätten.

Wenn ein Workaholic seine beruflichen Ziele erreicht, glaubt er allmählich, er sei doch nicht minderwertig. Sein Ziel – die Perfektion – wird zum Beweis dafür, dass er anderen sogar überlegen ist. Der Stolz auf die Arbeit kann also das Selbstwertgefühl stärken. Allerdings schaden Workaholics sich selbst und anderen, wenn sie versuchen, ihre Minderwertigkeitsgefühle überzukompensieren.[10] Das zeigt eine lange Liste von Beispielen. Studenten und Lehrer arbeiten oft bis tief in die Nacht und verzichten auf Freizeit und Erholung. Verkäufer und Immobilienmakler vernachlässigen Freunde und Angehörige, weil sie unbedingt noch einen potentiellen Kunden besuchen müssen. Erschöpfte Therapeuten, Sozialarbeiter und Ärzte kümmern sich nicht um ihre eigenen körperlichen und seelischen Bedürfnisse und können daher ihre Klientel nur unzureichend betreuen. Schulleiter, Manager und Professoren gefährden ihr seelisches Wohlbefinden, indem sie ihre Wochenenden im Büro verbringen. Es ist kein Wunder, dass Workaholics unter Stress, Depressionen und Angst leiden.

Workaholics, die sich selbst vernachlässigen, um ihre Minderwertigkeitsgefühle zu überwinden, können sich helfen, wenn sie ihre Einstellung zu sich selbst und zu ihrer Rolle in der Gesellschaft ändern. Die Adlersche Psychotherapie unterstützt Patienten beim Versuch,

- mehr für die Gesellschaft zu tun
- sich nicht länger für minderwertig zu halten und ihre persönlichen Ressourcen zu nutzen
- die Lebensweise (d. h. die Einstellung und die Ziele) zu ändern
- die ungesunden Motive ihres Verhaltens und ihrer Wertvorstellungen zu erkennen und zu ändern
- zu erkennen, dass sie anderen gleichwertig sind
- produktive Mitglieder der Gesellschaft zu werden.[11]

Im allgemeinen sind Workaholics an ihrem eigenen Wohl interessiert, nicht an dem der anderen. Die Adlersche Psychotherapie bemüht sich, Workaholics zu persönlichem Wachstum, Selbstakzeptanz und Selbstachtung zu verhelfen – nicht zu kompensatorischer Selbsterhöhung.

Wenn Workaholics nach 17 Uhr im Büro bleiben, während alle anderen gehen, ärgern sie sich oft oder verlangen von anderen, ihrem Beispiel zu folgen. Die Kollegen schätzen gerade das am wenigsten, was sie an den Workaholics am meisten rühmen, nämlich den Arbeitseinsatz. Workaholics sind trotz ihres überlegenen Gehabes oft erstaunt, dass Kollegen sie nicht wegen ihres Hei-Ho-Syndroms bewundern.[12] Stattdessen gelten sie häufig als engstirnig, schwierig im Umgang und wenig kreativ.

Die Welt, durch die Augen des Workaholics gesehen

Die Einstellung des Workaholics zu sich selbst trägt zu seiner Sucht bei, und seine Denkweise hält den Kreislauf der Sucht in Gang. Wir alle überlegen uns im Voraus, wie eine Situation sich wohl entwickeln wird, und mit dieser unbewussten Einstellung lassen wir eine Situation auf uns zukommen. Nach einer dreiwöchigen Chinareise kehrte ich zu meiner Arbeit an der Universität zurück, ohne zu merken, dass meine Einstellung sich geändert hatte. Als ich in das Büro einer Kollegin ging, fiel mir ein Buch auf dem Sofa auf. Ich konnte aber nur eine Hälfte von ihm sehen. Ich dachte, der Titel sei »Tea Ching«, und nahm an, sie habe ebenfalls großes Interesse am Orient. Als ich näher hinsah, kicherte ich in mich hinein – denn der wirkliche Titel lautete *Teaching in the Elementary School*. Wegen meiner »asiatischen Einstellung« hatte ich die Situation anders gesehen, als ich es normalerweise getan hätte. Wenn wir eine Situation auf eine bestimmte Weise interpretieren, haben wir meist Recht; denn wir denken und handeln so, dass unsere Gedanken wahr werden.

Die »Geschichte vom alten Bauern und dem Fremden« illustriert dieses Prinzip sehr gut.

Ein alter Bauer arbeitete auf dem Feld, als ein Fremder die Straße entlang kam.

»Ich überlege mir, ob ich umziehe«, sagte der Fremde, »und würde gerne wissen, was für Leute hier leben.«
»Na ja«, antwortete der Bauer, »was für Leute leben denn dort, wo Sie herkommen?«
»Keine sehr guten«, erwiderte der Fremde. »Sie sind egoistisch und gemein und überhaupt nicht freundlich. Ich freue mich darauf, sie loszuwerden!«
»Tja«, sagte der Bauer, »ich nehme an, Sie finden die gleiche Art Menschen auch hier ... egoistisch, gemein und unfreundlich. Hier wird es Ihnen wohl nicht gefallen.«
Da ging der Fremde weiter.
Kurz darauf kam ein anderer Fremder die Straße entlang.
»Ich überlege mir, ob ich umziehe«, sagte er, »und würde gerne wissen, was für Leute hier leben.«
»Na ja«, antwortete der Bauer, »was für Leute leben denn dort, wo Sie herkommen?«
»Oh, wundervolle Leute«, sagte der Fremde. »Sie sind großzügig und freundlich. Ich werde sie sehr vermissen.«
»Tja«, sagte der Bauer, »ich nehme an, Sie finden die gleiche Art Menschen auch hier ... großzügig und freundlich. Ich bin sicher, es wird Ihnen hier gefallen.«

Diese Geschichte verdeutlicht die Arbeitsweise des Geistes: Workaholics glauben von sich selbst das, was sie als Kinder gelernt haben, und als Erwachsene sammeln sie Beweise dafür. Studien über die Wahrnehmung von Tieren haben auch für Workaholics Bedeutung. In einem Laborversuch an der Universität Cambridge wurde das Gesichtsfeld von Kätzchen von Geburt an auf horizontale Linien beschränkt. Während sie aufwuchsen, bekamen sie nie vertikale Linien zu sehen. Als erwachsene Katzen erkannten sie zwar horizontale Linien nicht aber vertikale. Sie konnten auf Tische springen, stießen aber ständig mit den senkrechten Tischbeinen zusammen. Vertikale Linien waren kein Teil ihrer Realität, weil sie als Kätzchen keine gesehen hatten. Anders gesagt: Wegen ihrer beschränkten Vergangenheit hatten sie nun eine beschränkte Sicht der Wirklichkeit.

Die Einstellung der Workaholics zu sich selbst formt sich ebenfalls früh im Leben und hängt im Wesentlichen von den kulturellen Normen und den täglichen Erfahrungen ab. Kinder sind wie Lehm; sie werden vom vorgegebenen Denken geformt. Die Worte, die sie hören, die Einstellungen, Gefühle und Handlungen der Eltern und anderer wichtiger Erwachsener bestimmen die Selbstsicht des Kindes. Viele Workaholics waren ein Kind wie Art – sie konnten die in sie gesetzten Erwartungen unmöglich erfüllen (siehe Kapitel 5). Das permanente Gefühl des Versagens untergrub ihr Selbstvertrauen und prägte ihr Selbstbild als Erwachsene wie bei den Kätzchen. Kinder, die glauben, ihre Eltern enttäuscht zu haben, fühlen sich minderwertig, fehlerhaft und nicht liebenswert. Auch als Erwachsene glauben sie, sie seien nie gut genug, und dafür sammeln sie Beweise. Sie suchen nach den »horizontalen Linien«, denn nur diese wurden ihnen in der Kindheit gezeigt. Sie versuchen, ihr Minderwertigkeitsgefühl durch Hektik, übertriebene Fürsorge, außergewöhnliche Erfolge und generell durch Arbeitsüberlastung zu kompensieren. Aber damit erreichen sie das Gegenteil: Sie beweisen sich selbst, dass sie Versager sind, weil sie genau das glauben.

Machen Sie einen Test: Bitten Sie einen Freund, sich eine

Minute in Ihrem Büro oder im Zimmer, in dem Sie sich gerade befinden, umzusehen und sich möglichst viele blaue Gegenstände zu merken – Teppich, Tapete, Bücher, Vorhänge, Sofa. Nach einer Minute fordern Sie ihn auf, die Augen zu schließen und laut alles aufzuzählen, was in Ihrem Zimmer *gelb* ist. Den meisten Menschen fällt überhaupt nichts ein. Ihr Freund schaut Sie wahrscheinlich verdutzt an und fragt sich, welchen Streich Sie ihm da spielen. »Ich habe nichts Gelbes gesehen«, sagt er vermutlich, »weil du gesagt hast, ich soll mir blaue Dinge merken.« Hätten Sie ihn gebeten, gelbe Objekte zu suchen, hätte er sie gesehen, selbst wenn nur wenige vorhanden sind – er hätte alles andere gedanklich beiseite geschoben und sich auf gelbe Dinge konzentriert.

Dieser Test zeigt, dass der Geist das sieht, was er zu sehen erwartet. Auch Workaholics sorgen dafür, dass ihre Erfahrungen mit ihren Erwartungen übereinstimmen. Sie bestätigen ihre Minderwertigkeit. Sie bekommen 98 Punkte in einem Examen und verdammen sich selbst, weil sie nicht 100 Punkte geschafft haben. Sie werden befördert, steigen aber auf der Karriereleiter nie hoch genug. Sie werden zum Verkäufer des Monats ernannt, haben aber den Firmenrekord verfehlt. Sie bekommen die Bronzemedaille, aber sie hätten Gold gewinnen *müssen*. Wenn Sie zweiter sind, kritisieren sie sich selbst, weil sie nicht gewonnen haben. Wenn sie an der Universität magna cum laude abschneiden, fühlen sie sich als Versager, weil sie nicht summa cum laude promoviert wurden. Lynn berichtete:

Die letzten paar Male, als ich vor der Klasse sprechen musste, war ich so nervös, dass ich flach atmete und zitterte. Trotzdem hielt ich durch. Ich konnte es nicht ertragen, dass die Leute mir meine Aufregung ansahen. Ich glaube, ich war einfach zu ehrgeizig. Zwar bekam ich eine Eins – aber ich war nicht völlig entspannt gewesen und hatte keinen perfekten Vortrag gehalten. Und das empfand ich als Versagen.

Wenn die Reaktion anderer Menschen nicht mit ihrem Selbstbild übereinstimmt, passen Workaholics diese Reaktionen dem Selbstbild an: Sie machen negative Situationen aus positiven.

Wenn sie sich für minderwertig halten (sagen wir, sie suchen das Blau), färbt diese Einstellung alle Erfahrungen, und sie sammeln Beweise dafür, dass sie Recht haben. Jede Situation, die ihrer Überzeugung widerspricht, dass sie minderwertig sind, wird ignoriert, abgewertet oder übersehen (das Gelb). Komplimente nehmen sie nicht wahr. Sie reden sich ein, ihre Erfolge seien Zufall und ihre Misserfolge seien der Beweis für ihre Minderwertigkeit.

Workaholics suchen ständig das Blau und finden es überall in ihrem Leben; denn sie sehen das, was sie zu sehen erwarten. Ihr starres Denken verlangt von ihnen, ihr Existenzrecht zu verdienen, und da sie glauben, nie genug zu leisten (das Blau), ist selbst Perfektion nie genug. Darum fühlen sie sich immer unwohl mit sich selbst und versuchen ständig, ihre negative Einstellung zu widerlegen. Sie sind außerstande zu akzeptieren, dass sie ihre eigenen unrealistischen Erwartungen nicht erfüllen können, und darum treiben sie sich selbst zu noch härterer Arbeit an, wobei sie alles andere vernachlässigen.

Starres Denken als Motor der Arbeitssucht

Der erste Schritt der Therapie besteht darin, das starre Denken, den Ursprung der Arbeitssucht, aufzudecken. Tabelle 4.1 fasst zwölf Arten des starren Denkens zusammen, die typisch für die Denkweise des Workaholics sind und denen jeder Workaholic mehr oder weniger stark verfallen ist.

Das *perfektionistische Denken* verlangt vom Workaholic, mehr abzubeißen, als er kauen kann. Das verstärkt seine Minderwertigkeitsgefühle und führt ihn somit zum Ausgangspunkt zurück. Er will *alles oder nichts* – er denkt in Extremen, anstatt Übergangsstufen zu sehen. Er redet sich ein, dass er entweder Zeit mit seiner Familie verbringen oder für sie arbeiten kann, nicht aber beides. Er glaubt, mit ihm stimme etwas nicht, wenn er nicht in jedem Lebensbereich 100 Prozent leistet. Unterstützt wird er dabei von gesellschaftlichen Forderungen wie »Ich muss alles für alle sein, sonst bin ich ein Versager« oder »Wenn du eine Arbeit nicht anständig machen kannst, lass es bleiben« oder »Wenn ich nicht alles schaffe, fange ich gar nicht erst an«.

Selbst wenn der Workaholic Erfolg hat, behauptet seine kritische innere Stimme, er habe versagt. Sein Geist gleicht einem *Teleskop* – er ist blind für alles, was sein Selbstwertgefühl stärken könnte, und vergrößert alles Negative. Dieses verzerrte Denken beginnt oft mit überkritischen Eltern, wie Stephanie beschrieb:

> »Wenn ich eine 1– nach Hause brachte, fragten meine Eltern: ›Warum konnte es nicht eine 1+ sein?‹ Als ich einmal einen Schreibwettbewerb gewann und meinem Vater eine Kopie meiner Arbeit schickte, meinte er sogar: ›Anscheinend haben nur wenige mitgemacht, sonst hätten sie deine Geschichte nicht ausgewählt.‹ Darum habe ich immer das Gefühl, etwas beweisen zu müssen.«

Das Teleskop-Denken wird in das Erwachsenenalter mitgenommen, und Workaholics bereiten ihr Scheitern selbst vor, indem sie sich mit den Besten jeder Kategorie vergleichen. Sie müssen klug wie Einstein sein, kreativ wie Leonardo da Vinci, mitfühlend wie Mutter Teresa, reich wie Donald Trump, sexy wie Brad Pitt und ein brillanter Tennisspieler wie Boris Becker. Selbst wenn sie in drei oder vier Bereichen Hervorragendes leisten, denken sie nur an jene, in denen sie schwach sind. Sie setzen sich selbst herab und halten sich für Versager, obwohl andere sie vielleicht bewundern. Sie übersehen ihre Erfolge und ihre positiven Taten, weil sie sich auf ihre Fehler konzentrieren. Da sie sich übermenschliche Ziele setzen, können sie sich mit Selbstkritik und Selbstverachtung überschütten: »Das war dumm von mir« oder »Ich kann anscheinend nichts richtig machen.«

TABELLE 4.1
Porträt der Denkweise eines Workaholics

1. *Perfektionistisches Denken.* Alles muss perfekt sein, damit ich glücklich sein kann; aber nichts, was ich tue, ist gut genug.
2. *Alles-oder-nichts-Denken.* Wenn ich nicht allen alles sein kann, bin ich nichts. Entweder bin ich der Beste oder der Schlechteste, dazwischen gibt es nichts.

3. *Teleskop-Denken.* Ich fühle mich immer als Versager, weil ich meine Fehler vergrößere und meine Erfolge übersehe.
4. *Denken in unscharfen Grenzen.* Ich weiß nicht, wann es Zeit ist, mit der Arbeit aufzuhören oder nein zu sagen.
5. *Gefälliges Denken.* Wenn ich erreiche, dass andere mich mögen, fühle ich mich besser.
6. *Pessimistisches Denken.* Mein Leben ist chaotisch und stressig. Ich muss wach bleiben; denn wenn ich mich entspanne, bin ich verwundbar.
7. *Hilfloses Denken.* Ich kann meine Lebensweise nicht ändern. Ich kann meinen Terminkalender nicht kürzen und weniger arbeiten.
8. *Vorwurfsvolles Denken.* Ich arbeite sehr hart für meine Familie und meinen Chef – ihretwegen bin ich so ausgebrannt. Ich bin das Opfer eines harten Jobs, einer Familie, die Unterstützung braucht, und einer Gesellschaft, die sagt: »Du musst alles tun.«
9. *Kampf-Denken.* Das Leben ist ein Kampf, und ich muss kämpfen, um weiterzukommen. Ich muss alles abwehren, was ich nicht will, und dafür sorgen, dass alles so bleibt, wie es ist.
10. *Wunschdenken.* Ich wünschte, ich hätte das, was ich nicht haben kann; denn was ich habe, ist wertlos. Wenn meine Situation sich doch nur ändern würde; dann könnte ich kürzer treten.
11. *Ernstes Denken.* Spiel und Spaß sind Zeitverschwendung. Es gibt zuviel zu tun.
12. *Am Äußeren orientiertes Denken.* Wenn ich lange und hart arbeite, werde ich glücklich und bin mit mir zufrieden. Ob ich glücklich bin, hängt von den äußeren Umständen ab.

Workaholics denken auch *in unscharfen Grenzen.* Was andere für übertrieben halten, ist für sie normal. Lynn führt dafür ein Beispiel an: »Nach meinen Maßstäben übertreibe ich nicht. Wenn ich eine Aufgabe übernehme, halten andere sie meist für gewaltiger als ich.«

Es fällt Workaholics schwer einzusehen, dass sie mehr abbeißen, als sie schlucken können. Sie können nicht nein sagen, weil sie nicht wissen, wann oder wo sie die Grenze ziehen sollen. Oft opfern sie ihre eigenen Bedürfnisse und geben den Forderungen anderer nach, weil diese »es nötiger haben«. Sie sind so daran gewöhnt zu tun, was andere erwarten, dass sie nicht wissen, was sie selbst wollen oder brauchen. Diese

Denkweise bewirkt also, dass sie sich so lange vernachlässigen, bis sie entweder erschöpft sind oder vor Wut platzen.

Was andere von ihnen halten, ist für manche Workaholics wichtiger als ihre eigene Meinung von sich selbst. Sie wollen anderen *gefällig sein* und sind daher unentschlossen und nachgiebig. Sie glauben, sie bräuchten den Beifall anderer um sich wohl zu fühlen. Da es jedoch unmöglich ist, jedem zu gefallen, hängen sie ihren Mantel nach dem Wind. Sie verlieren die Selbstachtung und wissen nicht mehr, was sie glauben sollen, es sei denn, jemand sagt es ihnen.

Wenn Workaholics von Freunden oder Kollegen gelobt werden, wertet ihre *pessimistische Denkweise* das Lob ab, und sie fühlen sich weiter minderwertig und unausgefüllt. Unbewusst filtern sie alles Positive aus ihrem Leben heraus und lassen nur negative Aspekte durch. Ihr Pessimismus erinnert sie daran, dass nichts, was sie tun, jemals gut genug ist.

Workaholics glauben, dass früher oder später das Schlimmste geschehen wird. Sie schreiben alle ihre Erfolge dem Zufall oder dem Glück zu und erwarten, dass ihr Versagen früher oder später entlarvt wird. Ihre Angst vor dem Versagen kann das Versagen herbeiführen, weil sie sich derart übernehmen, dass sie scheitern müssen. Sie untergraben ihre Gesundheit und die Beziehungen zu Angehörigen, Freunden und Kollegen.

Workaholics fühlen sich *hilflos* und sind unfähig, ihr Leben zu ändern. Sie müssen unter Hochdruck arbeiten, um Erfolg zu haben und gelobt zu werden. Die Folge ist, dass sie andere Menschen oder die Umstände für ihr Problem verantwortlich machen: die Arbeit, die Familie oder die Wirtschaft.

Da Workaholics glauben, Probleme und Lösungen seien »draußen« zu finden, machen sie anderen Menschen oder äußeren Bedingungen *Vorwürfe*. Sie halten sich für das Opfer des Personalabbaus, ihres unmöglichen Chefs oder ihrer Familie. Was soll eine Frau entgegnen, wenn ihr Ehemann sagt »Liebling, ich tue das alles für dich und die Kinder«? Je ungerechter der Workaholic sich behandelt fühlt, desto mehr Groll staut er in sich auf. Er glaubt, in einer Falle – seiner Lebensweise – gefangen zu sein.

Für den Workaholic ist das Leben ein *Kampf.* Er will zu vieles gleichzeitig tun, verlangt übermenschliche Leistungen von sich und hat keine Zeit für sich selbst. Er zwingt sich zu einer Lebensweise ohne Spontanität und Flexibilität. Anstatt sich zu entspannen, will er unbedingt perfekt sein. Er versucht, 48 Stunden in einem Tag unterzubringen und das Leben seinem Terminplan anzupassen. Im Verkehrsstau wird er zornig. Er ärgert sich über Menschen, die zu langsam sind. In einer langen Schlange wird er ungeduldig. Er verliert viel seelische Energie, weil er sich über alltägliche Dinge aufregt, anstatt sie zu akzeptieren und mit ihnen zu leben.

Workaholics neigen auch zum *Wunschdenken.* Sie glauben, es ginge ihnen besser, wenn sie etwas oder jemanden hätten. Diese Denkweise schürt die Arbeitssucht. Sie wollen immer mehr erreichen, und am meisten wünschen sie sich das, was sie nicht bekommen können. Sie ignorieren, was sie bereits haben, oder sie werten es ab – eben deshalb, weil sie es haben. Sie sind ständig unzufrieden, weil ihnen etwas fehlt, und weil sie sich darauf konzentrieren, fühlen sie sich leer und unvollständig und versuchen, die Leere mit Arbeit zu füllen.

Workaholics können nur *ernst denken.* Das Leben ist für sie hart, Spaß und Freude sind tabu. Sie können nicht über sich selbst lachen, nehmen sich selbst zu ernst und übersehen die heiteren Seiten des Lebens. Vielleicht hatten sie keine sorglose Kindheit und mussten kleine Erwachsene sein. Sie verachten Lachen und Spaß, weil beides ihre Entschlossenheit schwächen könnte, alles zu tun und alles perfekt zu tun. Entspannung ist Zeitvergeudung, und Menschen, die ab und zu spielen und sich vergnügen, sind töricht oder frivol.

Wie bereits erwähnt, orientieren Workaholics sich an der äußeren Welt. Sie wollen etwas Konkretes produzieren, etwas vorweisen können. Sie messen sich daran, was sie erreichen, nicht daran, wie sie sich innerlich fühlen. Workaholics suchen ihren Selbstwert in der äußeren Welt. Was sie erreichen und was die Leute dazu sagen, ist ihnen wichtiger als ihre innere Überzeugung und ihre menschlichen Qualitäten.

Körper, Geist und Gesundheit

Können Sie sich erkälten, wenn die Frau Ihrer Träume sich von Ihnen trennt? Kann Stress am Arbeitsplatz eine Grippe auslösen? Kann lange unterdrückter Zorn oder Groll Krebs verursachen? Denken Sie einmal darüber nach, wie oft Sie deprimiert, wütend oder erschöpft waren und unmittelbar danach an einer Erkältung oder an einer anderen Infektion erkrankten.

Es gibt immer mehr Beweise dafür, dass unser Denken darüber bestimmt, ob wir glücklich oder unglücklich sind. Die Wissenschaft weiß heute, dass jede Zelle des Körpers jedes Mal, wenn wir einen Gedanken oder ein Gefühl haben, Chemikalien absondert, die man Neuropeptide nennt. Diese Substanzen beeinflussen unmittelbar sämtliche Organe und Organsysteme. In seinem Buch *Headfirst* schreibt Norman Cousins: »Fast alles, was uns in den Sinn kommt, greift in die Funktionen des Körpers ein.«[13] Der Geist beeinflusst jede Zelle, weil jeder Gedanke Hormone oder andere Substanzen aktiviert, die Informationen durch den ganzen Körper befördern.[14] Der Stresspsychologe Hans Selye erklärte schon vor geraumer Zeit, dass der Organismus eigene Gifte produziert, wenn negative Gefühle ihn belasten. Die Zellen des Workaholics lauschen ständig seinen Gedanken und werden von ihnen verändert. So fällt der Workaholic seiner eigenen Frustration oder Wut zum Opfer. Düstere Gefühle schaden seinem Körper, weil sie die Produktion schädlicher Chemikalien anregen.

Die neuere biochemische Forschung hat nachgewiesen, dass Gefühle ein Bumerang sind. Negative Gefühle fallen auf den Workaholic zurück und schaden ihm – oft merkt er es aber zu spät. Sein negatives Denken kann negative Emotionen hervorrufen, und diese setzen Enzyme mit negativen Nebenwirkungen frei. Wenn der Workaholic unter starkem Druck steht, erteilt das Gehirn den Befehl, Kortison und Adrenalin an das Blut abzugeben. Diese beiden Stresshormone können das Immunsystem zerstören. Wut, Feindseligkeit und Hektik setzen das Hormon Epinephrin frei, das den Herzschlag beschleunigt und den Blutdruck erhöht. Bluthochdruck schädigt die Arterien, und die Folge kann ein Herzinfarkt sein. Wenn zuviel Adrenalin im Blut ist, können die Zellen das gefährliche Cholesterin nicht mehr aus dem Blut filtern, und die Folge sind verstopfte Arterien, beschädigte Blutgefäße und Herzanfälle. Starker Stress und negative Gefühle werden zudem mit Veränderungen der Körperchemie in Verbindung gebracht, die Krebs auslösen können. Die Verzweiflung, Angst und Depression des Workaholics vergrößert also das Risiko, einen Herzinfarkt zu erleiden und an Krebs zu erkranken.

Positive Gedanken lösen dagegen positive Gefühle aus, und diese führen zu chemischen Reaktionen, die das Immunsystem stärken. Studien lassen darauf schließen, dass positive Gefühle, zum Beispiel Heiterkeit und Optimismus, das Immunsystem anregen, indem sie die Zahl der Immunzellen vergrößern. Wenn wir lachen, werden Endorphine produziert, die Schmerzen lindern. Humor und Freude bauen Stress ab, lindern Schmerzen, fördern die Genesung und verbessern die Stimmung, selbst wenn die Realität hart ist. Wenn der Workaholic also lernt, positiv zu denken und Freude am Leben zu haben, produziert sein Körper Interleukine und Interferone, starke krebshemmende Chemikalien. Dadurch wird er gesünder und lebt länger. Wut kann töten, Lachen kann heilen.

Wie man die schwarze Wolke wegdenkt

Jason verbrachte fast sein ganzes Leben damit, den Leistungsdruck am Arbeitsplatz oder den Alkoholismus seines Vaters für seine Arbeitssucht verantwortlich zu machen. In Wahrheit hatte er sich selbst dafür entschieden, und nur er konnte daran etwas ändern, trotz der kulturellen Normen und der Erwartungen der Gesellschaft. Elizabeth, einst eine mutlose Geldverdienerin, war in der Lage, mit Schuldzuweisungen aufzuhören und die Verantwortung für ihre beruflichen Entscheidungen zu übernehmen: »Ich habe mich dreimal für Jobs entschieden, bei denen ich unter großem Druck stehe. Das war mir vorher nicht bewusst, aber jetzt ist es mir klar. Niemand hat mich dazu überredet.«

Workaholics glauben, die Umstände seien an ihrer Misere schuld. Aber wo sie leben und wie sie ihr Geld verdienen hat wenig damit zu tun, ob ihr Leben harmonisch ist. Nichts wird sich ändern, solange sie sich nicht ändern und neue Prioritäten setzen. Sie müssen sich ihrer Arbeitssucht stellen, ebenso dem starren Denken, das zu einem Teil ihrer Persönlichkeit geworden ist. Sie müssen entschlossen sein, diese Gewohnheiten abzulegen, anstatt die Familie, die Medien, die Gesellschaft, den Job, die Wirtschaft oder den Hund verantwortlich zu machen. Sie können sich ändern, wenn sie ihr negatives Denken ändern. – Wie ein Patient sagte: »Nichts hat sich geändert außer meiner Einstellung. Das hat alles geändert.«

Nicht das Schicksal bestimmt, ob Workaholics glücklich oder unglücklich sind. Entscheidend ist vielmehr, wie sie über ihr Schicksal denken und wie sie daraufhin handeln. Andere haben ihnen das Leben geschenkt, aber sie haben die Macht, es zu gestalten. Ihre Einstellung zu den Ereignissen im Leben – nicht die Ereignisse selbst – erzeugt Gefühle und Reaktionen. Sie können ihr starres Denken nicht überwinden, weil sie sich auf Sorgen und Probleme konzentrieren. Wenn sie daran gewöhnt sind, gegen Verzweiflung, Pessimismus und Angst vor Versagen anzukämpfen, wird die Arbeitssucht chronisch. Doch wenn sie daran glauben, dass sie die Kraft haben, aus Problemen zu lernen und ihr Leben zu verbessern, können sie negative Erlebnisse in positive umwandeln.

Bisweilen blinken kritische Botschaften wie Neonlichter im Kopf. Manche Workaholics grübeln über Fehler, sorgen sich um Dinge, die sie nicht beeinflussen können, und erwarten immer das Schlimmste. Noch als Erwachsene führen sie mit sich selbst Zwiegespräche, die sie daran erinnern, wer sie sind, und vieles, was sie denken und tun, wird von diesen Dialogen bestimmt, auf die sie nicht verzichten möchten. Die kritischen Stimmen der Eltern und anderer Erwachsener aus ihrer Vergangenheit treiben sie immer noch an und lähmen sie zugleich. Die negativen Gedanken sind derart automatisiert, dass der Workaholic sie kaum bemerkt, es sei denn, er achtet bewusst darauf.

Jason bekam von seinem Vater oft zu hören, er werde es nie zu etwas bringen. Diese kritische Stimme ging ihm nicht aus dem Kopf und erinnerte ihn daran, dass nichts, was er tat, jemals gut genug war. Darum vergrub er sich immer tiefer in seine Arbeit. Heute weiß er, dass die Kritik seines Vaters zwar an ihn gerichtet war, aber die Enttäuschung und das geringe Selbstwertgefühl seines Vaters widerspiegelte. Wenn Workaholics begreifen, woher die kritischen Botschaften kommen, können sie sie an den Absender zurückschicken und brauchen sie nicht mehr mit sich herumzuschleppen. Jason sprach die folgenden stummen Worte: »Papa, ich gebe dir deine Gefühle zurück. Ich weiß, du hast dich für einen Versager gehalten, und ich weiß jetzt auch, dass diese Gefühle dir gehören und nicht mir.«

Vorschläge für Therapeuten

Sie können einen Patienten nicht über Nacht von seiner Arbeitssucht heilen. Die meisten Workaholics haben ein Leben lang gebraucht, um ihre Gewohnheiten zu entwickeln – sie müssen zuerst ihre Denkweise ändern. Sie können ihnen helfen, jene Einstellungen aufzudecken, die ihr Verhalten auslösen, angemessene Veränderungen vorzunehmen und sich realistische Ziele zu setzen. Wenn sie verstehen, dass ihr Selbstwertgefühl nicht von ihrem Tun abhängt, können sie sich allmählich auf ihr Inneres konzentrieren. Die kognitiven Psychotherapien von Dr. Aaron Beck und David Burns eignen sich vorzüglich für die Behandlung der Arbeitssucht, weil sie sich darauf stützen, dass Denken und Wahrnehmen für Workaholics wichtiger sind als Gefühle und Intimität. Diese Therapien helfen dem Patienten, zum Kern des Suchtkreislaufs vorzudringen und seine falschen Ansichten über sich selbst zu ändern. Wenn ihm das gelingt, lässt seine Arbeitssucht nach. Wenn der Workaholic seine starren Überzeugungen aufgibt, wird seine Einstellung zu sich selbst flexibler und ausgewogener, und die Folge ist eine gesündere, harmonischere Lebensweise.

Kognitive Psychotherapien in der Therapie
der Arbeitssucht

Mit den folgenden Schritten können Sie Ihrem Patienten helfen, seine Denkweise zu ändern, um den Zyklus der Arbeitssucht zu durchbrechen:

Schritt 1: Der erste Schritt besteht darin, die Fähigkeit des Patienten zur Selbstreflektion zu steigern. Damit er sich seiner negativen Gedanken bewusst wird, schlagen Sie ihm vor, eine Woche lang auf alle Gedanken und kritischen Dialoge zu achten, die sich auf ihn selbst beziehen, und die negativen Gedanken aufzuschreiben, ohne sie zu zensieren.

Schritt 2: Sobald die Liste fertig ist, bitten Sie den Patienten, sie durchzusehen und alle kritischen Gedanken zu markieren, die öfter als einmal vorkommen. Er wird überrascht sein, wie oft er sich selbst als dumm oder wertlos bezeichnet und wie oft er Wörter wie »ich sollte« oder »ich müsste« benutzt, um sich zu kritisieren. Anschließend vermerkt der Patient neben jedem dieser Gedanken, ob er zutrifft oder nicht (er ist fast immer unwahr). Zum Beispiel: Ist er wirklich ein Versager? Stimmt es, dass niemand ihn liebt oder dass alles falsch ist, was er tut?

Schritt 3: Nun zeichnet der Patient auf ein Blatt Papier zwei senkrechte Linien, so dass er drei Spalten erhält. In die linke Spalte schreibt er jeden negativen Gedanken, in der mittleren notiert er die starre Denkweise, die in den Gedanken zum Ausdruck kommt (siehe Tabelle 4.1), oder erklärt, warum der Gedanke unwahr ist.

Schritt 4: In der rechten Spalte ersetzt der Patient jeden negativen Gedanken durch eine positive Aussage, einen vernünftigen Gedanken oder eine positive Affirmation. Wenn der negative Gedanken beispielsweise lautet: »Ich bin ein Versager«, könnte ein positiver Ersatz lauten: »Ich bin fähig und erfolgreich« oder »Ich bin ein wertvoller Mensch«. Die positiven Aussagen beschreiben den Workaholic genauer und zeigen, wie andere ihn wahrscheinlich sehen. Hier sind einige Beispiele:

Negativer Gedanke	Starre Denkweise	Positive Feststellung
»Ich muss alle Aufgaben perfekt lösen, sonst bin ich nichts wert.«	Alles oder nichts und Perfektionismus	»Meine Leistung sagt nichts über meinen Wert. Ich bin erfolgreich und fähig und tue mein Bestes. Wenn ich Fehler mache, lerne ich aus ihnen.«
»Ich möchte, dass alle mich lieben.«	Alles oder nichts und der Wunsch, es allen recht zu machen.	»Mein Wert hängt nicht davon ab, ob mich alle lieben. Niemand wird von allen geliebt. Es gibt viele, die mich lieben.«
»Wenn alles perfekt wäre, wäre ich glücklich."	Wunschdenken und Perfektionismus	»Niemand ist vollkommen, auch ich nicht. Ich akzeptiere mich so, wie ich bin, mit allen Stärken und Schwächen.«
„Ich kann an der Situation nichts ändern.«	Hilflosigkeit und Pessimismus	»Ich habe mein Leben im Griff, nicht umgekehrt. Ich ändere, was ich ändern kann.«

Die positiven Feststellungen beschreiben besser als die negativen die Sichtweise der anderen auf den Patienten. Sie können zu Affirmationen werden, die der Patient Woche für Woche stumm wiederholt. Je häufiger er das tut, desto mehr glaubt er daran, dass sie wirklich auf ihn zutreffen. Positive Affirmationen, morgens vor dem Spiegel wiederholt oder in ein Tagebuch geschrieben, stärken die innere Stimme, die der selbstkritischen Stimme widerspricht. Der Patient kann die Affirmationen aufschreiben und an Spiegeln, am Kühlschrank, am Schreibtisch oder am Anrufbeantworter befestigen. Schlagen Sie ihm vor, alle positiven Briefe und Notizen von Angehörigen, Freunden und Kollegen an ein schwarzes Brett zu heften und oft zu lesen.

Kontakt mit sich selbst

Es ist eine wichtige therapeutische Aufgabe für genesende Workaholics, ihr existentielles, authentisches Selbst zu erforschen und zu stärken.[15] Fragen Sie Ihren Patienten, was er von sich selbst und seinem Leben hält, welche Wertvorstellungen er hat, wovon er sich bestätigt fühlt, wen und was er wegen seiner Arbeitssucht vernachlässigt hat. Wenn sich eine Gelegenheit bietet, sollten Sie auch Gefühle aufdecken, die das Ich bedrohen, zum Beispiel Einsamkeit, Langeweile, Unsicherheit und Hoffnungslosigkeit.

Wenn der Patient beginnt, seine Denkweise zu ändern, verändern sich seine Gefühle und sein Verhalten von selbst. Der Wandel setzt ein, sobald er sich danach beurteilt, was er ist, nicht danach, was er leistet oder hat. Nicht mehr Äußerlichkeiten und Quantität, sondern innere Werte und Qualität sind dann wichtig. Wenn Sie dem Patienten helfen, Kontakt mit seinem Selbst aufzunehmen, lernt er, flexibel zu sein und sein Leben nicht mehr danach zu bewerten, was er produziert und worauf er stolz sein kann.

Sobald der Workaholic den zerstörerischen Kreislauf der Arbeitssucht unterbrochen hat, findet er Zeit, sich auszuruhen, nachzudenken, sich zu verwöhnen und sein Inneres zu erforschen. Geben Sie ihm einige Tipps, damit er den Kontakt mit sich selbst findet:

- *Denken Sie anders über sich selbst.* Gesundheit und Selbstachtung sind ein Teil des Denkens. Henry Ford sagte einmal: »Wenn Sie glauben, dass Sie es schaffen oder dass Sie es nicht schaffen, haben Sie Recht.« Zunächst müssen Sie sich darüber klar werden, dass negatives Denken Ihre Gesundheit und Ihr Selbstwertgefühl untergräbt und dass eine optimistische Denkweise das verhindern kann. Seien Sie ehrlich zu sich selbst, und erkennen Sie Ihre Leistungen ebenso an wie Ihre Niederlagen, Ihre Stärken ebenso wie Ihre Schwächen. Je mehr Sie das Positive suchen, desto besser fühlen Sie sich in Ihrer Haut.
- *Lernen Sie, Ihre Gefühle zu erkennen, und akzeptieren Sie*

es, wenn Sie wütend oder enttäuscht sind. Hören Sie auf sich selbst. Achten Sie auf Ihre Gedanken und Gefühle. Stimmen Sie sich auf Ihre Gefühle ein, und schreiben Sie sie jeden Tag auf. Fragen Sie sich, wovor Sie fliehen, wovor Sie sich fürchten, welche Schmerzen ungestillt sind. Stellen Sie sich Ihren Gefühlen und kosten Sie diese ganz aus. Fragen Sie sich, woher die Stimme kommt, die Ihnen einredet, dass nichts, was Sie tun, jemals gut genug ist. Ist es Ihre Stimme, oder ist es die Stimme eines kritischen Vaters oder eines anderen Menschen in Ihrer Kindheit? Lernen Sie, der kritischen Stimme zu widersprechen und sich nicht länger von ihr herumkommandieren zu lassen.

— *Reden Sie positiv mit sich selbst.* Ersetzen Sie die kritische Stimme durch eine, die Sie ermutigt und aufmuntert. Selbstzweifel können Sie überschwemmen, wenn Sie um eine Gehaltserhöhung bitten, einen wichtigen Kunden besuchen, eine neue Stelle antreten oder Probleme als Vater oder Mutter haben. Wenn Ihnen negative Gedanken kommen, fragen Sie sich: »Was würde ich meinem besten Freund oder meinen Kindern raten, wenn sie der Meinung wären, es nicht zu schaffen?« Sie würden gewiss nicht sagen: »Natürlich schaffst du das nicht. Am besten du gibst auf.« Da Sie seinen Fähigkeiten vertrauen, würden Sie den Freund oder das Kind vielmehr ermutigen. Betrachten Sie sich als Ihren besten Freund, und ermutigen Sie sich so, wie Sie andere ermutigen würden! Selbstgespräche dieser Art fördern das Selbstbewusstsein und führen letztlich zum Erfolg. Sagen Sie zu sich selbst: »Ja, ich kann das, und zwar gut.« Stellen Sie sich vor einen Spiegel, wenn Sie positive, ermutigende Botschaften an sich selbst versenden. Malen Sie sich das beste Ergebnis aus, nicht das schlechteste, bevor Sie die Aufgabe anpacken. Sagen Sie zu sich selbst: »Du kannst alles tun, was du dir vornimmst, und zwar gut.«

— *Tun Sie nicht anderen, sondern sich selbst einen Gefallen.* Wenn Sie versuchen, jedem zu gefallen, verschenken Sie sich selbst, bis nichts mehr von Ihnen übrig ist. Richten Sie sich nicht länger nach der Meinung anderer Leute, sondern bilden Sie sich eine eigene Meinung. Bauen Sie solide Wertvorstellungen und Überzeugungen auf, und verteidigen Sie sie, anstatt ein Chamäleon zu sein. Suchen Sie die Gesellschaft von Menschen, die Sie respektieren und die eine positive Einstellung zu Ihnen haben.

– *Lernen Sie, Ihre Grenzen zu akzeptieren, ohne sich als Versager zu fühlen.* Wer zugibt, dass er Schwächen hat, und sich damit abfindet, beweist damit Charakterstärke. Gewöhnen Sie sich allmählich an den Gedanken, dass Sie ein Mensch sind, der physische und psychische Nahrung braucht, und nicht eine Maschine, die Tag und Nacht laufen kann. Fangen Sie an, Ihre Grenzen als normal zu betrachten, nicht als Fehler. Meiden Sie Menschen, die Ihnen Kraft rauben, und umgeben Sie sich mit Menschen, die Sie unterstützen und lieben.

– *Sehen Sie ein, dass weniger mehr ist.* Wenn Sie Ihr Leben vereinfachen, begreifen Sie, dass Sie bereits reich sind und dass Sie nicht glücklicher werden, wenn Sie mehr bekommen. Reduzieren Sie Ihre Ansprüche, und seien Sie realistischer, was Ihre Fähigkeiten angeht. Sie können dennoch gute Arbeit leisten. Anstatt zu fragen, was Sie noch alles tun könnten, sollten Sie sich überlegen, welche Pflichten Sie ablegen können. Anstatt immer mehr Verantwortung im Beruf zu übernehmen, sollten Sie mehr delegieren. Anstatt sich mit drei oder vier Projekten gleichzeitig abzuplagen, sollten Sie sich auf eines konzentrieren.

– *Arbeiten Sie nicht länger, sondern klüger.* Lassen Sie Ihren Terminkalender für sich arbeiten, nicht umgekehrt. Stopfen Sie ihn nicht mit Terminen voll, sondern gönnen Sie sich zwischendurch Zeit für das Spontane und Unerwartete. Delegieren Sie Verantwortung, wann immer es geht – zu Hause, am Arbeitsplatz, beim Spiel. Betrauen Sie andere mit Einkäufen, Hausarbeit oder Rasenmähen. Machen Sie sich klar, dass Sie nicht alles selbst erledigen müssen. Stehen Sie früher auf, oder gehen Sie später zu Bett, um mehr Zeit für die Familie zu haben. Denken Sie daran: Es ist Ihr Leben, und Sie können es in den Griff bekommen.

Die Kindheit des Workaholics 5

Ross

Meiner Meinung nach hat Arbeitssucht etwas mit Selbstvergessenheit zu tun. Es ist erstaunlich, dass Menschen lieber arbeiten als eine erfüllte Beziehung zu Partnern und Kindern zu haben. Ich war einer von zwei Söhnen, und mein Bruder war 15 Monate älter als ich. Von Anfang an gab es bei uns nur Spannungen, Sorgen und Probleme. Meine Eltern kämpften eher gegeneinander, als dass sie sich liebten, und wenn einmal Frieden herrschte, warteten wir immer auf den nächsten Sturm. Hinzu kamen Kopfschmerzen, Erbrechen, der Verlust des Sehvermögens, Tabletten, Einsamkeit und Scham. Was würden die Nachbarn denken? Würde ich es je zu etwas bringen?

In diesen Jahren standen meine Mutter und ich uns sehr nahe, vielleicht zu nahe. Erst später wurde mir klar, wie ungesund diese Beziehung war und welchen Preis ich dafür zahlen musste. Sie schien mich zu lieben, mich zu ermutigen und mich zu ihrem Ersatz-Ehemann zu machen. Sie suchte bei mir Rat und Hilfe. Das war schmeichelhaft für einen heranwachsenden Jungen. Sie sprach mit mir über Dinge, von denen ich nicht hätte wissen dürfen – über die intimsten Details ihres Privatlebens, über ihre Beziehungen mit anderen und über ihr Sexualleben. Sie ersparte mir nichts. Kein Wunder, dass ich mir ständig Sorgen machte und mich überlastet fühlte. Für mich und meinen Bruder gab es keine Kindheit. Der einzige Unterschied zwischen ihm und mir bestand darin, dass ich alles auf mich nahm. Immer tat mir etwas Leid, immer suchte ich verzweifelt nach Lösungen. Zweifellos litt mein Bruder auf seine Art; aber weil er es nicht zeigte, verspottete meine Mutter ihn. »Er ist ein Schwächling«, sagte sie. Sie bevorzugte mich wegen meiner Treue zu ihr und würdigte ihn herab, weil er diese Treue vermissen ließ.

Als ich acht war, wurde mir klar, dass niemand sich um mich kümmerte – ich musste es also selbst tun. Ich wusch Autos, sparte Geld, sammelte das Pfand für leere Flaschen ein und tat, was ich tun musste, um stark, unabhängig und reich zu werden. Ich stellte mir vor, dass ich dann unverwundbar und mächtig sein würde. Was für ein Irrtum! Ich hatte erst noch zu lernen, dass die Flucht aus einem Extrem ins andere keine Lösung ist. Ich musste lernen, ausgewogen zu leben. Das war hart, weil es mir niemand gezeigt hatte. Gewiss, ich wusste, wie man sich benimmt, und ich wusste, was richtig und falsch war. Aber ich wusste nichts von bedingungsloser Liebe, vorbildlichem Verhalten, Toleranz und Geduld.

Ich verließ die Schule mit 16 und eröffnete mit 20 mein eigenes Geschäft. Mit 23 heiratete ich, um meine Ruhe zu haben. Das war ein Fehler, aber damals sehnte ich mich nach Frieden – und bekam ihn. 17 Jahre und drei Kinder später verließ ich meine Frau, weil ich keine Lust hatte, noch länger in dieser tödlichen Ruhe zu leben. Es gab weder Streit noch ein böses Wort. Meine Kinder hörten nie ein grobes Wort. Sie waren ebenso überrascht wie alle in meinem Städtchen. Ich arbeitete wie ein Pferd, um meinen Schmerz zu überwinden. Ich entwickelte mich als Individuum weiter, brach mit meiner Mutter und hatte enormen Erfolg.

In 30 Jahren baute ich ein großes, profitables Unternehmen mit guten Mitarbeitern auf. Dieser Erfolg hatte mehrere Gründe. Erstens war und bin ich sehr zielstrebig. Zweitens war das Geschäft meine Familie, weil mein Privatleben mich nicht befriedigte.

Ursprünge der Arbeitssucht in der Kindheit

Nachdem wir die Seele des Workaholics erforscht haben, wenden wir uns nun seiner Kindheit zu, um besser zu verstehen, was sein Denken und Fühlen in der Ursprungsfamilie geformt hat.

Im Alter von sieben Jahren stand Carol auf einem Küchenstuhl und backte Kekse. Sie bügelte alle Kleider der Familie und erledigte den größten Teil der Hausarbeit. Sie hatte bereits gelernt, Überweisungsformulare auszufüllen und die Stromrechnung zu zahlen. Vater und Mutter waren Alkoholiker. Niemand hatte sie angewiesen, die Verantwortung einer Erwachsenen zu übernehmen – das tat sie intuitiv, um Ordnung und Sicherheit in ihr junges Leben zu bringen. Heute, mit 28, ist Carol arbeitssüchtig.

Die meisten Therapeuten sind der Meinung, dass Arbeitssucht die Folge eines gestörten Familienlebens in der Kindheit ist und zu Störungen in der eigenen Familie beiträgt.[1] Kinder suchen von Natur aus nach einem Sinn in ihrer Welt, wenn sie heranwachsen, lernen und sich entwickeln. Wenn in ihrer Umwelt alles auseinanderbricht, versuchen sie, ihre Welt zu stabilisieren. Sie suchen nach einem Halt mitten im Chaos. Aus Verwirrung und Verzweiflung bemühen sie sich, alles in den Griff zu bekommen.

Arbeitssucht entwickelt sich am häufigsten bei Kindern, deren Leben einer Berg- und Talbahn gleicht und die sich nicht auf die Hilfe der Eltern verlassen können. Sie werden in die Welt der Erwachsenen hineinkatapultiert, und man erwartet von ihnen, dass sie darin zurecht kommen, obwohl sie darauf nicht vorbereitet sind und auch nicht über die seelischen Reserven eines Erwachsenen verfügen.

Da sie die unrealistischen Erwartungen nicht erfüllen können, greifen sie instinktiv nach einem Rettungsanker im Sturm. Viele finden Sicherheit in Fürsorglichkeit, Hausarbeit, Schule, Kirche und Perfektionismus. Zu den familiären Situationen, die Kinder arbeitssüchtig machen können, gehören die Trennung oder Scheidung der Eltern nebst Streit um die Kinder, der Tod eines Elternteils, Arbeitslosigkeit und finanzielle Probleme, Entwurzelung durch Umzug, Drogensucht der Eltern, Schizophrenie oder eine andere Geisteskrankheit eines Elternteils und die physische oder psychische Abwesenheit eines (z. B. arbeitssüchtigen oder depressiven) Elternteils, der den anderen Partner veranlasst, Trost beim Kind zu suchen, so wie es bei Ross der Fall war.

Familien, die Workaholics hervorbringen, neigen zu Extremen und lassen sich in zwei Gruppen einordnen: die perfekte Familie an einem Ende des Kontinuums und die chaotische am anderen Ende. Sie haben entweder strenge Regeln oder gar keine. Die Grenzen, die sie ziehen, sind entweder strikt oder unklar. Das Familienleben ist entweder überorganisiert oder verwirrend. Typisch für solche Familien sind subtile Konflikte, schlechte Kommunikation und Mangel an Zuwendung.

In der perfekten Familie verlangt ein ungeschriebenes Gesetz von den Mitgliedern, gut und glücklich auszusehen. Die Botschaft ist klar: Sage und tue das Richtige; gib vor, dass alles in Ordnung ist, selbst wenn es nicht stimmt; sprich nicht über deine Gefühle; zeige niemandem, wie es in dir aussieht. Auch die Kinder lernen, dass sie alles im Griff haben und perfekt sein müssen.

In der unvollkommenen Familie treiben Unbeständigkeit und Unberechenbarkeit die Kinder in die Arbeitssucht. Gerade wenn die Kinder am verletzlichsten sind, fehlt ihnen die emotionale Schutzschicht. Zwar hat kein Kind eine völlig sorglose Jugend, aber jedes Kind braucht Menschen, die es von der Welt der Erwachsenen trennen und vor ihr beschützen. Wenn diese Sicherheit fehlt, lernen die Kinder, dass sie sich nicht auf die Erwachsenen verlassen können und dass sie Menschen und Situationen selbst im Griff haben müssen, um körperlich und seelisch zu überleben. Ständige Unruhe zwingt die Kinder, ihr Leben selbst in die Hand zu nehmen, während ihre Umwelt sich aufzulösen scheint. Arbeitssüchtige Kinder lernen, dass sie sich um alles selbst kümmern müssen, damit ihre Welt nicht zusammenbricht. Sie überkompensieren ihre Verwirrung und werden allzu friedfertig, und später nehmen sie diese Eigenschaften mit in ihr Berufsleben. Während ihre Altersgenossen spielen, beschäftigen sie sich mit ernsten Dingen, um die sich Erwachsene kümmern sollten. Nach außen hin verhüllen ihre Erfolge die tieferen Probleme: geringe Selbstachtung und Minderwertigkeitsgefühle. Unter dem Lack befinden sich zu ernste Kinder, die sich abrackern, um perfekt zu sein, und sich gnadenlos verurteilen, wenn sie Fehler machen. Tabelle 5.1 porträtiert arbeitssüchtige Kinder.

Kinder in der Elternrolle:
kleine Erwachsene mit schwerer Bürde

Eine Folge der aufgezwungenen Elternrolle besteht darin, dass die Kinder in seelischer und geistiger Hinsicht kleine Erwachsene werden und die Aufgaben nicht lösen können, die sie während ihrer Entwicklung lösen sollten. Workaholics haben als Kind oft jüngere Geschwister oder die seelisch abhängigen, alkoholsüchtigen oder geistig und körperlich behinderten Eltern versorgt. Sie übernahmen in jungen Jahren eine zu große Verantwortung, bevor sie selbst reifen konnten.

TABELLE 5.1
Porträt eines arbeitssüchtigen Kindes

- Verbringt mehr Zeit mit Schularbeiten als mit Spielen.
- Hat wenig Freunde und zieht die Gesellschaft Erwachsener vor.
- Hat gesundheitliche Probleme, die auf Stress zurückgehen: chronische Erschöpfung, Kopfschmerzen, Magenbeschwerden usw.
- Übernimmt Pflichten von Erwachsenen: versorgt den Haushalt, kocht, putzt, betreut jüngere Geschwister.
- Versucht immer, perfekt zu sein.
- Ist meist ernst und hat die Sorgen der Erwachsenen.
- Hat wenig Zeit, sich zu entspannen, zu spielen und seine Kindheit zu genießen.
- Ist im Klassenzimmer und auf dem Spielplatz altklug.
- Versucht ständig, ein »braver Junge« oder ein »braves Mädchen« zu sein, um von Erwachsenen anerkannt zu werden.
- Versucht zwanghaft, in der Schule, im Sport und anderswo die/der Beste zu sein.
- Wird leicht ungeduldig mit sich selbst, wenn es einen kleinen Fehler macht.
- Ist mehr am Ergebnis seiner Arbeit interessiert als an der Arbeit selbst.
- Setzt sich selbst unter Druck.
- Erledigt zwei oder drei Aufgaben gleichzeitig.
- Bittet nicht gern um Hilfe.

Erwachsene Familienmitglieder, deren Bedürfnisse in der Kindheit nicht befriedigt wurden, erwarten dies von ihren Kindern. Ross' Mutter ist ein Beispiel dafür. Das »auserwählte« Kind wird zu ihrem Vertrauten oder muss ihre Träume ausleben, selbst wenn es keine Lust dazu hat oder wenn es ihm schadet.[2] Das Kind wird dazu benutzt, Ausgewogenheit und Gerechtigkeit in der Familie herzustellen, indem es dem Erwachsenen gibt, was er anderswo nicht bekommt. Die Kinder passen ihre Identität dieser Rolle an und bemühen sich, den Anforderungen der Eltern und anderer Erwachsener gerecht zu werden: »Kinder in Elternrollen kümmern sich auf konkrete, physische Weise um ihre Eltern, machen es ihnen bequem und formen ihre eigene Persönlichkeit so um, dass sie den Ansprüchen der Eltern gerecht wird. Dadurch stärken sie das Selbstwertgefühl der Eltern.«[3]

Dabei hat das Kind zwei Möglichkeiten: Es kann »Mamas und Papas kleiner Helfer« werden oder »elterliche Träume« erfüllen[4]. Der »kleine Helfer« entwickelt einen fürsorglichen, selbstlosen Charakter. Diese Art der Anpassung ermöglicht ihm die größte Nähe zur Mutter oder zum Vater.[5] Beim »Traumkind« ist die Gefahr noch größer, dass es sein eigenes Selbst aufgibt, um dem Erwachsenen entgegenzukommen, und dass es sich selbst nicht vollständig entwickelt und zum Narzisten wird. Beide Wege führen zur zwanghaften Fürsorglichkeit und zur Arbeitssucht, zum Selbstopfer zugunsten eines anderen oder einer Aufgabe.

Sind Sie zwanghaft fürsorglich?

Ein Pfarrer glaubte, jeder Mensch in seinem Leben sei von Gott gesandt. Selbst wenn er mit der Gemeindearbeit, Krankenbesuchen und Seelsorge überlastet war, fiel es ihm schwer, nein zu sagen. Er hatte Schuldgefühle und redete sich ein, es sei Gottes Wille und er müsse jedem Menschen helfen, selbst wenn sein Telefon auf dem Nachttisch mitten in der Nacht klingelte.

Eines Morgens, nach einer hektischen Woche, rief ihn ein Mann, der einen Angehörigen verloren hatte, um zwei Uhr nachts an. Der Pfarrer versprach ihm, sofort ins Krankenhaus zu kommen, drehte sich noch einmal »für eine Minute« um –

und erwachte um sieben Uhr. Als er im Krankenhaus eintraf, war die Familie aufgebracht. Von seinem Gewissen geplagt und völlig überlastet, brauchte der Pfarrer zehn Jahre, bis er seine Minderwertigkeitsgefühle überwand.

Zwanghafte Fürsorglichkeit bei Erwachsenen ist die Folge einer aufgezwungenen Elternrolle in der Kindheit. Wenn von einem Kind verlangt wird, »Seelsorger« seiner Eltern zu sein, unterdrückt es sein Bedürfnis nach Trost, Schutz und Aufmunterung durch die Eltern. Um sich geborgen zu fühlen, gibt es einem bedürftigen Elternteil Geborgenheit: »Die Art und Weise, wie ein Kind mit seinen Eltern interagiert, setzt sich im Erwachsenenalter fort und dient seinen Beziehungen als Vorbild. Die abnorme Bindung an einen Elternteil führt dazu, dass das Kind sich diesem unterwirft, und wenn es erwachsen ist, verhält es sich ebenso: Es schlüpft wieder in die Rolle des Fürsorglichen, um einem anderen nahe zu sein und zu bleiben.«[6]

Zwanghaft fürsorglichen Menschen fällt es schwer, um Hilfe zu bitten oder sich selbst zu helfen. Der Psychologe John Bowlby erklärt, warum: »Der Hilfsbereite geht vielleicht viele enge Beziehungen ein, aber er ist immer der fürsorgliche Teil, nie der empfangende … Wer sich so entwickelt, ist der Meinung, es gebe nur eine Art von liebevoller Beziehung, nämlich die, in der er für den Partner sorgt und für sich selbst sorgen muss.«[7]

Die Einstellung »Wenn du helfen willst, suchst du dir jemanden, der hilflos ist« schadet nicht nur dem Fürsorglichen, sondern auch den Menschen, denen er helfen möchte. Die Beziehung zwischen dem Helfer und dem Hilfsbedürftigen wird destruktiv, wenn sie zu weit getrieben wird. Viele Menschen sind nur allzu gern bereit, ihr Leben einem anderen anzuvertrauen. Wenn sie ihre Macht abtreten, dürfen sie hilflos bleiben. Zwanghafte Fürsorglichkeit macht sie abhängig vom Helfer, so dass sie in ihrem Leben nicht mehr vorwärtskommen.

Sind Sie ein zwanghaft fürsorglicher Typ? Der folgende Test gibt Ihnen die Antwort. Lesen Sie die 25 Aussagen, und beurteilen Sie, ob sie auf Sie zutreffen. Dabei steht 1 für »trifft nie zu«, 2 für »trifft manchmal zu«, 3 für »trifft oft zu« und 4 für

»trifft immer zu«. Zum Schluss zählen Sie die Punkte zusammen.

---

1. Ich mache mir zu viele Gedanken um die Probleme anderer Leute.

2. Ich fühle mich verantwortlich, wenn etwas schief geht, und glaube, dass ich es in Ordnung bringen muss.

3. Ich identifiziere mich zu sehr mit anderen und empfinde ihre Gefühle, als wären es meine eigenen.

4. Ich verspüre den Drang, anderen zu helfen.

5. Ich vernachlässige mich selbst und kümmere mich lieber um andere.

6. Ich nehme das Leben zu ernst. Spiel und Spaß fallen mir schwer.

7. Ich verspüre den Drang, die Probleme anderer Menschen zu lösen.

8. Ich bin über schmerzliche Erfahrungen in meiner Kindheit nicht hinweggekommen.

9. Ich glaube, ich verdiene keine Liebe.

10. Ich habe nie Zeit für mich selbst.

11. Ich bin zu selbstkritisch.

12. Ich fürchte, dass die Menschen, die ich liebe, mich verlassen.

13. Mein Leben ist eine einzige Krise.

14. Ich fühle mich nicht wohl, wenn ich nichts für andere tue.

15. Wenn ich mich nicht um andere kümmere, weiß ich nicht, was ich tun soll.

16. Egal, was ich tue, es ist nie genug.

17. Ich widme mein Leben anderen Menschen.

18. Es ist aufregend, anderen zu helfen, wenn sie Probleme haben.

☐ 19. Ich verspüre das Bedürfnis, mich um alles zu kümmern.

☐ 20. Ich verbringe soviel Zeit damit, andere zu versorgen, dass ich keine Zeit für Freunde oder Hobbys habe.

☐ 21. Wenn ich mich nicht um andere kümmere, kann ich mich nicht entspannen.

☐ 22. Ich bin seelisch erschöpft und mein Mitgefühl ist ausgebrannt.

☐ 23. Wenn jemand meine Hilfe braucht, fällt es mir schwer, nein zu sagen.

☐ 24. Ich habe gesundheitliche Probleme, an denen Stress, Sorgen oder Erschöpfung schuld sind.

☐ 25. Ich engagiere mich zu sehr und versuche, es allen recht zu machen, damit ich anerkannt werde.

BEWERTUNG:

Je mehr Punkte Sie haben, desto stärker ist Ihre zwanghafte Fürsorglichkeit:

25–49 Punkte: Sie sind nicht zwanghaft fürsorglich.

50–69 Punkte: Sie leiden an mäßiger zwanghafter Fürsorglichkeit.

70–100 Punkte: Sie leiden an starker zwanghafter Fürsorglichkeit und waren als Kind wahrscheinlich ein »kleiner Erwachsener«.

Hier sind einige Tipps, die Therapeuten selbst befolgen und an ihre Patienten weitergeben sollten, um übersteigerte Fürsorglichkeit zu vermeiden:

– *Geben Sie anderen ein Beispiel, und leben Sie ausgewogen.* Nehmen Sie sich Zeit für sich selbst. Unterscheiden Sie zwischen Selbstfürsorge und Selbstsucht. John-Roger und Peter McWilliams schreiben in *You Can't Afford the Luxury of a Negative Thought*: »Wer erschöpft ist, weil er anderen viel gegeben hat, hat es versäumt, zuerst sich selbst genügend zu geben. Geben Sie anderen immer etwas vom Überfluss ab – wenn Sie sich selbst bedingungslos geben, ist immer genug für andere da.«[8]

- *Lernen Sie, nein zu sagen.* Wenn Sie überlastet sind und Zeit für sich selbst brauchen, so ist das ein Zeichen dafür, dass Sie nicht in der Lage sind, anderen noch mehr zu helfen. Jedes Mal, wenn Sie »ja« sagen, obwohl Sie »nein« meinen, sind Sie ungerecht zu sich selbst und zu einem anderen.
- *Akzeptieren Sie die Grenzen Ihrer Leistungsfähigkeit.* Denken Sie daran, dass Sie auch nur ein Mensch sind und nicht die ganze Welt retten können.
- *Achten Sie auf emotionalen Abstand.* Identifizieren Sie sich nicht zu sehr mit den Gefühlen anderer, und nehmen Sie die Probleme anderer nicht mit nach Hause. Wenn Sie sich liebevoll von anderen lösen, können sie für sich selbst sorgen und Sie können sich um Ihr eigenes Leben kümmern. Loslösung und Fürsorge sind Zwillinge, nicht Feinde. Manchmal ist es besser, sich nicht einzumischen, damit andere lernen, Probleme selbst zu lösen.
- *Denken Sie darüber nach, warum Sie ständig helfen wollen.* Lassen Sie anderen Menschen ihre Freiheit. Das gilt vor allem für Therapeuten, die sich nicht von Langzeitpatienten abnabeln können.
- *Überlegen Sie, was Sie in Ihrem eigenen Leben in Ordnung bringen müssen.* Wenn Sie als Kind ein »kleiner Erwachsener waren«, wollen Sie vielleicht für andere da sein, damit andere für Sie da sind. Für wen ist Ihre Hilfe wichtiger – für den anderen oder für Sie? Projizieren Sie unerfüllte Wünsche auf andere?

Ärzte und Therapeuten haben es ständig mit Menschen zu tun, die als Kinder die Rolle von Erwachsenen spielen mussten und jetzt am Arbeitsplatz die Probleme anderer lösen wollen. Die Schauspielerin Drew Barrymore war das Wunschkind der Mutter. Sie sagt, ihre Mutter und sie seien eher Freundinnen als Mutter und Tochter gewesen: »Wenn wir doch einmal Mutter und Tochter waren, dann war ich die Mutter!« Ihre Mutter räumt das ein: »Wir mussten beide erwachsen werden. Ich habe bei ihrer Erziehung viele Fehler gemacht. Drews Erfolge waren mein Leben. Jetzt habe ich meine eigenen Erfolge.«[9] Die Schauspielerin Brooke Shields ist ein Beispiel für die »kleine Helferin«, die ihrer Mutter absolut treu ist. »Es gab keine anderen Kinder und keinen Mann. Nur uns beide. Wir waren ein kleines Team.«[10] Ihre Mutter stand ihr immer am nächsten, und es fiel ihr schwer, Kontakte mit anderen zu knüpfen: »Ich zog harmlose Schwärmereien vor, weil eine echte Romanze meine Beziehung mit meiner Mutter bedroht hätte. Für mich war sie die einzige gute Freundin in meinem Leben. Ich hatte große Angst, von anderen verletzt zu werden.«[11]

Ross ist ein Beispiel dafür, dass übersteigertes emotionales Engagement im Erwachsenenalter nachwirkt. Als seine Eltern sich im Streit scheiden ließen, setzte seine Mutter ihn unter Druck, sobald er versuchte, sich von ihr zu lösen. Nachdem Ross sich geweigert hatte, nie wieder mit seinem Vater zu reden, tat sie ihr Bestes, um ihren Sohn zu vernichten. Sie nannte ihn einen Lügner und verbreitete falsche Gerüchte über ihn. Er schickte ihr zum Geburtstag Blumen mit liebevollen Grüßen, und sie schickte sie zurück. 20 Jahre lang wollte sie ihn nicht sehen. Ross hat die seelischen Schmerzen, die seine Mutter ihm zufügte, heute noch nicht überwunden, aber er lernt allmählich, sich nicht mit Arbeit zu betäuben.

Ein weiteres Beispiel für ein Kind in der Rolle eines Erwachsenen war die zwölfjährige Katie, die nach dem Tod ihres Vaters zur »kleinen Helferin« wurde. Ihre Mutter musste zwei Jobs annehmen, um Katie und ihren jüngeren Bruder zu ernähren, und sie war von morgens bis abends fort. Katie war erst zwölf, und ihr kleiner Bruder wurde »ihr Baby«:

Ich weckte ihn jeden Morgen, machte ihm Frühstück und Mittagessen und lernte mit ihm, als er in die Schule kam. Ich half ihm mit dem Abc, machte die Betten und kochte. Meine Mutter kam mittags nach Hause, lobte das Essen und ging wieder arbeiten. Um mich herum brach meine Welt zusammen, aber da ich meine Pflichten hatte, gelang es mir, mein Leben in den Griff zu bekommen. Ich konnte mich um meinen Bruder kümmern, das Haus putzen und vieles andere tun, das meine Welt stabilisierte. Das habe ich mein Leben lang getan.

Ein stillschweigender Vertrag bestimmte, dass Katies Mutter die Rolle des Vaters als Ernährer übernahm und Katie in die Rolle des Partners der Mutter und der Mutter des Bruders schlüpfte. Ihre hektische Kindheit trug dazu bei, dass sie mit 50 arbeitssüchtig war und ihre Ehe zerbrach, weil sie Tag und Nacht arbeitete:

> Mein Mann beklagte sich darüber, dass ich abends arbeitete. Also packte ich meine Arbeit ein, nahm sie mit nach Hause, schloss mich im Schlafzimmer ein und arbeitete, bis ich in den Morgenstunden einschlief. Wenn mein Mann zu Bett ging, lagen Aktenordner auf seiner Seite. Eines Tages kam er gar nicht mehr, sondern schlief auf dem Sofa.
>
> Erst zwei Jahre später merkte ich, dass etwas mit mir nicht stimmte. Als wir uns trennten, wunderte ich mich darüber, dass ich weinte, weil eine Seite des Bettes leer war – er hatte doch ohnehin ein Jahr lang auf dem Sofa geschlafen. Ich fiel fast aus dem Bett, weil ich mich herumwälzte, um ihn zu suchen. Dann legte ich Bücher und andere Dinge auf seine Seite, damit ich mich an etwas schmiegen konnte.

Meine Kindheit als »kleiner Erwachsener«

Als ich zum erstenmal mit Gloria Steinem redete, sagten wir beide: »Ich habe das Gefühl, Sie schon lange zu kennen.« Zwar führten wir äußerlich betrachtet ein anderes Leben, aber innerlich fühlten wir das Gleiche. Zwischen Kindern, die »kleine Erwachsene« sein müssen, entwickelt sich oft ein starkes seelisches Band. Es ist stärker als das Geschlecht, die Rasse oder die sozioökonomische Herkunft. Sie wissen beide, was Einsamkeit, Schmerz, Verlustgefühle, Furcht und manchmal auch Scham bedeuten; sie wissen, was es heißt, als »kleiner Erwachsener« eine zu schwere emotionale Bürde zu tragen. Sie sind Seelengefährten, durch gemeinsame Wunden aus der Kindheit miteinander verbunden. Die folgenden Schilderungen aus Glorias und meiner Kindheit machen deutlich, warum zwei Erwachsene unterschiedlichen Geschlechts und unterschiedlicher ethnischer und geographischer Herkunft plötzlich ausrufen: »Ich habe das Gefühl, Sie schon lange zu kennen!«

Bryan Robinson

Ich war das Musterbeispiel eines typischen arbeitssüchtigen Kindes. Mein Vater war Alkoholiker, und ich kümmerte mich um meine jüngere Schwester und fühlte mich verantwortlich für die emotionale Atmosphäre in einer gestörten Familie. Hausarbeit, Schularbeiten und Arbeit für die Kirche legten den Grundstein für meine Arbeitssucht als Erwachsener.

Ich bekam Magenkrämpfe, wenn mein Vater wieder einmal betrunken nach Hause kam. Wenn er die Verandatreppe hinauftaumelte und nach dem Hausschlüssel suchte, zitterte ich im Bett. Überall im Haus gingen die Lichter an, und es herrschte Aufruhr. Ich sprang aus dem Bett, um die Lage zu erkunden, Türen, Fenster und Vorhänge zu schließen, damit die Nachbarn nichts mitbekamen, und Lampen und andere zerbrechliche Dinge zu verstecken, damit das Haus nicht angezündet und niemand verletzt wurde. Diese Rolle hatte ich mir nicht ausgesucht; ich übernahm sie, weil es notwendig war und ich überleben wollte. Ich war der Beschützer, der Friedensstifter, der Schiedsrichter, der General. Ich war neun Jahre alt.

Wenn sein Vater ihn vor dem Kino absetzte, musste dieser Neunjährige, der immer noch Lesen und Schreiben lernte, nachts mit seiner kleinen Schwester nach Hause gehen. So aufregend James Dean und Marilyn Monroe auch waren, dieser kleine Junge hatte ständig Angst und machte sich Sorgen. Manchmal standen wir auf der dunklen Straße und wussten nicht, was wir tun sollten. Meine Schwester weinte, und obwohl mir ebenfalls danach zumute war, musste ich sie davon überzeugen, dass ich alles im Griff hatte. Ich fürchtete mich vor den kalten, dunklen, leeren Straßen. Manchmal brachten Polizisten uns nach Hause, manchmal gingen wir fünf Kilometer durch die Dunkelheit, während Hunde hinter uns bellten oder uns nachliefen.

Auf der High School war ich Autor und Regisseur des Weihnachtsspiels, entwarf und baute die Kulissen allein und übernahm die Hauptrolle. Damals war mir noch nicht bewusst, dass ich mich stark fühlte, wenn ich mich um alles kümmerte, dass ich ein Gegengewicht zu meinem instabilen Zuhause brauchte. Obwohl Lehrer, Nachbarn und Verwandte mich mit Lob überschütteten und meine Arbeitssucht bewunderten, fühlte ich mich immer jämmerlicher und minderwertiger. Meine Sucht wurde stärker und begleitete mich ins Erwachsenenalter.

Schularbeiten halfen mir, mich besser zu fühlen, und später gab mir der Beruf das, was ich für Erfüllung hielt. Ich vergrub mich in meine Arbeit, um mich nicht mit den vielen Gefühlen auseinanderzusetzen zu müssen, die ich seit meiner Kindheit unterdrückt hatte. Ich verbarg meinen Schmerz unter einem fröhlichen Lächeln und hinter harter Arbeit. Beides deckte das Problem zu, hinderte mich an Freundschaften und intimen Beziehungen und gab mir eine Art Geborgenheit. Die Arbeit gab mir das Gefühl, mein Leben völlig im Griff zu haben. Ich hatte meine Droge gefunden. Aus zahllosen Stunden des Studiums am College wurden zahllose Arbeitsstunden – am Abend, am Wochenende, an Feiertagen. Als ich 40 war, hatte die Arbeitssucht mich fest im Griff. Ich war Kettenraucher, trank eine Menge Kaffee und arbeitete pausenlos. Wie ein Alkoholiker wurde ich nervös und gereizt, wenn ich länger als ein paar Tage nicht an meinem Schreibtisch saß. Selbst an einem tropischen Strand drehten sich alle meine Gedanken um meine nächsten beruflichen Pläne. Ich machte kaum jemals Urlaub ohne eine prall gefüllte Aktentasche. Wenn meine Angehörigen und Freunde mir vorhielten, ich sei überarbeitet, versteckte ich die Akten im Koffer, und während die anderen schwammen und sich am Strand vergnügten, beugte ich mich im Cottage über einen improvisierten Schreibtisch.

Ich versteckte meine Arbeit, wie mein Vater seine Flasche versteckt hatte. Ich schlief meinen Arbeitsrausch in meinen Kleidern aus, so wie er seinen Alkoholrausch ausgeschlafen hatte. Als Erwachsener wurde mir allmählich klar, dass ich als Kind die Arbeit dazu benutzt hatte, um meine Gefühle und mein wahres Ich zu unterdrücken. Da ich die Probleme meiner Familie für einzigartig hielt und mich ihrer schämte, versuchte ich, die Dinge in den Griff zu bekommen und mich durch gute Leistungen in der Schule und außerhalb des Hauses auszuzeichnen.

Gloria Steinem
Oberflächlich betrachtet gab es zwischen Bryans Kindheit und meiner keine Ähnlichkeit. Im Gegensatz zu seinem Vater war meiner ein warmherziger, sanfter Mann, der sich mehr um mich kümmerte als meine Mutter. Da ihr Geist schon vor meiner Geburt krank geworden war, lag sie oft auf dem Sofa, sprach mit unsichtbaren Stimmen und konnte mir und meiner Schwester nur versichern, dass sie uns liebte. Es gab keine Gewalt in meinem Haus, und ich wuchs in der Gewissheit auf, dass meine Eltern uns so gut behandelten wie sich selbst. Das befriedigte nicht nur mein Bedürfnis, geliebt zu werden, sondern auch das Bedürfnis nach Gerechtigkeit, das Kindern offenbar angeboren ist.

Trotzdem spürte ich sofort eine Art Verwandtschaft mit Bryan, als ich seine Schilderung las. Er hatte sich seiner Familie und seiner Eltern geschämt – genau wie ich. Ein Heim mit schmutzigem Geschirr, ungewaschener Wäsche und einer »verrückten« Mutter löste in mir Phantasien von einem normalen Zuhause aus, wohin ich meine Freundinnen einladen konnte. Bryan hatte Fröhlichkeit vorgetäuscht und in der Schule geglänzt und damit seine Scham und das traurige Gefühl, »anders« zu sein, unterdrückt – genau wie ich.

Ich erkannte, dass Bryan sich der vernünftigen und beherrschbaren Welt der Schule und des Berufs zugewandt hatte, um Gefühlen auszuweichen, die er nicht wahrhaben wollte – genau wie ich. Wir beide hatten unser Bedürfnis nach Urlaub und Phasen der Innenschau geleugnet. Ich hatte das Glück, eine feministische Arbeit zu finden, mit der ich mir selbst und anderen Frauen – indirekt auch meiner Mutter – helfen konnte; aber ich trieb es so weit, dass ich keine Zeit mehr zum Schreiben hatte und meine Gefühle aus der Kindheit unterdrückte.

Eines Tages war ich wie Bryan einmal zuviel ausgebrannt. Meine Erschöpfung zwang mich, diese verborgene Traurigkeit aufzudecken, und ich begann einzusehen, dass meine Arbeit zwar ein unersetzlicher Teil meines Lebens war, aber nicht mein ganzes Leben. Erst dann war ich in der Lage, mich auf das zu konzentrieren, was ich bewältigen konnte, anstatt zu versuchen, alles zu tun – und allmählich verbesserten sich meine beruflichen Leistungen.[12]

Als Ross der Ersatzpartner seiner Mutter und ich der Vater meiner Schwester wurde, als Katie der Ehemann ihrer Mutter und die Mutter ihres Bruders und als Gloria die Mutter ihrer Mutter wurde, gaben wir unsere Kindheit auf und übernahmen stattdessen die Verantwortung der Erwachsenen. Aus arbeitssüchtigen Kindern werden Erwachsene, die glauben, dass sie sich auf niemanden verlassen können und dass ihr körperliches, seelisches und finanzielles Überleben davon abhängt, dass sie alles selbst tun. Diese Einstellung verschafft Workaholics die Sicherheit, die ihnen bereits als Kinder überleben half.

Workaholics nehmen Schaden, weil ihre Weigerung, um Hilfe zu bitten, und ihre Unfähigkeit, Arbeit zu delegieren, sie erschöpft. Was die »kleinen Erwachsenen« schützte, isoliert die Erwachsenen, weil es ihnen schwer fällt, intime Beziehungen einzugehen. Sie sind oft misstrauisch und können anderen nicht verzeihen, dass sie zögerlich oder weniger zielstrebig sind. Als Kinder haben sie ihr Bedürfnis nach Fürsorge unterdrückt und sich um die Familie gekümmert; als Erwachsene zahlen sie dafür den Preis – sie unterdrücken ihr wahres Ich durch ihre Arbeitssucht.

Vorschläge für Therapeuten

Arbeitssüchtige Kinder können sich durch außerordentliche Leistungen seelisch von ihrer belastenden Umwelt lösen. Diese Kinder sind unabhängiger als andere und verstehen besser, was in ihrer Umwelt vorgeht. Das unglückliche Familienleben zerstört nicht ihre intellektuellen und schöpferischen Fähigkeiten, sondern facht ihren Ehrgeiz an, und als Erwachsene sind sie beruflich sehr erfolgreich.

Vorschnelle Urteile vermeiden

Therapeuten werden auf arbeitssüchtige Kinder oft gar nicht aufmerksam, weil sie so erfolgreich sind. Dabei übersehen sie, dass die Widerstandskraft dieser Kinder zugleich die Quelle ihrer Minderwertigkeitsgefühle ist. Lassen Sie sich also nicht davon täuschen, dass kindliche Workaholics nach außen hin besser zurechtkommen als andere, weniger begabte Kinder in der Familie. Arbeitssüchtige Kinder brauchen oft dringender Hilfe als jene, die ihre Verwundbarkeit ausdrücken können. Mit ihrer scheinbaren Unverwundbarkeit wollen die kleinen Workaholics ihre innere Schwäche verbergen. Sie können solchen Kindern am besten helfen, wenn Sie zwar ihre Talente und Fertigkeiten fördern, ihnen aber auch ein harmonisches Eigenleben ermöglichen.

Trauer über die verlorene Kindheit

Die Abwehr des Workaholics ist stark. Die unterdrückte Trauer über eine verlorene Kindheit ist unter Aktenbergen und Verkaufsberichten begraben. Wenn es ihm durch die Psychotherapie gelingt, seine Trauer auszuleben, wird er auch mit den Folgen des Rollentausches in der Kindheit fertig.[13] Sie können dem Patienten helfen, den Verlust seiner Kindheit zu überwinden, indem er den abgebrochenen Trauerprozess vollendet. Der Verlust einer zauberhaften, fröhlichen Kindheit ohne die Sorgen der Erwachsenen ist durchaus ein Grund zur Trauer. Wenn der Patient erkennt, dass seine Eltern nicht imstande waren, ihn zu beschützen und starke, kluge und liebevolle Vorbilder für ihn zu sein, kommen verdrängte Wut und Verbitterung, Trauer und Verzweiflung zum Vorschein. Und wenn ihm klar wird, dass seine Kindheit für immer verloren ist, macht er die gleichen bekannten Phasen des Kummers durch wie Menschen, die um einen Verstorbenen trauern. Während dieser Trauerperiode – sie kann Monate oder Jahre dauern – klagt er in gewisser Weise über den Tod seiner Kindheit. Wenn Sie dem Beispiel der Ärztin Elisabeth Kübler-Ross folgen, können Sie Ihrem Patienten helfen, während der einzelnen Trauerphasen seine inneren Fortschritte zu erkennen.[14] Dieser Prozess trägt dazu bei, dass der Patient seine starre Maske ablegt und sich mit seinem spontanen, verspielten, fröhlichen inneren Kind versöhnt – mit dem Teil seines Selbst, den er verleugnet hat.

Der Patient muss lernen, seine eigenen Bedürfnisse zu befriedigen. Neben der Arbeit mit dem inneren Kind ist dieses Training ein unerlässlicher Bestandteil seiner Genesung. Tief im Herzen des Workaholics und des zwanghaft fürsorglichen Menschen sitzt ein verwundetes Kind, dessen Bedürfnisse er vernachlässigt. Es ist schwer für den Workaholic, zu diesen Gefühlen vorzudringen, und für den Therapeuten ist es schwer, den Widerstand der Patienten zu überwinden. Aber wenn der Patient lernt, seinem inneren Kind zu geben, was er in seiner Kindheit nie bekommen hat, ist er auch imstande, sich von anderen helfen zu lassen. Fördern Sie also die Trauerarbeit rund um den Verlust der behüteten Kindheit. Unterstützen Sie den Patienten dabei, seine Wut, seine Trauer und seinen Schmerz auszudrücken, damit er lernt, sich zu entspannen, zu spielen und Freude am Leben zu haben. Das ist ein lohnendes therapeutisches Ziel.

Eine intime Beziehung zu sich selbst aufbauen

Patienten sind bisweilen der Meinung, es sei egoistisch und Zeitverschwendung, sich um die eigenen Bedürfnisse zu kümmern. In Wirklichkeit können sie um so produktiver arbeiten und anderen um so mehr geben, je besser sie für sich selbst sorgen. Indem sie das Bedürfnis, aktiv zu sein, mit einem reicheren Innenleben verbinden, können sie Stress und Erschöpfung überwinden. Fördern Sie bei Ihren Patienten die Selbsterkenntnis, und helfen Sie ihnen, mit sich selbst ebenso respektvoll und freundlich umzugehen wie mit anderen. Vergleichen Sie einen Patienten mit einem Bankkonto: Wenn er immer nur abhebt, ist der seelische Bankrott gewiss. Um »liquide« zu bleiben, muss er auch einzahlen, das heißt, sich täglich 15 Minuten bis eine Stunde Zeit für sich selbst nehmen – innere Zeit oder Zeit für die »Einzahlung«. Während dieser Zeit kann er über sich selbst nachdenken, seine Gedanken sammeln oder etwas tun, was ihm Spaß macht. Vieles kann Ihren Patienten helfen, sich auf sich selbst einzustimmen: Sie können ihre Gefühle in ein Tagebuch schreiben, mit geschlossenen Augen leise Musik hören, alle Gedanken abschalten, sich massieren oder maniküren lassen, ein heißes Bad nehmen, spazieren gehen oder sich am Kamin oder auf einer kühlen Terrasse entspannen. Einerlei, wofür sie sich entscheiden, sie sollten nicht an ihre Arbeit und an ihre Checklisten denken. Anfangs ist mit Entzugserscheinungen, Langeweile, Unruhe oder Depressionen zu rechnen. Manche Patienten wollen vielleicht nur schlafen, weil sie müde sind – auch das ist erlaubt. Es ist ganz natürlich, dass Körper und Seele sich gegen Zuwendung wehren, wenn sie nicht daran gewöhnt sind. Ermutigen Sie Ihre Patienten, Langeweile und Unruhe zu empfinden, anstatt sie durch Aktivität zu unterdrücken. Sie können schlafen, gehen, sitzen oder ins Leere starren – was immer sich »richtig anfühlt«. Aber sie sollten die Symptome erkennen und erleben und darauf achten, was die Gedanken, die Gefühle und der Körper ihnen sagen. Raten Sie ihnen, Schritt für Schritt vorzugehen.

Kürzer treten

Wenn Workaholics kürzer treten, leisten sie mehr. Ihre Selbstachtung wächst, und Kollegen bewundern sie. Helfen Sie Ihren Patienten, den Rhythmus ihres täglichen Lebens bewusst zu verlangsamen, also bewusst langsamer zu essen, zu reden, zu gehen und zu fahren. Zeigen Sie ihnen, wie sie Hektik vermeiden können, indem sie Zeitpolster zwischen ihren Terminen aufbauen und zusätzliche Zeit einplanen, um die einzelnen Ziele zu erreichen.

Meditation ist eine sehr wirksame Methode, kürzer zu treten. Dabei geht es darum, den Geist zu beruhigen, so dass wir hören, was bereits da ist. Wissenschaftliche Studien belegen, dass Meditation die Herzfrequenz und die Gehirnwellen verlangsamt. Sie hat eine günstige Wirkung auf das Immunsystem und fördert die Sekretion lebenswichtiger Hormone. Erwachsene, die täglich meditieren, leben länger.[15] Sie können Ihren Patienten verschiedene Arten der Meditation vorschlagen, die alle eine beruhigende und entspannende Wirkung haben: Entspannungsübungen, Yoga, stilles Nachdenken, inspirierende Lektüre, Gebet oder gelenkte Meditation. Die folgende Meditationsübung können Sie lenken oder dem Patienten mitgeben:

Machen Sie es sich an einem ruhigen Platz bequem, und schließen Sie die Augen. Schieben Sie alle störenden Gedanken beiseite, und konzentrieren Sie sich auf die Atmung. Atmen Sie einige Male ein und aus. Entspannen Sie sich vom Kopf bis zu den Füßen. Atmen Sie weiter, entspannen Sie sich weiter, bis Sie völlig locker sind.

Stellen Sie sich nun vor, Sie bewältigen Ihren Tag langsam, vom Aufstehen am Morgen bis zum Schlafengehen. Sehen Sie sich selbst aufstehen, frühstücken, sich anziehen und zur Arbeit fahren.

Jetzt sehen Sie sich am Arbeitsplatz. Sie arbeiten wie immer, jedoch ruhiger und gelassener. Sie essen langsamer, fahren langsamer und tun alles der Reihe nach. Stellen Sie sich die Ereignisse des Tages lebhaft und in allen Einzelheiten vor.

Meiden Sie jede Hektik. Achten Sie darauf, wie Sie sich fühlen, wenn Sie kürzer treten – und wie Ihre Kollegen sich fühlen.

Achten Sie auch auf Ihren Körper. Was fehlt ihm? Achten Sie auf Ihre Seele. Was fehlt ihr? Achten Sie auch auf Ihre spirituellen Bedürfnisse. Was fehlt Ihrem Geist? Denken Sie darüber nach, wie Sie Körper, Seele und Geist besser behandeln können.

Schließen Sie nun die Meditation ab. Stellen Sie sich vor, Sie gehen zu Bett. Wie fühlen Sie sich, während Sie in den Schlaf sinken?

Seien Sie nicht entmutigt, wenn Sie anfangs unruhig sind oder sogar Angst haben. Sie wollen Gewohnheiten ändern, die sich in vielen Jahren herausgebildet haben. Sie brauchen Zeit, Übung und Geduld, um gemächlicher zu leben und mehr an sich selbst zu denken. Wiederholen Sie diese Übung, wann immer Ihnen danach ist. Jedes Mal, wenn Sie diese Meditation beendet haben, werden Sie spüren, dass Ihre Gefühle sich allmählich ändern und dass es Ihnen leichter fällt, Ihr Lebenstempo zu verringern und mehr auf sich selbst zu achten.[16]

In der Gegenwart leben

Machen Sie Ihrem Patienten bewusst, dass er mehr an die Zukunft denkt als an die Gegenwart. Eine Übung kann ihm helfen, im Jetzt zu leben und sich nicht ständig mit dem nächsten Tag oder der nächsten Woche zu beschäftigen. Zeigen Sie dem Patienten, dass es in seiner Welt einiges zu entdecken gibt, was er bisher ignoriert oder für selbstverständlich gehalten hat, und ermuntern Sie ihn, die Menschen und Dinge in seiner Umgebung so zu betrachten, als sähe und genieße er sie zum erstenmal. Auch dabei kann ihn eine Meditation unterstützen:

Wenn Sie wieder an Ihren Arbeitsplatz gehen, stellen Sie sich vor, Sie seien zum erstenmal dort. Betrachten Sie die Menschen und Dinge in Ihrer Umgebung, als sähen Sie sie zum erstenmal. Achten Sie auf den Eingang, auf die Architektur und Innenausstattung des Gebäudes und auf die Menschen, die darin arbeiten. Was befindet sich in den Fluren, was hängt an den Wänden? Achten Sie auf die Textur und die Farbe der Wände, der Decke, des Fußbodens. Riechen Sie die Blumen in einer Vase. Wie sind Ihre Kollegen gekleidet? Wer passt sich an, wer arbeitet auf seine Weise? Welche Geräusche hören Sie, was riechen Sie?

Achten Sie auf die Gesichter Ihrer Kollegen. Sehen sie glücklich oder traurig aus? Freuen sie sich auf den neuen Tag, oder wären sie lieber noch im Bett? Lächeln sie, oder runzeln sie die Stirn? Wer hat Runzeln und Sorgenfalten, wer sieht gar nicht gestresst aus? Sind die Menschen in Ihrer Umgebung kontaktfreudig, oder kapseln sie sich ab? Muntern sie einander auf, oder machen sie bissige Bemerkungen? Arbeiten sie als Team, oder arbeiten sie gegeneinander? Achten Sie genau auf alles, was Sie sehen, hören, riechen, schmecken und fühlen. Sehen Sie den Menschen in die Augen und ins Herz. Was sehen Sie? Was empfinden Sie? Welche unsichtbare Bürde tragen Ihre Kollegen mit sich herum? Wie sieht ihr wahres Wesen unter der Oberfläche aus? Wenn Sie Ihren Arbeitsplatz so betrachten, wird Ihnen klar, das die Kleinigkeiten, die Sie bisher übersehen haben, in Wirklichkeit das Wichtigste sind.

Mitfeiern

Die meisten Workaholics haben keine Lust, sich an Geburtstagen, Feiertagen oder Beerdigungen frei zu nehmen. Das verstärkt ihre Minderwertigkeitsgefühle: »Ich habe keinen Grund, mich zu verwöhnen.« Helfen Sie Ihren Patienten, wieder an Ritualen und Feiern teilzunehmen, die sie bisher ignoriert haben. Rituale sind das Band, das Menschen verbindet. Ohne sie fühlen wir uns allein, isoliert und dem Leben fern. Wenn wir uns Zeit für Rituale nehmen, wird uns bewusst, wie die Zeit vergeht und das Leben sich verändert. Wenn ein Kind ein Konzert gibt oder sein Examen feiert, wenn ein Angehöriger Geburtstag hat, so sind das zeitliche Meilensteine, die wir anerkennen sollten. Rituale helfen dem Workaholic, das Hier und Jetzt zu würdigen – das, was ist, nicht das, was sein wird. Fragen Sie Ihren Patienten, wie wichtig ihm Geburtstage, Examensfeiern, Jahrestage, Familientreffen und Hochzeiten sind. Erklären Sie ihm, dass er sich Zeit nehmen sollte, um seine Erfolge und die seiner Familie und Freunde wahrzunehmen und ausgelassen zu feiern.

Die Ursprungsfamilie

Ihr Patient kann seine Arbeitssucht nur dann verstehen, wenn er sich mit seiner Ursprungsfamilie auseinandersetzt. Helfen Sie ihm, seine Rolle in dieser Familie (z. B. Held, Maskottchen, verlorenes Kind oder Sündenbock) zu durchschauen; machen Sie ihm klar, dass er diese Rolle übernommen hat, um in einer gestörten Familie zu überleben.[17] Das hilft dem Patienten, die Wunden zu entdecken, die seine Ursprungsfamilie ihm zugefügt hat und die ihn in die Arbeitssucht getrieben haben. Es ist wichtig, dass er die Ursachen seiner Depressionen und seiner Wut aufdeckt und lernt, diese Emotionen auszudrücken. Ein Genogramm – ein Diagramm des Stammbaums – veranschaulicht, dass Süchte von einer Generation an die andere weitergereicht werden und dass ein geringes Selbstwertgefühl, Probleme mit der Intimität, Perfektionismus und zwanghaftes Verhalten ihren Ursprung in der Vergangenheit haben.

Die Ursprünge der Arbeitssucht – eine Übung

Diskutieren Sie mit Ihrem Patienten das folgende Arbeitsblatt, damit er tiefer in die Ursprünge seiner Arbeitssucht eindringt und erkennt, was sie heute anrichtet:

Anleitung:
1. Notieren Sie in Spalte 1, was Sie normalerweise tun, wenn Sie zuviel arbeiten.
2. Notieren Sie in Spalte 2, was die Arbeitssucht bewirken soll.
3. Notieren Sie in Spalte 3, welche verborgene Angst die Arbeitssucht Ihrer Meinung nach verdeckt.

4. Beschreiben Sie in Spalte 4, woher die verborgene Angst kommt.

1. Arbeitssucht Was ich oft tue	2. Zweck ich habe dabei das Gefühl…	3. Angst ich habe Angst davor…	4. Ursprung der Wunde
Beispiele:			
arbeiten, um Geld zu verdienen	die Zukunft im Griff zu haben	nicht genug Geld zu haben	»Wir werden bald nichts mehr haben«
Überstunden machen	wichtig und wertvoll zu sein	nicht gut genug zu sein	»Nichts, was ich tue, ist gut genug«
Für andere sorgen	gebraucht zu werden	nicht geliebt zu werden/nicht wichtig zu sein	»Ich bin nicht liebenswert/ nicht viel wert«

Füllen Sie die Tabelle nun für sich selbst aus:

1. _____

2. _____

3. _____

4. _____

5. _____

6. _____

7. _____

8. _____

9. _____

10. _____

Selbst-Fürsorge nach Plan

Stellen Sie einen Plan auf, der es Ihnen ermöglicht, die in Spalte 2 genannten Bedürfnisse zu befriedigen, und zwar auf eine harmonischere, gesündere Weise, als Sie in Spalte 1 vermerkt haben.

Die Partner der Workaholics   **6**

Renee

Da ich die letzten zehn Jahre mit Ross verbracht habe, möchte ich
auch etwas zu seinem Fall[1] sagen, denn ich bin der Meinung, dass
die Ehepartner und Familien von Workaholics ebenfalls zu leiden
haben. Vielleicht ist es am besten, wenn ich einen typischen Tag
beschreibe.

Normalerweise beginnt der Tag am Nachmittag des Vortages. Ross
kommt vom Büro nach Hause, geht schnurstracks in sein Arbeitszimmer, schaut nach, ob Telefaxe da sind, öffnet seine Aktenmappe und
geht nach oben, um Hemd, Hose, Krawatte und Jacke für den nächsten Tag aus dem Schrank zu holen.

Ich folge ihm von einem Zimmer zum anderen, während er in seiner
eigenen Welt lebt. Ich lege Sachen zurecht, denke nach, mache mir
Sorgen und versuche, mit ihm zu reden – über seinen Tag, über meinen Tag oder über die Familie. Er lässt sich nicht aufhalten, bis er
geduscht und gegessen hat. Fast immer wird das Essen durch mindestens einen oder zwei Anrufe aus seinem Büro unterbrochen.

Er liest ein wenig, um sich zu entspannen, und geht dann zu Bett. Eigentlich unterhalten wir uns nur darüber, was er im Büro gemacht
hat. Ich frage ihn oft danach, um seine Aufmerksamkeit zu erregen.
Abends geht er mindestens jede halbe Stunde ans Faxgerät. Fernsehen macht ihn »nervös«, wahrscheinlich weil er nicht stillsitzen und
sich mit Dingen außerhalb seiner Arbeitswelt beschäftigen kann. An
einem guten Tag spielt er vielleicht zehn Minuten mit den Kindern.
Sie verlangen nicht viel von ihm und vertrauen ihm auch nicht ihre
Probleme an.

Unser Tag beginnt sehr früh, weil Ross voller Energie ist. Durch-
schnittlich ruft er mich vier- oder fünfmal am Tag aus dem Büro an.
Durch unser Haus strömt eine Menge Energie, oft nervöse Energie.
Wir streifen nie die Schuhe ab und machen es uns am Abend oder am

Wochenende gemütlich. Ross möchte jede Minute planen. Aber er hält seine Pläne nicht immer ein, weil er verreisen muss oder zu müde ist. Ein idealer Abend an einem Wochenende ist ein Essen zu Hause, umgeben von Leuten, die von Ross und seinen Erfolgen beeindruckt sind. Er unterhält sich mit ihnen über das Geschäft oder erzählt ihnen Witze (er hat viel Sinn für Humor). Für echte Freunde hat er kaum Zeit, weil jede Minute des Tages dem »Aufbau der Firma« gewidmet ist.

Der Tag beginnt mit dem Gang zum Faxgerät. Wenn das Telefon still ist, ruft er Leute an, erteilt Aufträge, stellt Fragen, macht Geschäfte. Er hat keinerlei Interesse an Hobbys und keine Zeit für seine Familie, außer wenn im Büro einmal wenig los ist. Feiertage gibt es so gut wie nicht, denn da geht er meist auf Geschäftsreise. Einerlei, wo wir auf der Welt sind, unser Tag wird von der Zeitzone der Firma diktiert. Wir können nirgendwo hingehen, wo ihm kein Telefon und kein Faxgerät zur Verfügung steht.

Seine Gefühle hat er immer im Griff. Er versteht es, Leute zu »managen«, und wenn er nach Hause kommt, will er uns managen. Wenn das nicht klappt, wird er wütend, sehr wütend. Wir haben kaum eine Chance, zu Hause unseren Gefühlen freien Lauf zu lassen. Wenn ich eine Meinung äußere oder meinen Standpunkt verteidige und es passt nicht in Ross' »Timing«, wie er es nennt, steht unsere Ehe auf dem Spiel. Es gibt keinen »Streit« und keine Versöhnung. Aber es gibt Tage des Schmollens, des Schmerzes und der Enttäuschung, immer wieder.

Wenn ein Tag zu Ende geht, frage ich mich oft, ob viele Menschen so allein leben wie ich und ob auch sie den zweiten Rang nach der Arbeit einnehmen. Ich sage das nicht aus Ärger, sondern weil ich mit einem Mann lebe, der viel mehr lieben und teilen könnte, der viel mehr vom Leben haben könnte. Und doch geht er hinauf ins Schlafzimmer und legt die Kleider für den nächsten Tag zurecht, anstatt sein Geschäft draußen vor der Tür zu lassen und seine Kinder und seine Frau in den Arm zu nehmen.

Mit dem Job verheiratet

Was Renee über ihr Leben mit einem Workaholic berichtet, höre ich auch von anderen Menschen, die einen arbeitssüchtigen Partner haben. Auch sie fühlen sich allein und isoliert. Wir haben gesehen, dass der Workaholic in seiner Kindheit gelernt hat, sich nicht auf Menschen, sondern auf Dinge zu konzentrieren. Er konzentriert sich auf die äußere Welt und auf seine Arbeit und vernachlässigt sich selbst und seine Familie. Dieses Kapitel illustriert, welche Folgen diese Einstellung für den Partner haben kann. Nimmt Ihr Partner wegen seiner Arbeit nicht an Familientreffen teil? Hat er versprochen, mehr Zeit mit Ihnen zu verbringen, seine Zusage aber nicht eingehalten, weil die Arbeit vorgeht? Hat er gesagt: »Ab morgen werde ich kürzer treten« – aber »morgen« ist nie gekommen? Versetzt er Sie oder kommt er zu spät, weil er arbeiten muss? Wenn Sie diese Fragen mit ja beantworten, leidet Ihr Partner möglicherweise an Arbeitssucht.

Eine Mutter war so arbeitssüchtig, dass sie ihre Kinder an schulfreien Tagen mit zur Bank nahm und im Auto sitzen ließ. Einmal entschuldigte sie sich damit, sie habe einen Bericht schreiben müssen und jede Stunde nach ihren Kindern gesehen. Ein arbeitssüchtiger Ehemann kam nach einem harten Tag nach Hause. Als seine Frau nach ihrem Sohn fragte, den er morgens mitgenommen hatte, rief er: »Du liebe Güte! Den habe ich im Büro vergessen!« Das gemeinsame Thema dieser wahren Beispiele ist die emotionale und/oder physische Abwesenheit des Workaholics.

Die Partner der Workaholics, denen häufig die Aufgabe zufällt, die Familie zusammenzuhalten, fühlen sich als Partner *und* Elternteil alleingelassen. Sie kommen sich unwichtig vor und glauben, etwas sei mit ihnen nicht in Ordnung, weil der arbeitssüchtige Partner so wenig Zuwendung für sie übrig hat. Oft sind sie auch wütend und traurig und haben Schuldgefühle. Sie müssen mit ungeschriebenen und unausgesprochenen Regeln leben, diktiert von der Arbeit des Partners: Kümmere dich um den Haushalt. Erwarte nichts von mir; ich habe im

Büro genug auf dem Hals. Lass mich der Mittelpunkt deines Lebens sein und richte dich mit der ganzen Familie nach meinem Terminkalender. Ich verlasse mich darauf, dass du dein Bestes tust, dass du perfekt bist, dass du mich nicht im Stich lässt. Manche Partner können ihre Einsamkeit kaum ertragen, und manchmal werden sie sogar gewalttätig, wie Edward Walsh berichtet:

> Im Februar 1972 fiel Earl Rhode, 28, ein tüchtiger Angestellter auf dem Weg nach oben, einer weitverbreiteten Krankheit zum Opfer: der Arbeitssucht. Eines Abends, nach einem langen Tag im Büro, kam er mit einer prall gefüllten Aktentasche nach Hause. Seine Sekretärin saß auf dem Sofa, als seine Frau hereinkam und ihm ganz ruhig eine Kugel in den Kopf schoss. Dann tötete sie sich selbst. Nachbarn erzählten, sie habe sich über die Sieben-Tage-Woche ihres Mannes beklagt.[2]

Fast alle Workaholics sterben an Krankheiten, die auf Stress zurückgehen. Aber dieser seltene Fall veranschaulicht die Frustration, die Partner empfinden. Viele sagen, das Leben mit einem Workaholic sei ein Alptraum, weil Angehörige, Freunde und erst recht Arbeitskollegen sie kaum unterstützen – alle glauben, der Workaholic sei überaus tüchtig und versorge seine Familie gut, und darum gebe es keinen Grund zur Klage.

Emma rief mich wütend aus New Jersey an und berichtete, ihr Mann verhalte sich wie vor zehn Jahren, als er sie wegen seines Alkoholismus verlassen habe. Jetzt, nach einer erfolgreichen Therapie, erlebe sie ein Déjà-vu: »Die gleiche Geschichte mit einer anderen Droge. Seine Arbeit nimmt 90 Prozent seiner Zeit in Anspruch. Er isst, trinkt und atmet Arbeit. Meine Ehe geht erneut in die Brüche, und die Therapeuten sagen: ›Was haben Sie denn? Er liebt eben seine Arbeit.‹«

Barbara, die Frau des Gründers der »Workaholics Anonymous«, sagte: »Unser Leben dreht sich um die Workaholics, die wir geheiratet haben. Wir entschuldigen uns bei Freunden, weil der Mann nicht zur Party erscheint, und versuchen unseren Kindern zu erklären, warum Pappi nicht zur Geburtstagsfeier oder zum Fußballspiel kommen kann.«[3]

155

Am meisten beklagen die Partner sich darüber, vernachlässigt zu werden. Eine Hausfrau sagte:

Ich habe es satt, mit ein paar lumpigen Sekunden abgespeist zu werden. Wenn mein Mann von der Arbeit nach Hause kommt, ist er so müde, dass für mich und die Kinder nichts mehr übrig bleibt. Er sackt vor dem Fernseher zusammen oder schläft in seinen Kleidern auf dem Fußboden seines Arbeitszimmers ein, und Computerausdrucke decken ihn zu.

Arbeit, Arbeit überall und keine Zeit zum Denken

Ehen werden häufiger geschieden, wenn ein Partner arbeitssüchtig ist. Eine Umfrage der American Academy of Matrimonial Lawyers nennt Arbeitssucht als einen der vier häufigsten Scheidungsgründe. Die Familie des Workaholics hat ähnliche Probleme wie die eines Alkoholikers, weil beide Süchte sich ähnlich sind. Eine Gruppe von 400 Ärzten wurde nach ihren Erfahrungen mit Workaholics gefragt. Das Folgende ist eine Zusammenfassung ihrer Antworten[4]:

1. Workaholics wenden unangemessen viel Zeit und Mühe für ihre Arbeit auf. Die Gründe dafür sind, nach Häufigkeit geordnet: Minderwertigkeitsgefühle und Angst vor Versagen, die Abwehr starker Angst, das Bedürfnis nach Anerkennung, die Angst vor Intimität, sexuelle Störungen.
2. Workaholics wählen meist einen Ehepartner mit einer ganz anderen Persönlichkeit.
3. Workaholics haben abnorm hohe Erwartungen an ihre Ehe.
4. Workaholics verlangen von ihren Kindern viel größere Leistungen.
5. Workaholics arbeiten auch in ihrer Freizeit.
6. Bei Auseinandersetzungen in der Ehe gehen Workaholics dem Streit aus dem Weg oder verhalten sich passiv aggressiv (sie reden z.B. nicht mehr mit dem Partner oder schmollen).

7. Workaholics haben häufiger außereheliche Affären, ihre Partner dagegen seltener.
8. Workaholics haben seltener ehelichen Geschlechtsverkehr als andere.
9. Workaholics neigen häufiger zum Alkoholmissbrauch als andere.
10. Die wichtigsten sexuellen Probleme von Workaholics sind, nach Häufigkeit geordnet: emotionale Kühle, fehlendes sexuelles Interesse, Langeweile, fehlende Erregung und Orgasmusstörungen.

Manche Partner sind eifersüchtig und misstrauisch. Sie vermuten eine außereheliche Affäre, weil der andere Partner so spät nach Hause kommt. Die Zeitschrift *Exec* untersuchte die Arbeitsgewohnheiten von 3000 Männern. Ein Drittel von ihnen gab an, ihre Frau habe sie beschuldigt, eine Affäre zu haben, weil sie soviel Zeit für die Arbeit opferten.[5] Die Studie belegt außerdem, dass zuviel Zeit im Büro das Familienleben untergräbt. 68 Prozent der Teilnehmer gaben zu, dass ihre Beziehungen unter dem beruflichen Stress litten. Zu ähnlichen Ergebnissen kam eine Umfrage der Zeitschrift *McCall's*: 80 Prozent der Teilnehmerinnen waren der Meinung, dass ihre Männer zuviel arbeiteten.[6] Der Ausdruck »mit der Arbeit verheiratet« veranschaulicht diese Situation, und er ist auf beide Geschlechter anwendbar. Die Partner von Workaholics sind nicht immer Ehefrauen. Wenn Frauen arbeitssüchtig sind, sind Männer die Opfer, wie Elizabeth zugibt:

Mein Exmann sagte einmal zu mir: »Ich fühle mich so einsam, sogar dann, wenn du zu Hause bist.« Gleichzeitig behauptete er, ich fühlte mich ebenfalls einsam. Und wir kamen nicht zusammen. Die Arbeit füllte uns aus, aber er wollte, dass ich ihn ausfüllte, und das konnte ich nicht.

Erics Kommentar drückt aus, was viele Partner von Workaholics empfinden: »Ich fühle mich wie einer ihrer Angestellten. Wenn ich ihr nahe sein will, muss ich mit ihr arbeiten; das ist die einzige Möglichkeit.« Und genau das tun viele. Mit Tränen

in den Augen schilderte Valerie ihren Kampf mit der Arbeitssucht und der Intimität:

> Die Leute glauben, der Workaholic liebe sie nicht. Aber das ist
> nicht wahr. Es schmerzt mich mehr als alles andere, dass meine
> Freunde und Angehörigen glauben, sie seien mir nicht wichtig.
> Die Arbeitssucht ist wie Alkoholismus, und Workaholics haben
> unbefriedigte Bedürfnisse, die sie befriedigen wollen. Manchmal
> ist das ein Zwang, der mich überfällt und mitnimmt. Angehörige
> und Freunde müssen Geduld haben und sich über Arbeitssucht
> informieren. Das hilft ihnen, den Workaholic, mit dem sie leben,
> besser zu verstehen. Arbeitssucht zerstört den Workaholic, aber
> auch seine Mitmenschen, wenn er nicht aufpasst.

Audrey, 56 Jahre alt, kam zur Therapie, weil sie in ihrer Ehe
seit langem unglücklich war. Sie war mit ihrem Mann Paul, der
sich aus dem Berufsleben zurückgezogen hatte, seit 30 Jahren
verheiratet. Nun fragte sie sich sogar, ob sie ihn je geliebt
habe; denn so lange sie zurückdenken konnte, hatte Paul an
Familientreffen und Freizeitbeschäftigungen kein Interesse gehabt. Sein Beruf als Ingenieur hatte ihn ausgefüllt und ihnen
beiden ein komfortables Leben ermöglicht. Alle fünf Kinder
hatten das College besucht. Paul hatte an »vitaler Erschöpfung« gelitten, weil er sich von der Familie zurückgezogen
hatte.

Wenn Pauls erwachsene Kinder zu Besuch kommen, beklagen sie sich immer noch bei Audrey darüber, dass der Vater
in seine Werkstatt flüchtet, anstatt sich zu ihnen zu setzen.
Audrey reicht die Klagen an ihren Mann weiter, und ihr Ärger
wächst mit dem der Kinder. Ihr ist klar geworden, dass sie
einen großen Teil ihrer Zeit damit verbracht hat, sich mit den
Kindern gegen Paul zu verbünden und über ihn zu schimpfen.
Ohne es zu wissen, hatte sie ihr Leben lang versucht, zwischen
Paul und den fünf enttäuschten Kindern zu vermitteln, Frieden
zu stiften, und die brüchige Beziehung zwischen Vater und
Kindern zu kitten. Jetzt war sie erschöpft von der Last, die
sie so lange getragen hatte. Sie hatte jahrelang geweint und
Schuldgefühle gehabt, weil es ihr nicht gelungen war, die Fa-

milie zu einen. Sie weinte, wenn sie den Schmerz in Pauls Gesicht sah und er sie fragte, warum die Kinder nie einen Kuss oder eine Umarmung von ihm wollten und nie Zeit für ihn hätten. Sie war traurig über den Groll und den Schmerz, den ihre Söhne und Töchter immer noch verspürten und der in ihrer steifen Zurückhaltung zum Ausdruck kam, wenn sie den Vater zum Abschied umarmten. Vor allem aber beklagte sie, dass ihr Traum von einer harmonischen Familie sich nie erfüllt hatte. Tabelle 6.1 porträtiert die Partner von Workaholics auf der Grundlage von Fallstudien und Gesprächen.

TABELLE 6.1

Porträt der Partner von Workaholics

Die Partner
- fühlen sich ignoriert, vernachlässigt, ausgeschlossen, ungeliebt, weil der Workaholic ihnen körperlich und seelisch fern ist.
- glauben, sie müssten die seelische Last der Ehe und der Elternschaft tragen, und fühlen sich daher einsam und allein.
- betrachten sich als zweitrangig hinter der Arbeit, weil der Terminplan dem Familienleben vorgeht.
- betrachten sich als Anhängsel des Workaholics, der im Zentrum der Aufmerksamkeit stehen will.
- fühlen sich beherrscht, manipuliert und manchmal gehetzt vom Workaholic, der »das Sagen hat«.
- versuchen, die Aufmerksamkeit des Partners zu erregen, damit er sich um sie kümmert, oder sind bereit, mit ihm über die Arbeit zu reden oder mitzuarbeiten, um bei ihm zu sein.
- halten ihre Beziehung für ernst und angespannt mit sehr wenig Freizeit und Spaß.
- fühlen sich schuldig, weil sie mehr von ihrer Beziehung erwarten, obwohl der Partner von Kollegen und von der Gesellschaft wegen seiner Tüchtigkeit gelobt wird.
- haben wenig Selbstachtung und fühlen sich ihrem Partner unterlegen, weil er auf ein Podest gestellt wird.
- halten sich für undankbar oder gar verrückt, weil ihr Partner von allen anderen mit Lob überhäuft wird.

Probleme mit der Intimität –
wenn das Faxgerät der beste Freund ist

Workaholics sind, was ihre Beziehung angeht, Minimalisten.[7]
Sie unterdrücken und minimieren ihre Gefühle und ziehen sich
emotional zurück. Bei einem Ehestreit bleiben sie oft stumm
und kühl. Intime Gefühle sind ein Problem, weil alle Gefühle
erstarrt sind. Die pausenlose Arbeit betäubt ihre Gefühle und
entfernt Workaholics emotional von den Angehörigen. Wenn
Workaholics intime Beziehungen eingehen, sind diese kom-
pliziert. Probleme werden weggewünscht, beiseite geschoben
oder ignoriert. Workaholics sind unnahbar, weil sie Gedanken
und Gefühle für sich behalten.[8] Wenn sie sich dem Partner öffnen, sprechen sie häufiger über ihre Arbeit und äußern eher
rationale Ideen als Gefühle. Wenn der Partner sich mehr Nähe
wünscht oder Angehörige fragen »Warum schaltest du nicht
einfach einen Gang zurück?«, fühlt der Workaholic sich von
der Arbeit abgelenkt.

Workaholics leben auf dem Merkur, ihre Partner auf dem
Jupiter. Der eine läuft weg, der andere läuft ihm nach. Ich beobachte das bei 90 Prozent aller Paare, die zu mir kommen.
Workaholics und ihre Partner leben in zwei völlig verschiedenen emotionalen Welten: Der Workaholic will Distanz, der
Partner will Nähe. Darum »verfolgt« der Partner den Workaholic, um emotionale Nähe und Zuneigung zu erhalten, während der Workaholic (der sich davon bedroht fühlt) sich
zurückzieht, indem er sich in seine Arbeit vergräbt. Je mehr
der Partner ihm zusetzt, desto öfter flüchtet der Workaholic.
Diesen Kreislauf konnten wir in Kapitel 3 bei Familie Smith
beobachten: Dorothy »nörgelte«, Jack zog sich vor ihr zurück.

Partner von Workaholics bekommen die Mauer, die der
Arbeitssüchtige errichtet, um sich vor Nähe und Intimität zu
schützen, mehr als alle anderen zu spüren. Diese Mauer ist
schwer zu durchdringen, und Workaholics haben wenige oder
keine Freunde. Ihre Arbeitsgeräte sind ihre besten Freunde,
weil sie nicht befürchten müssen, das Faxgerät zu enttäuschen,
den Ansprüchen des Computers nicht zu genügen oder die Ge-

fühle ihres Terminplaners zu verletzen. Sie vergraben sich in ihre Arbeit, weil sie strukturiert, vorhersehbar und beherrschbar ist, weil sie weniger bedrohlich ist als enge, intime Beziehungen. Workaholics, die bei der Arbeit, nicht aber zu Hause in ihrer Beziehung glänzen, verbringen meist mehr Zeit mit Tätigkeiten, die ihnen besonders liegen. Unsere Gesellschaft unterstützt sie dabei, denn sie idealisiert den distanzierten, beherrschten, tatkräftigen Mann (siehe Kapitel 1).

Workaholics gehen mit ihren Angehörigen um wie mit ihrer Arbeit, weil sie das am besten können. Sie wollen sie im Griff haben und erwarten Perfektion von ihnen, so wie von Kollegen. Workaholics kommandieren und organisieren den Haushalt wie ein Arbeitslager, und ihre Partner sagen oft, sie kämen sich wie Angestellte vor. Das Fußballspiel des Sohnes muss in den Terminplan passen, der Partner muss auf Befehl für Intimität zur Verfügung stehen. In dem nachfolgend abgedruckten Artikel äußern zwei Psychologen die Meinung, beruflich erfolgreiche Workaholics seien als Partner unbeholfen, was zum Scheitern der Beziehung beitrage.

Der Typ A und seine Beziehung
Von Wayne und Mary Sotile

Es ist fraglich, ob es nur ein Nachteil ist, »immer auf Trab« zu sein. Manche Menschen dämpfen ihre Typ-A-Mentalität und fühlen sich dabei wohl. Nach neusten Schätzungen besitzen 50 bis 70 Prozent der städtischen Bevölkerung mindestens ein Merkmal des Typs A, und bei den Bewohnern ländlicher Gebiete sind es kaum weniger. Doch selbst wenn sie zu Beginn einer Beziehung kein Typ A sind, entwickeln sie sich wahrscheinlich als Reaktion auf ihren Partner zum Typ A, weil Beziehungen sich nach den vorherrschenden Antriebskräften richten.

Was ist der Stressfaktor Nr. 1 beim Typ A? Es fällt ihm schwer zu akzeptieren, was in einer Beziehung vorgeht. Beziehungsprobleme sind der einzige Bereich, den der dynamische Typ A nicht im Griff hat. Das liegt zum Teil daran, dass sein Umgang mit dem Partner zu Spannungen führt. Außerdem ist er daran gewöhnt, vieles gleichzeitig zu tun und Probleme zu lösen, und erwartet das Gleiche vom Partner. Diese Einstellung *trennt* ihn von anderen.

Wenn die Beziehung des Typs A sich weiterentwickelt, stellt sich bei ihm das Gefühl ein, er werde negativ beurteilt, und darum wendet er seine narrensichere Überlebenstaktik an: sein eingeschliffenes Workaholic-Verhaltensmuster. So entsteht ein Kreislauf: Je ungerechter der Typ A seinem Empfinden nach beurteilt wird, desto ängstlicher wird er, desto mehr wendet er sich von den Menschen ab und bekommt nicht, was er will. Mit der Zeit schadet das der Beziehung.

Intimität ist für hart arbeitende, am Wettbewerb orientierte Menschen ohnehin ein heikles Thema, weil sie sich nicht gerne auf ein Gelände wagen, das ihnen fremd ist. Aber wenn sie der Intimität aus dem Weg gehen, machen sie auch weniger Erfahrungen, die das Selbstvertrauen stärken. Darum sind sie innerhalb ihrer Beziehung ungeschickt, obwohl sie im Beruf Hervorragendes leisten.

Im Kampf um die Vorherrschaft organisieren und kommandieren sie und sind sich ihrer Reaktionen und deren Folgen für andere nicht mehr bewusst. Eines Tages verzichten sie möglicherweise auf jede menschliche Nähe und leiden an »vitaler Erschöpfung«, einer seltsamen Form der Passivität, die mit Hoffnungslosigkeit und Hilflosigkeit einhergeht. Sie sind nur noch »zur Hälfte da« und leben neben der Familie her. Darum gehen so viele Ehen nach drei bis fünf Jahren in die Brüche, und darum sind so viele Ehen in den folgenden Jahren weder ganz glücklich noch ganz unglücklich. Anstatt neue Fertigkeiten zu erwerben oder darüber nachzudenken, wie sein Verhalten auf andere wirkt, zieht der Typ A sich zurück.

Andere Folgen für die Beziehung liegen auf der Hand. Wenn Sie ständig in Eile sind, treten Sie wahrscheinlich nicht kürzer, um mit anderen zu kommunizieren. Wenn Sie alles im Griff haben wollen, damit es »reibungslos funktioniert«, werden Ihre Angehörigen Ihnen nicht ihr Herz ausschütten, weil Sie ihnen Vorträge halten, anstatt zuzuhören. Wenn Ihre Eile Sie veranlasst, andere als Rivalen zu betrachten und das, was sie Ihnen anvertrauen, zu Ihrem Vorteil zu nutzen, redet bald niemand mehr offen mit Ihnen, weil alle fürchten, übervorteilt zu werden. Wenn Sie mehr als eine Arbeit gleichzeitig tun, ist keine sinnvolle Kommunikation mehr möglich. Wenn Sie immer ungeduldig sind, setzen Sie andere unter Druck. Wenn Sie ein Perfektionist sind, üben Sie keine konstruktive Kritik.

Die Lebensweise des Typs A ist ebenfalls ein Hindernis für eine langfristige intime Beziehung. Die meisten Menschen, die ein komplexes Leben führen, werden zu »erwachsenen Narzissten«, das heißt, sie beschäftigen sich hauptsächlich mit ihrer eigenen Angst, mit ihrem Stress, mit ihren Wünschen und Bedürfnissen. Da sie meist nicht wahrnehmen, wie ihre Partner sich dabei fühlen, und auch keine Zeit für sie haben, ist die Beziehung gefährdet.

So festigen Sie Ihre Ehe
Fangen Sie an, sich mit Ihrem Partner zu unterhalten. Sagen Sie ihm nicht, dass er Sie enttäuscht oder stresst, sondern erklären Sie ihm, wie Sie denken und fühlen und wie sich das auf Ihr Leben auswirkt. Sie brauchen Mut, um sich nicht länger mit toxischen Menschen und Situationen zu umgeben und sich so zu verhalten, dass Ihre Bedürfnisse befriedigt werden, auch das Bedürfnis nach Engagement, Herausforderungen und Macht.

Erklären Sie Ihrem Partner genau, welche Veränderungen seines Verhaltens und seiner Lebensweise Ihnen helfen würden, und übernehmen Sie Ihren Teil der Verantwortung. Es ist nutzlos zu sagen, dass Sie sich gerne besser fühlen würden. Was würde *geschehen*, wie würden Sie sich verhalten, wenn es Ihnen besser ginge?

Außerdem müssen Sie üben, Spaß zu haben. Je größer

der Stress ist, desto verspannter werden Sie – desto weniger können Sie sich freuen. Denken Sie daran, was Ihnen Spaß macht, und werden Sie vielseitiger. Im Laufe unseres Lebens werden wir meist engstirnig und verzichten darauf, uns zu amüsieren. Wir müssen wieder verspielt werden, denn ein Nebenprodukt der Verspieltheit ist Intimität, und diese hält eine Beziehung zusammen.

Versuchen Sie nicht, übertriebenes Typ-A-Verhalten zu »normalisieren«. Arbeiten Sie zusammen, um Stress und Spannungen abzubauen. Erlernen Sie Entspannungstechniken, und lernen Sie, die Wirkung zu erkennen und zu ändern, die Sie auf andere haben. Der Treibstoff des Typ-A-Verhaltens und somit auch vieler Beziehungsprobleme ist Hektik. Wenn Sie kürzer treten, werden Sie feststellen, dass dies oft keinerlei Folgen hat. Kurz gesagt, machen Sie nicht alles zu einem Kampf, und denken Sie daran, dass kein Mensch ein Leben ohne jede Spannung führen kann. Den meisten von uns fällt es schwer, stressresistent zu bleiben. Wir müssen unser Verhalten ständig den Menschen und Umständen anpassen, mit denen wir zu tun haben, und dürfen uns nicht mit dem Toxischen und Ungesunden abfinden.[9]

Workaholics neigen dazu, wichtige Familienrituale und -feiern wie Geburtstage, Jahrestage oder ein Konzert der Kinder zu vergessen oder herunterzuspielen. Sie sind der Meinung, sie könnten sich eine so lange Unterbrechung ihrer Arbeit nicht erlauben. Sie sind zwar tüchtig in ihrem Beruf, fühlen sich aber in der Welt der Geselligkeit nicht wohl, weil das nicht ihr Metier ist. Selbst wenn es um Kleinigkeiten geht, erwecken sie einen hilflosen Eindruck, und scheinbar fehlt ihnen der gesunde Menschenverstand. Das Einstellen einer Digitaluhr oder die Reparatur eines Spielzeugs wird für sie zur Tortur, weil sie dabei Zeit für angeblich wichtigere Aufgaben verlieren. Außerhalb ihres Berufs bewegen sie sich möglicherweise ungeschickt und haben wenig Interessen – sie bleiben stumm, wenn Unterhaltungen nichts mit ihrem Fachgebiet zu tun haben.

Das Gefühl der Verlorenheit oder Hilflosigkeit stellt sich vor allem ein, wenn ein Workaholic Urlaub macht oder sich aus dem Arbeitsleben zurückzieht. Wendy kümmerte sich während ihrer Reise durch Europa um alles. Sie bewahrte Tims Brieftasche und seinen Pass auf und plante die täglichen Ausflüge und Besichtigungen. In Russland tauschte sie Dollars in Rubel um und behielt den jeweils aktuellen Kurs im Auge. Tim folgte ihr gehorsam von Skandinavien ans Mittelmeer. Es schien ein unausgesprochener Handel zu sein: »Ich reise mit dir durch die Welt und mache bei all deinen Marotten mit, und du lässt mich ohne Unterbrechungen oder Klagen arbeiten.« Paare merken meist gar nicht, dass sie einen solchen Vertrag abgeschlossen haben. Manche Workaholics handeln, damit sie von familiären Verpflichtungen freigestellt werden: »Ich gehe nächste Woche mit dir zu einer Hochzeit, wenn du mir heute und morgen die Kinder vom Hals hältst, damit ich mit meinem Verkaufsbericht fertig werde.« Das Versprechen, weniger zu arbeiten oder mehr Zeit mit der Familie zu verbringen, wird öfter gebrochen als gehalten. Wenn das Wochenende naht, gibt es plötzlich viel zu tun, und dann folgt die übliche Entschuldigung: »Tut mir Leid, Schatz, ich fürchte, du musst mit den Kindern ohne mich gehen.«

Hilflosigkeit ist auch bei Workaholics im Ruhestand zu beobachten. Japanische Ehefrauen benutzen den abwertenden Ausdruck *nure-ochiba* (nasses, gefallenes Blatt), wenn sie von ihren arbeitssüchtigen Männern reden, die nichts mit sich anzufangen wissen, wenn sie nicht mehr arbeiten, und zu Hause herumhängen und von ihrer Frau erwarten, ihnen die Zeit zu vertreiben:

> Sie laufen ihren Frauen nach wie unerwünschte, nasse, gefallene Blätter, die an den Schuhsohlen kleben. Die während des Berufslebens erworbenen Fähigkeiten sind im Ruhestand nicht unbedingt nützlich. Die Frau musste jahrelang ohne die Hilfe ihres arbeitssüchtigen Ehemannes auskommen und ist von ihm unabhängig geworden. Sie weiß, wie man in der Gesellschaft überlebt, während der Mann das oft nicht weiß. Er ist wie ein Fisch auf dem Trockenen und auf seine Frau angewiesen, während er ihr auf die

Nerven geht, weil er sie ständig bei der Arbeit unterbricht und Aufmerksamkeit verlangt.[10]

Vertuschung und Täuschung in der Partnerschaft

Workaholics lassen sich durch nichts an ihrer Arbeit hindern. Wenn ihnen jemand im Weg steht, reagieren sie entweder mit Wutausbrüchen oder sie setzen sich auf aggressiv-passive Weise durch. Die Arbeit begleitet den Workaholic überallhin, ohne Rücksicht auf Angehörige und Freunde – in Aktentaschen, unter dem Autositz, im Handschuhfach, im Kofferraum, unter dem Ersatzreifen, im Wäschebeutel, in der Hose oder unter dem Rock und sogar in einem Geheimfach im Koffer des Partners.

Manche Workaholics geben den Forderungen des Partners scheinbar nach. Um nicht kritisiert zu werden, verstecken sie ihre Arbeit, so wie Alkoholiker ihre Flaschen verstecken.[12] Sie verstecken Akten im Koffer, geben vor, sich auszuruhen, während der Partner einkaufen geht, oder behaupten, sie seien im Fitnesscenter gewesen, obwohl sie heimlich zwei Stunden im Büro waren. Um Ärger und Vorwürfe zu vermeiden, täuschte Mildred vor, sie nehme an einem Aerobic-Kurs teil, und ihr Mann freute sich darüber, dass sie endlich Interesse an einer Freizeitbeschäftigung hatte. In Wirklichkeit machte sie zwei Überstunden und zog dann im Büro ihren Trainingsanzug an. Sie brachte sogar ihr Haar durcheinander und befeuchtete ihre Strumpfhose – und das alles, um ihren Mann davon zu überzeugen, dass sie Sport trieb.

Kates Arbeitssucht wurde zu ihrer Wochenendliebe. Sie belog ihre Familie und ging zu ihrem Rendezvous ins Büro:

> Samstags sagte ich meiner Familie, ich wolle einkaufen gehen; aber ich ging ins Büro und arbeitete. Oder ich behauptete, ich sei bei einer Freundin. Manchmal riefen sie bei meiner Freundin an, und ich war nicht da, und dann sagten sie: »Du hast doch gesagt, du gehst zu Dottie.« Und ich fühlte mich auf frischer Tat ertappt.

Aber Workaholics haben noch andere Methoden, um Streit zu vermeiden. Sie gehen zur Party, machen Urlaub in der Karibik oder schauen sich das Fußballspiel ihres Sohnes an. Aber obwohl sie körperlich anwesend sind, befinden sie sich in Gedanken im Büro. Die Frau eines Workaholics klagte, ihr Mann sei unfähig, sich zu entspannen:

> Es ist schwierig, ihn von seiner Arbeit abzuhalten. Er bekommt Angst, wenn er nicht arbeitet, und dann habe ich ein schlechtes Gewissen, wenn ich versuche, etwas mit ihm zu unternehmen. Ich habe das Gefühl, ihm etwas wegzunehmen.

Die Vertuschung hat den Zweck, die Spannungen in der Beziehung abzubauen. Doch wenn die Wahrheit ans Licht kommt, fühlt der Partner sich oft betrogen, und die Beziehung nimmt schweren, bisweilen irreparablen Schaden. Wenn ein Workaholic dieses Stadium des Lügens und Vortäuschens erreicht hat, ist das ein Zeichen dafür, dass er verzweifelt ist und nicht nein sagen kann. An diesem Punkt ist häufig fachkundige Hilfe notwendig.

Vorschläge für Therapeuten

Sie können zwar Paare beraten, deren Ehe unter der Arbeitssucht eines Partners leidet; aber ein Wandel lässt sich weder schnell noch leicht herbeiführen. Ändern müssen sich jedoch alle Familienmitglieder, damit der Schaden behoben wird.

Vorbereitungen auf den Wandel

Um einen Wandel beim Workaholic zu erreichen, müssen auch seine Angehörigen bereit sein, das Reaktionsmuster zu ändern, das sie sich angewöhnt haben. Es kann sein, dass sie ständig klagen oder spöttische Bemerkungen über die Arbeitssucht machen und dass der Workaholic sich in »vitale Erschöpfung« geflüchtet hat. Wenn Sie mit Familien arbeiten, um das Familiensystem umzustrukturieren, müssen Sie mit dem Widerstand beider Seiten rechnen. Angenommen, eine Mutter hat die Kinder bisher allein großgezogen; dann ärgert sie sich womöglich, wenn ihr arbeitssüchtiger Mann beschließt, künftig mehr Zeit mit den Kindern zu verbringen. Werden diese Verhaltensmuster geändert, können Wut und Groll die Folge sein (»Wo warst du denn vor zehn Jahren?«). Es kann sein, dass die Angehörigen dem Workaholic zweideutige Botschaften senden: Sie beklagen sich über seine Abwesenheit, aber auch über seine Versuche, sich wieder am Familienleben zu beteiligen. Die Angehörigen müssen sich auch darüber im Klaren sein, dass sie kein Recht haben, die Arbeitssucht des Vaters zu kritisieren, wenn sie gleichzeitig unvernünftige finanzielle Forderungen an ihn stellen. In manchen Fällen müssen sie bereit und darauf vorbereitet sein, auf finanzielle Vorteile zu verzichten, damit der Workaholic es sich leisten kann, weniger zu arbeiten und mehr Zeit mit der Familie zu verbringen.

Es gibt verschiedene therapeutische Methoden, die dem Workaholic und seinen Angehörigen helfen, Probleme nicht zu verdrängen. Familien mit einem Alkoholiker bleiben nach außen hin oft unberührt von der Sucht. Auch Workaholics maskieren ihre Angst, ihre Depressionen oder ihre Furcht, nicht mehr alles im Griff zu haben – sie tun so, als seien sie unverwüstlich, allem gewachsen und selbstsicher, und es fällt ihnen schwer, jemanden um Hilfe zu bitten. Die Angehörigen verdrängen ihre Gefühle, weil sie Angst haben, als »undankbar« zu erscheinen, da sie ja von der Arbeit des Workaholics und dem dadurch ermöglichten Lebensstandard profitieren. Die typische Workaholic-Familie tanzt um den »Elefanten im Wohnzimmer« herum, ohne ihn zu sehen – die Folge sind Spannungen und Groll. Wenn Sie Paaren helfen, ihre Gefühle zu erkennen und zu äußern, können Sie Spannungen abbauen und weitere Fortschritte vorbereiten.

Verfolger und Flüchtling

Während des therapeutischen Prozesses müssen Sie sich der Problematik bewusst sein, die ich »Verfolgung und Flucht«

nenne, und dem Paar helfen, dieses Verhalten zu ändern. Wenn Sie in der Therapie auf diese Art der Interaktion hinweisen, kann das Paar im täglichen Leben daran arbeiten. Wichtig ist auch, beiden Partnern zu erklären, dass sie ihre Rollen aus der Ursprungsfamilie mit in die Ehe gebracht haben und dass sie als Paar für ihre Beziehung Verantwortung übernehmen sollten, anstatt einander Vorwürfe zu machen. [14]

Workaholics sind oft auch während der Therapiesitzung distanziert. Bringen Sie sie behutsam dazu, sich mehr zu öffnen, um etwas zu verändern. Der Familientherapeut Stephen Betchen warnt Therapeuten davor, den »Verfolger« zum Mit-Therapeuten zu machen – das geschieht oft unbewusst. Wenn »Verfolger« und Therapeut sich verbünden, fühlt der Workaholic sich in die Enge getrieben und zieht sich erst recht zurück. Da der »Verfolger« in der Regel zu Hause die Arbeit des Partners mit übernimmt, empfiehlt Betchen folgendes Vorgehen:

> Die Verfolgerin ist die überarbeitete Ehefrau, die zuviel Verantwortung übernimmt. Ich sage ihr oft, dass sie zuviel in ihre Beziehung investiert. Dem Flüchtling erkläre ich, dass seine Frau um so mehr Macht über ihn hat, je weniger Verantwortung er übernimmt. Ich weiß, dass er sich deswegen große Sorgen macht. [13]

Wenn ich mit Paaren arbeite, die unter der Arbeitssucht eines Partners leiden, fällt mir immer wieder auf, dass der eine sich um so mehr zurückzieht, je mehr der andere ihn verfolgt. Ich benutze zur Erläuterung oft eine Analogie: »Wenn es hagelt (der Verfolger), zieht die Schildkröte (der Flüchtling) sich in ihr Haus zurück, und solange es hagelt, kommt sie nicht heraus.« Um diesen Kreislauf zu brechen, schlage ich dem Verfolger vor, sich bewusst zurückzuhalten und nicht mehr an seiner Beziehung zu arbeiten. Dem Workaholic rate ich, sich als Verfolger zu versuchen und auf diese Weise einen Teil der Verantwortung zu übernehmen. Beide müssen also einen Teil der Rolle übernehmen, die der andere spielt. Verfolger können sich ändern, indem sie aufhören, ungefragt Ratschläge zu erteilen, vom Flüchtling nicht länger erwarten, an geselligen Veranstaltungen teilzunehmen, nicht mehr auf körperlichen

Kontakt bestehen und den Flüchtling nicht ständig fragen, ob er sie liebe. Flüchtlinge können lernen, ihre Gefühle auszudrücken, romantische Abendessen bei Kerzenlicht und Blumen zu arrangieren, den Verfolger zu Veranstaltungen einzuladen und Gespräche anzuknüpfen, indem sie den Partner fragen, wie er den Tag verbracht hat. Wenn der Verfolger sich zurückhält, bekommt der Flüchtling den psychischen Raum, den er braucht, um mehr Initiative in der Beziehung zu übernehmen. Und wenn der Flüchtling mehr Interesse an der Beziehung zeigt, bekommt der Verfolger endlich die Nähe, nach der er sich sehnt. Das Paar kann sich also auf halbem Weg treffen. Auch andere Therapeuten haben die Erfahrung gemacht, dass der Flüchtling sich seinem Partner wieder nähert, wenn dieser ihn weniger verfolgt.[14]

Die überlastete Beziehung

Das typische Paar der 90er Jahre ist überlastet. Nach einem langen Tag im Büro verbringt das Paar den Abend damit, zu kochen, sich um die Kinder zu kümmern und die Arbeit des nächsten Tages vorzubereiten. Diese Geschäftigkeit breitet sich derart aus, dass aus der intimen Beziehung eine geschäftliche wird: Die Partner erörtern finanzielle und berufliche Fragen, Probleme mit den Kindern, dem Kindergarten und der Schule; sie versuchen, ihre Terminpläne mit denen der Kinder unter einen Hut zu bringen, und bereiten das Essen für den nächsten Tag vor. Eines Tages leidet die Beziehung an den gleichen Stresssymptomen wie der Workaholic: Reizbarkeit, Spannung und Erschöpfung. In problematischen Beziehungen reden die Partner gar nicht mehr miteinander, und der Fernseher oder Arbeit bis in die Nacht treten an die Stelle der Partnerschaft.

Beziehungen brauchen Pflege, damit sie lebendig bleiben. Familien mit einem Workaholic müssen lernen, die Zeit abzusprechen, die sie mit gemeinsamer Arbeit und Gesprächen über Arbeit, Familienangelegenheiten oder Terminplänen verbringen. Diese Grenzen müssen auf die Terminpläne und die

Lebensweise der Partner zugeschnitten sein. Man kann zum Beispiel vereinbaren, nach 19 Uhr nicht mehr zu arbeiten und sich jeden Abend (ohne Fernseher) über Themen zu unterhalten, die nichts mit der Arbeit zu tun haben. Die Mahlzeiten eignen sich sehr gut dafür, diese Grenzen zu setzen, aber man kann sich auch absprechen, sobald der Partner nach Hause kommt, wie Renee und Ross es taten. Zwei Tage nachdem Renee mir ihre Geschichte erzählt hatte (sie leitet dieses Kapitel ein), schickte ihr Mann Ross mir ein Fax, in dem er berichtete, welche Grenzen er sich selbst gesetzt hatte:

Guten Abend, Bryan. Nachdem ich Renees Brief an Sie gelesen hatte, dachte ich darüber nach. Ich arbeite jetzt an kleinen Dingen. Zum Beispiel lasse ich die Aktenmappe im Auto, wenn ich nach Hause komme, und verbringe die erste halbe Stunde allein mit Renee. Ich gebe ihr also die Zeit, die sie braucht. Sie freut sich sehr darüber – andernfalls herrscht Chaos bei uns. Ich muss mir Zeit für sie nehmen, und ich arbeite daran. Es ist schwer, mit seinen Gewohnheiten zu brechen, aber ich werde mir Mühe geben. Herzliche Grüße, Ross.

Paare können lernen, dass sie über berufliche Enttäuschungen und Erfolge reden können wie alle Paare und Familien, ohne dass die Arbeit ihre Gespräche dominieren muss. Sie können sich auch Grenzen setzen, was die Arbeit am Wochenende und im Urlaub betrifft. In der heutigen Gesellschaft sind solche Grenzen notwendig, um die zerbrechliche Intimität der Beziehung zu schützen. Dabei kann der »Abstinenzplan« nützlich sein, den ich in Kapitel 2 erläutert habe. Wenn das Paar die Kategorien Paarbeziehung, Familie, Spiel und Arbeit benutzt, können die Partner einzeln und zusammen den fehlenden »Rest« für jede Kategorie berechnen und dann drei oder vier Aktivitäten oder Ziele für jeden Bereich vorschlagen, die dazu beitragen würden, gesündere Grenzen zu ziehen und die Beziehung zu harmonisieren. Die Diskussion über den Inhalt dieses Plans kann zu lebhaften Gesprächen führen und eine bereits vernachlässigte oder überlastete Beziehung beleben.

Kommunizieren lernen

Wenn die Familie versucht, ihre Interaktionen zu verändern, muss sie sich möglicherweise weitere Ziele setzen: bessere Methoden der Problemlösung, bessere Kommunikation, klare Rollen für die Familienmitglieder, stärkere affektive Reaktionen und eine bessere Zusammenarbeit in der Familie. Das alles sind oft Problemzonen in der Familie eines Workaholics.[15]

Spannung baut sich in Familien auf, die ihre Probleme nicht eingestehen und nicht darüber diskutieren wollen. Dann kann es zu Wutausbrüchen aus geringstem Anlass kommen, ohne Bezug zum eigentlichen Problem. Helfen Sie den Familienmitgliedern, über ihre Probleme zu reden und einander zu sagen, was sie fühlen. Dafür brauchen Sie einige kommunikative Fertigkeiten, zum Beispiel aktives Zuhören und Dialoge zwischen Partnern, wie die Imago-Beziehungstherapie sie benutzt, um zu erreichen, dass alle Beteiligten zuhören und verständnisvoll und mitfühlend sind.[16] Die Imago-Beziehungstherapie ist eine hervorragende Methode, um die Kommunikation zwischen den Partnern zu verbessern, aber auch um ihnen verständlich zu machen, dass sie ihre Erfahrungen in der Ursprungsfamilie unbewusst auf ihre heutige Beziehung übertragen und dadurch Probleme auslösen.

Wenn eine Familie sich ihren Problemen stellt und ihre Gefühle äußert, kann sie Spannungen abbauen und sich mit den wahren Gründen des Konflikts befassen. Die Therapie muss sich auch auf Schwierigkeiten mit menschlicher Nähe erstrecken, wie sie in der Familie und im sozialen Leben des Workaholics zum Ausdruck kommen. Am häufigsten zu beobachten ist der psychische Schild, hinter dem Workaholics sich verbergen, um Nähe in der Familie zu meiden. Helfen Sie dem Workaholic herauszufinden, wann und warum er sich zurückzieht, damit er lernt, im Jetzt zu leben und mit der Familie zu kommunizieren. Dem Partner können Sie helfen, gegenüber dem Workaholic seine Gefühle auszudrücken: Einsamkeit, Wut, Groll, Schuldgefühle und Trauer. Die Partner können ihre Hoffnungen, Träume und Enttäuschungen teilen, aber auch ihre Angst, dass sie sich auseinanderentwickeln. Sie können einander sagen, wie sie sich fühlen, wenn sie warten müssen oder versetzt werden und wenn sie mit einem Fremden leben müssen, der sich in seine Arbeit vergräbt. Mit der richtigen Unterstützung sind Partner imstande, Verständnis für die Probleme des Workaholics mit seiner Sucht zu empfinden, ohne sich zum Fußabtreter zu machen. Geeignete Bücher können die Familie dabei unterstützen (siehe Kapitel 9).

Interventionen

Therapeuten müssen der Familie helfen, wenn die Arbeitssucht das Leben des Betroffenen bedroht. Vergesslichkeit, chronische Erschöpfung, schlechte Laune, Stimmungsschwankungen und stressbedingte körperliche Beschwerden sind ein Indiz dafür, dass der Körper ausbrennt. Die Angehörigen sollten dem Workaholic ihre Sorgen liebevoll mitteilen und ihn ermuntern, einen Arzt aufzusuchen. Sie können ihn bitten, sich mit ihnen gemeinsam beraten zu lassen. Wenn er sich weigert, sollten sie sich in einer Selbsthilfegruppe oder einer Individualtherapie selbst helfen lassen.

In schweren Fällen kann eine Familienintervention notwendig sein. Das geschieht bei Workaholics ähnlich wie bei Alkoholikern. Der Workaholic wird unter der Aufsicht eines erfahrenen Familientherapeuten liebevoll mit Angehörigen, Freunden und wichtigen Kollegen (z. B. Arbeitgeber, Vorgesetzter, Angestellter) konfrontiert. Alle sagen ihm, was sie fühlen, wenn sie miterleben müssen, wie er sich zugrunde richtet, und was sie zu tun gedenken (Drohungen sind zu meiden!), wenn der Workaholic nicht bereit ist, sich helfen zu lassen.

Die Kinder des Workaholics 7

Charles

Mein Vater hatte zwei Geliebte: Arbeit und Whisky. Gewiss, er liebte auch seine zwei Söhne, aber wir lernten früh, dass wir unserem Vater nur nahe sein konnten, wenn wir in seine Welt des Ehrgeizes, der pausenlosen Arbeit, des Trinkens und Schlafens eindrangen. Unser Haus wurde mit der Energie unseres Vaters betrieben. Wenn das Telefon klingelte – was oft geschah, wenn wir uns zu einem ohnehin verzögerten, späten Familienessen an den Tisch gesetzt hatten –, war es meist ein Student oder Kollege, der meinen Vater sprechen wollte. »Verdammt!«, rief er dann, sprang auf die Füße und rannte aus dem Esszimmer in sein Arbeitszimmer. Manchmal stöhnte ich, wenn er weglief; doch meist saßen meine Mutter, meine Schwester und ich stumm da, starrten vor uns hin und aßen weiter, bis er zurückkam und uns vom Chaos in seinem Fachbereich oder vom Beinahe-Nervenzusammenbruch eines Studenten vor einer mündlichen Prüfung erzählte.

Das Leben meines Vaters schien aufregend, leidenschaftlich und wichtig zu sein. Im Vergleich dazu war das Leben aller anderen langweilig. Kinderfreuden wie Besuche auf dem Rummelplatz oder im Schwimmbad, Picknicks, Angeln, Radfahren ohne Stützräder lernen und Gesichter in Kürbisse schnitzen – das alles musste sich nach Papas Terminkalender richten, und oft erduldete er es nur in gereizter Stimmung oder, schlimmer noch, in erschöpftem Zustand nach langen Stunden »im Büro«. Es war uns von Anfang an klar, dass das Familienleben erst an zweiter Stelle kam und ziemlich banal war, verglichen mit Arbeit, Politik, Ehrgeiz, Kollegialität – der Welt der Erwachsenen. Selbst zum Urlaub am Strand nahm mein Vater examinierte Studenten mit, die er besonders schätzte. Wenn uns keine Studenten begleiten konnten, stellte er Kontakte mit Kollegen und ehemaligen Studenten in benachbarten Städten her, die uns dann besuchten. Bei Krabben und Bier berichteten sie ihm das Neuste über das örtliche Schulsystem oder schwelgten mit ihm in Erinnerungen an seine frühen Jahre als Chemielehrer an der High School der Nachbarstadt.

Die Freunde meines Vaters (und daher auch meiner Mutter) waren seine Studenten und ehemaligen Studenten. Heute ist mir klar, dass die Betreuung dieser jungen, ehrgeizigen Leute seine ganze Zeit und Energie beanspruchte und dass ich, sein ältester Sohn, mit diesen hochintelligenten Akademikern um seine Liebe und Zuwendung wetteifern musste.

Wenn seine Lieblingsstudenten oder -kollegen zu Besuch kamen, um bis spät in die Nacht zu trinken und zu fachsimpeln, war er in seinem Element: glücklich, lebhaft und eloquent. Als kleiner Junge rannte ich in diesen Nächten des Diskutierens und Trinkens ausgelassen ins Wohnzimmer und wieder hinaus und versuchte auf meine kindliche Weise, die Aufmerksamkeit seines Publikums und vielleicht sogar seine Aufmerksamkeit zu erregen, indem ich Fragen stellte, Lärm machte oder mich hinter dem Sofa versteckte und plötzlich hervorsprang und allen einen Schrecken einjagte. Gewöhnlich umarmte Papa mich dann und schob mich aus dem Zimmer zu Mama (die in ihr Schlafzimmer verbannt worden war), damit sie mich baden und ins Bett stecken konnte, meist lange nach der üblichen Zeit. Das waren die lustigen Nächte im Haus, erfüllt vom Lachen meines Vaters und seiner Gäste sowie ihren ernsten und bedeutsamen Gesprächen. Ich erinnere mich an Nächte wie diese während meiner ganzen Kindheit und Pubertät.

Als ich älter wurde, lernte ich, stillzusitzen und Papa zu beobachten, wenn er sich mit seinen Gästen unterhielt. Wenn ich still war und sie nicht unterbrach, durfte ich dableiben, und das war mir sehr wichtig, weil es oft der einzige Kontakt war, den ich innerhalb von Tagen mit ihm hatte, abgesehen davon, dass er mich am Morgen danach verschlafen zur Schule fuhr. Später lernte ich, an diesen Gesprächen über Philosophie, Politik, kindliche Entwicklung, Lehrpläne, John Dewey, Martin Buber und andere für meinen Vater interessante Themen teilzunehmen. Außerdem versuchte ich, darüber zu lesen und mehr zu verstehen. In der neunten Klasse schrieb ich eine Arbeit über Existenzialismus. Ich lernte, starken Kaffee zu machen und

Papa in seinem Arbeitszimmer zu bedienen, wenn er bis zwei, drei oder vier Uhr morgens schrieb. Mein Schlafzimmer lag neben seinem, und ich liebte es, wach zu bleiben und noch lange zu lesen, während bei ihm das Licht brannte. Manchmal stand ich auf, ging zur Tür und sah ihn hochkonzentriert und mit seiner schwarzen Hornbrille am Schreibtisch sitzen. Natürlich störte ich ihn ständig bei etwas sehr Wichtigem.

Mein Vater arbeitete immer, entweder im Büro, über seinen Schreibtisch zu Hause gebeugt, oder wenn er mit seinen Gästen diskutierte. Als ich noch sehr klein war, bat ich ihn, abends mit mir zu spielen, wenn er ohne Studenten aus dem Büro nach Hause kam. »Papa ist müde«, sagte er dann und ließ sich in einen Sessel fallen. Ich packte ihn am Arm und versuchte, ihn hochzuziehen, damit er Cowboy mit mir spielte. Manchmal stimmte er widerwillig zu und antwortete auf mein Kriegsgeheul wenig begeistert: »Peng, peng.« Ich war wütend auf ihn, weil er so müde war und sich nicht für meine kindlichen Phantasien und Dramen interessierte.

Ich war immer der kleine Krieger in unserer Familie. Ich tobte und weinte, wenn Campingausflüge gestrichen wurden, wenn mein Vater tagelang verreist war und wenn er am Wochenende bis Mittag schlief, obwohl ich etwas mit ihm unternehmen wollte. Schon in sehr jungen Jahren ging ich samstags und sonntags mit ihm in sein Büro in der Universität, spielte allein im Labor mit den Hamstern und blätterte in Anatomiebüchern, während er nebenan im Büro arbeitete. Ich war einsam, aber das war eine Chance, in seiner Nähe zu sein, und darum war ich immer artig und störte ihn nicht zu oft. Wenn er eine Kaffeepause machte, gingen wir zum Kiosk über die Straße, und ich bekam ein Vanilleeis. Auf dem Rückweg ins Büro sagte ich »Schau mal!« und balancierte auf der efeubedeckten steinernen Mauer, die den Gehweg säumte. Bei meinem Papa war ich am glücklichsten, obwohl ich lernen musste, dass seine Arbeit meinen kindlichen Launen und Wünschen vorging.

Wenn ich weinte und ihn anschrie, weil er »immer arbeitete«, lutschte mein kleiner Bruder nur am Daumen und schaute stumm zu. Mama war deprimiert und lag oft im Bett oder sogar längere Zeit im Krankenhaus, weil sie zu starke Menstruationen hatte. Als sie 60 war, stellte man bei ihr eine manische Depression fest. Das war eine passende Krankheit in meiner Familie. Wenn sie schon geisteskrank werden musste, ergänzte die manische Depression Papas zunehmende und abnehmende Energie vorzüglich. Wenn er nächtelang geschrieben und zu Hause oder im Büro mit Studenten diskutiert hatte, war er hinterher völlig erschöpft und schlief sehr lange oder schlurfte im Haus herum, entspannte sich bei seinem Bourbon und schlief noch mehr.

Im Alter von 42 Jahren hatte er seinen ersten Herzanfall. Für meine 15jährigen Augen sah er so alt und zerbrechlich aus. Seine Ärzte rieten ihm, nicht mehr zu rauchen (er brauchte vier Packungen am Tag), keinen Kaffee mehr zu trinken und auf den gebratenen Speck zu verzichten, den er so gerne zubereitete und großzügig seinen Schützlingen servierte, wenn der Bourbon sie gegen zehn Uhr abends hungrig gemacht hatte. Außerdem empfahlen die Ärzte ihm, sich mehr zu bewegen, weniger zu arbeiten, Stress abzubauen und nicht mehr als zwei Gläser Alkohol am Tag zu sich zu nehmen. Mit anderen Worten: Mein 42jähriger Vater sollte so ungefähr alles in seinem Leben ändern, was die Quelle seines Erfolges und seiner Freude war: harte Arbeit, Trinken, Rauchen und Diskussionen und Mahlzeiten bis spät in die Nacht. Obwohl ich damals, wie es meine Art ist, wütend auf ihn war und es ihm übel nahm, dass seine Versuche, sich zu ändern, scheiterten, weiß ich heute, wie traurig es war, seine halbherzigen Bemühungen zu beobachten.

Im Jahr vor seinem Tod verbrachte er bisweilen ein ganzes Wochenende im Bett, oder er saß im Sessel und las einen Roman. Als ich Anfang 20 war und meine Eltern besuchte, traf ich weniger Studenten im Haus an, und er sprach nicht mehr von seinem Traum, experimentelle Schulen zu gründen oder Präsident einer Universität zu werden. Er war öfter zu Hause, weniger geschäftig, ruhiger, trauriger. Damals merkte ich nicht, was vor sich ging. Ich dachte, er werde einfach nur älter – immerhin war er fast 50. Er starb mit 51 nach einem ganzen Tag im Büro an einem Herzinfarkt. Seine Mutter sagte, so habe er es sich gewünscht – jeden Tag seines Lebens bis zum Tod voll zu arbeiten. Ich war 24, als er starb. Jetzt bin ich 42, und ein 51jähriger kommt mir gar nicht mehr so alt vor.

Manchmal sehe ich mir ein Basketballspiel an und beobachte die Väter mit ihren Söhnen und Töchtern. Die Kinder sind so aufgeregt, und die Väter kaufen ihnen Sachen, halten sie auf dem Schoß und reden mit ihnen über das Spiel. Sie zeigen aufs Spielfeld, flüstern in kleine Ohren, springen auf, jubeln laut. Im Grunde mag ich Ballspiele nicht. Aber als Kind sehnte ich mich danach, dass Papa mit mir Ballspiele besuchte, wie andere Väter es taten. Aber er war entweder zu beschäftigt oder zu wenig am Sport und deren Helden, die ich als Achtjähriger verehrte, interessiert. Wer weiß? Wenn er sich mit mir einige dieser Spiele angesehen hätte, bevor meine langweiligen Jahre begannen, würde Baseball mir heute vielleicht auch Spaß machen.

Wenn ich den Kindern mit ihren Vätern zusehe, bekomme ich eine Ahnung davon, was es bedeutet, die schönen, wenn auch kurzen Augenblicke der Kindheit verloren zu haben, die unschuldige Aufregung über ganz einfache Dinge. Als ich ein Kind war, arbeitete mein Vater fast ständig. Und als ich erwachsen war, war er nicht mehr da.

Das schwere Erbe der netten Sucht

Im Jahr 1983 schrieb Janet Woititz ein kleines Buch, das zum Bestseller wurde: *Adult Children of Alcoholics* (Erwachsene Kinder von Alkoholikern). Millionen Exemplare des Buches wurden verkauft – es setzte eine Bewegung bei einer Legion von Erwachsenen in Gang, die mit einem Alkoholiker in der Familie aufgewachsen waren und, ohne sich dessen bewusst zu sein, weiter darunter litten. In den 80er Jahren wurden zahlreiche Studien über erwachsene Kinder von Alkoholikern veröffentlicht. Sie belegen, dass dieser Teil der Bevölkerung mit einer Reihe von Problemen rechnen muss.[1] Alkoholismus bei einem Elternteil hängt mit geringer Selbstachtung bei Kindern und Fremdbestimmung, Depressionen und Angst bei erwachsenen Kindern zusammen. Erwachsene Kinder von Alkoholikern wurden sich eines heimtückischen Erbes bewusst, das ihre geistige Gesundheit, ihre intimen Beziehungen und in manchen Fällen ihren Beruf beeinflusste. Das Buch von Janet Woititz, das die therapeutische Bewegung der späten 80er und frühen 90er Jahre auslöste, öffnete die Tür für eine Flut von anderen populären Büchern über gegenseitige Abhängigkeit, gestörte Familien und das innere Kind. In diesem Kapitel geht es um die andere Seite der Geschichte und die hübsche Seite der Sucht, die bei den Eltern und später auch bei den Kindern so gut aussieht. Es gibt eine Fülle von Studien über Kinder von Alkoholikern, aber keine über die Kinder von Workaholics. Berichte von Therapeuten lassen jedoch darauf schließen, dass Workaholics, die ja versuchen, seelischen Schmerz durch Arbeit zu betäuben, zum Teil an den gleichen Symptomen leiden wie Alkoholiker.[2] Nach meinen Erfahrungen werden Kinder, die mit einem Workaholic zusammenleben, davon negativ beeinflusst, und sie haben ähnliche Anpassungsprobleme wie die Kinder von Alkoholikern.

Im Gegensatz zu Alkoholikerfamilien, in denen die Kinder auf die Flasche als Ursache ihrer Schwierigkeiten zeigen können, gibt es in Familien mit einem Arbeitssüchtigen jedoch keine greifbare Ursache für die Verwirrung, die Schuldgefühle und die Minderwertigkeitsgefühle. Wenn Papa zuviel trinkt, kann das Kind auf die Flasche deuten. Wenn Mama tablettensüchtig ist, können die Medikamente ihre Stimmungsschwankungen erklären. Aber die amerikanische Arbeitsethik verbietet es Kindern, ihren Eltern harte Arbeit vorzuwerfen. Die logische Schlussfolgerung, die Kinder von Workaholics aus ihrer Kindheit ziehen, lautet also: »Mit mir stimmt etwas nicht.« Schließlich sind arbeitssüchtige Eltern äußerst erfolgreich und verantwortungsbewusst und übernehmen oft sogar wichtige Aufgaben in der Gemeinde. Die Gesellschaft, die Gemeinde und häufig auch die Kirche heißen ihre Arbeitssucht gut. Warum also sollte ein Angehöriger sich über ein hervorragendes Mitglied der Gesellschaft beklagen? Wer zugibt, dass er Probleme damit hat, muss mit Schuldgefühlen und Kritik rechnen – denn der Familie geht es ja so gut, weil alles perfekt ist. Kinder von Workaholics machen sich oft stumme Vorwürfe, weil sie scheinbar undankbar sind und keinen Grund zur Klage haben.

Charles und Millionen anderer Kinder von Workaholics tragen das Erbe dieser hübschen Sucht noch in ihrem Leben als

Erwachsene mit sich herum. Karen ist ein weiteres Beispiel für die vielen Erwachsenen, die ich in meiner Praxis gesehen habe und die daran leiden, dass sie in der Atmosphäre der bestgekleideten Sucht aufwachsen mussten. Ihre erste Ehe endete an einem sonnigen Tag, als sie Urlaub im Nationalpark Yosemite machte. Sie genoss die Sonne auf der Haut, den Duft der frischen, klaren Luft und die atemberaubende Schönheit der Natur. Dieses Erlebnis wollte sie mit ihrem Mann teilen, der das Handy am Ohr hatte und nach Argentinien telefonierte. Er knurrte und trat wütend mit dem Fuß in den Sand, weil ihm ein enormes Geschäft geplatzt war. Karen fühlte in ihrer Ehe die gleiche Einsamkeit wie in ihrer Kindheit. Ihr Vater war Arzt und in ihren ersten Lebensjahren körperlich und seelisch abwesend gewesen.

Jetzt, als sie mit ihrem zweiten Mann vor mir saß, bröckelte auch diese Ehe, zum Teil aus den gleichen Gründen. Große Tränen liefen ihr über die Wangen, schneller als sie sie abtupfen konnte. Ihr schlechtes Gewissen sagte ihr, sie müsse die Ehe retten und verbessern (obwohl sie das gar nicht mehr wollte), sie müsse ihre Bedürfnisse opfern, obwohl ein Teil von ihr verzweifelt herauszufinden versuchte, wer sie wirklich war. Sie hatte ihr ganzes Leben damit verbracht, es anderen recht zu machen, und kam sich nun egoistisch vor, weil sie selbst glücklich sein wollte. Vom fünften Lebensjahr an hatte man ihr beigebracht, der Sinn ihres Lebens bestehe darin, viel zu leisten, perfekt zu sein und die Bedürfnisse anderer zu erfüllen. Was sie wollte, brauchte und fühlte, war gleichgültig. Spiel deine Rolle, leiste etwas, produziere etwas. Beide Ehemänner waren emotional distanziert gewesen, und sie lebte einsam neben ihnen her. Diese Distanz war ihr vertraut, weil sie die schmerzliche Einsamkeit widerspiegelte, die sie als Kind empfunden hatte.

Diese Szene wiederholt sich in den Praxen der Therapeuten immer wieder, im ganzen Land. Es gibt kein Etikett dafür. Millionen von Erwachsenen, die als Kinder einen arbeitssüchtigen Elternteil hatten, sind verwirrt und leiden, ohne zu wissen, warum. Viele wissen nicht einmal, dass der Vater oder die Mutter arbeitssüchtig war, und sie haben keine Ahnung, dass die elterliche Arbeitssucht sie nicht nur als kleine Kinder beeinflusst hat, sondern heute noch ihrer seelischen Gesundheit schadet. Sie haben Probleme in ihrer Beziehung, sind selbstkritisch, ängstlich, deprimiert und bereit, es jedem recht zu machen, mit dem sie leben. Fast alles, was wir über Kinder von Workaholics wissen, basiert auf Fallstudien und einer Handvoll klinischer Beobachtungen. Dennoch sind diese Informationen aufschlussreich. Tabelle 7.1 zeichnet ein Bild der erwachsenen Kinder von Workaholics, gestützt auf die spärlichen Quellen in der Literatur.

»Papa ist weg« – das Leben mit einem arbeitssüchtigen Elternteil

Fallstudien lassen darauf schließen, dass Workaholics sich von ihren Kindern körperlich und seelisch distanzieren. Sie übernehmen keine aktive Rolle bei ihrer Entwicklung, und die Kinder grollen ihnen deswegen.[3] Die Managementberaterin Marilyn Machlowitz schreibt: »Für ihn [den Workaholic] ist es einfacher, kein Vater oder keine Mutter zu sein, sondern ein Mentor, weil dabei eine größere Distanz möglich ist. Ich höre Workaholics immer wieder von ihren Studenten und Mitarbeitern schwärmen – aber sie sprechen nie mit solcher Inbrunst von ihren eigenen Kindern.«[4]

In Interviews enthüllten erwachsene Kinder von Workaholics, dass sie vier Hauptprobleme mit der elterlichen Arbeitssucht hatten.[5] Das wichtigste war die *geistige Abwesenheit*: Die Eltern waren mit den Gedanken woanders. An zweiter Stelle nannten sie *Hetze*: Die Eltern hatten es immer eilig. An dritter Stelle kam *Reizbarkeit*: Die Eltern waren so sehr mit ihrer Arbeit beschäftigt, dass sie grob und mürrisch wurden. Das vierte Problem hatte etwas damit zu tun, dass die arbeitssüchtigen Eltern in den Augen der Kinder die Arbeit zu ernst nahmen und keinen Humor hatten: Sie waren *depressiv*. Charles litt unter allen vier Merkmalen.

TABELLE 7.1

Porträt erwachsener Kinder von Workaholics

Erwachsene Kinder von Workaholics sind häufig
- äußerlich perfekte Konformisten
- selbstkritisch
- Menschen, die sich selbst herabsetzen und für unfähig halten, weil sie die Erwartungen anderer nicht erfüllen
- anfällig für Depressionen
- Menschen, die nach Anerkennung suchen, um ihre Minderwertigkeitsgefühle zu lindern
- Perfektionisten, die viel leisten wollen und sich nach ihren Erfolgen beurteilen, nicht nach ihrem inneren Wert
- zu ernste Menschen, denen es schwer fällt, sich zu amüsieren
- anfällig für Selbstvorwürfe, weil sie mit ihrer äußerlich perfekten Familie unzufrieden sind, obwohl diese ihnen scheinbar alles gegeben hat
- wütend und voller Groll
- ängstlich, vor allem was ihre Leistung angeht
- erfolglos, was ihre intimen Beziehungen als Erwachsene angeht
- Chamäleons mit geringem Selbstwertgefühl.

Charles sehnte sich nach Liebe und Zuwendung und spielte sämtliche Possen, die ein Kind sich ausdenken kann, um die Aufmerksamkeit seines Vaters zu erregen und ein wenig Zeit mit ihm zu verbringen. Diese fruchtlosen Versuche machten ihn als Kind einsam und wütend und als Erwachsenen leer – ein verbreitetes Phänomen bei den Kindern von Workaholics. Tom berichtete: »Das zweite und dritte Wort, das ich lernte, war ›Papa weg‹. Daraus schließe ich, dass ich meinen Vater in sehr jungen Jahren vermisste, und es erschreckt mich, dass ich meinen Kindern das Gleiche antue.« Ein Gedicht von George E. Young, aus der Sicht eines arbeitenden Vaters geschrieben, deutet an, wie häufig dieses Problem vorkommt:

> Du kommst aus der Schule, willst erzählen,
> aber ich bin nicht da.
> Du hast ein Problem, willst drüber reden,
> aber ich bin irgendwo bei der Arbeit.
> O wie gerne wäre ich bei dir.

Irgendwie kommt es mir unfair vor,
dass die einzigen Augenblicke, die ich heute bereue,
diejenigen sind, die ich versäumte.

Kinder wie Charles, die nach der Zuwendung ihrer seelisch abwesenden Eltern hungern, beklagen sich zwar darüber, aber sie bewältigen ihre Enttäuschung, indem sie ihre seelischen Bedürfnisse unterdrücken und ebenfalls arbeitssüchtig werden, um ihren Eltern zu gefallen. Sie arbeiten mit dem arbeitssüchtigen Elternteil oder begleiten ihn zur Arbeit und hoffen, ihm einige Momente der Aufmerksamkeit abzuringen. Charles erinnert sich daran, dass er seinen Vater ins Büro begleitete, nur um bei ihm zu sein.

Mit 35 schmuggelte Nell Memos und Verträge ins Krankenzimmer ihres sterbenden Vaters. »Es war die einzige Möglichkeit, bei ihm zu sein«, sagte sie und kämpfte mit den Tränen. »Er beachtete mich nur, wenn es um seine Arbeit ging.«

Kinder, die verzweifelt versuchen, dem arbeitssüchtigen Elternteil nahe zu sein, unterstützen ihn unfreiwillig bei seiner Sucht. Nells Vater starb bei der Arbeit mit einem Kugelschreiber in der Hand. Jetzt wirft sie sich vor, seinen Tod beschleunigt zu haben.

Hohe Erwartungen

Wenn Workaholics aktive Eltern sind, wollen sie damit oft erreichen, dass ihre Kinder ihren perfektionistischen Normen genügen. Arbeitssüchtige Eltern stellen Leistung und Erfolg über bedingungslose Akzeptanz. Ohne sich dessen bewusst zu sein, machen sie ihre Liebe und Anerkennung davon abhängig, dass ihre Kinder Leistungen erbringen, die sie oft selbst für unrealistisch halten.

Kinder von Workaholics fühlen sich »bedingt geliebt« und glauben, dass Liebe gute Leistungen voraussetzt. Sie fürchten ständig, in der Schule, bei der Arbeit und sogar in ihrer Beziehung zu versagen.

Cindys arbeitssüchtige Mutter versorgte den Haushalt nach

dem Motto »Das Beste ist nie gut genug«. Einerlei, wie hart man arbeitete, sie glaubte, man könne noch härter arbeiten, noch mehr verdienen, noch mehr leisten.

Die Botschaft, die viele Kinder von Workaholics in sich aufnehmen, lautet: »Ich kann nicht mithalten« oder »Ich darf nicht sein, was ich wirklich bin«. Sie können die hohen Erwartungen oft nicht erfüllen und halten sich dann für Versager. Die anekdotische Literatur lässt darauf schließen, dass viele Kinder von Workaholics das Erbe der Eltern lange mit sich herumschleppen: Sie orientieren sich an anderen und versuchen, deren Erwartungen zu erfüllen. Manche schlagen jedoch die andere Richtung ein: Sie halten es für aussichtslos, die in sie gesetzten Erwartungen zu erfüllen, und leben ihre Enttäuschung und ihre Wut aus. Aus ihnen werden tatsächlich Versager, oder sie sind verhaltensgestört und toben ihre Aggressionen in der Schule aus.

Diese Beobachtungen von Therapeuten werden von wissenschaftlichen Studien bestätigt. Sie belegen, dass sich bei Kindern Verhaltensweisen und Einstellungen vom Typ A entwickeln, wenn die Eltern hervorragende Leistungen von ihnen erwarten oder sie ständig mit anderen vergleichen. Diese Kinder sind ehrgeizig, aggressiv und feindselig, haben aber ein geringes Selbstwertgefühl.[6] Mehr noch: Ein ungünstiges Familienklima und ein Mangel an familiären Bindungen hängen nachweislich mit Wut und Feindseligkeit bei Kindern zusammen.[7]

400 Ärzte, nach ihren Erfahrungen mit Workaholics befragt, stützten die anekdotischen Berichte.[8] Auf die Frage, ob Workaholics mehr oder weniger von ihren Kindern verlangen, antworteten 88 Prozent der Ärzte mit »mehr«. Der Psychiater Anthony Pietropinto ist der Meinung, Kinder von Workaholics seien davon überzeugt, sie müssten viel leisten, um die Liebe der Eltern zu verdienen. Oft reagieren sie darauf mit Groll und werden feindselig und aufsässig. In einer Familie mit einem Workaholic ist Streit unvermeidlich, weil Workaholics ihre Partner und Kinder als Teile ihres Ichs betrachten.[9]

Ein Kind wird zum Chamäleon

Um den Mangel an Zuwendung auszugleichen, lernen Kinder von Workaholics, sich anzupassen und anderen zu gefallen. Schon als kleinen Kindern bringt man ihnen bei, dass es wichtiger ist, das »Richtige« zu tun (meist das, was andere wollen) als zu sein, was sie wirklich sind. Sie lernen, ihre Einstellungen, Gefühle und Verhaltensweisen den Wünschen anderer unterzuordnen, meist denen des dominanten arbeitssüchtigen Elternteils. Dana beschreibt dieses Phänomen im nächsten Abschnitt dieses Kapitels.

Kinder von Workaholics haben das Gefühl, ihr wahres Selbst beiseite zu schieben, um nach außen hin ein Mensch zu werden, der die Anerkennung erhält, nach der er sich sehnt. Irgendwann vergessen sie, wer sie wirklich sind, und werden zu einem erfolgreichen, hochangesehenen Chamäleon.

Wenn Kinder Anhängsel des Ichs eines Workaholics sind, richten sie sich auch als Erwachsene nach anderen Leuten, haben ein geringes Selbstwertgefühl und sind wenig differenziert. Sie sind pessimistischer und reagieren auf die Wechselfälle des Lebens eher negativ. Die Folge ist, dass das Leben sie nicht zu starken Menschen, sondern zu Opfern macht, wobei sie als Erwachsene von anderen abhängig werden. Was menschliche Beziehungen angeht, so ist es unmöglich, vollkommen zu sein; darum gehen die Kinder von Workaholics der Intimität entweder aus dem Weg oder passen sich total dem Partner an. Innerlich empfinden sie Leere, Enttäuschung und Depression. Oft gehen sie langfristige Beziehungen mit Menschen ein, denen sie immer gefallen wollen, die jedoch emotional distanziert und stets von ihnen enttäuscht sind. Mit anderen Worten: Sie gehen eine intime Bindung mit Menschen ein, die sie an den arbeitssüchtigen Elternteil erinnern.

Fallstudien erwachsener Kinder von Workaholics bestätigen, dass sie gelernt haben, ihre Gefühle und Verhaltensweisen den Erwartungen ihrer erfolgreichen Eltern anzupassen, um Zuwendung zu erhalten. Sie versuchen, die Eltern zu erfreuen, was oft unmöglich ist, wie George schilderte:

Alles, was ich als Kind tat, war an Zielen ausgerichtet. Ich gab mir große Mühe und erhielt Preise für außergewöhnliche Leistungen in der Schule, in der Schulband und im Schulchor. Aber einen Preis gewann ich nie: die Liebe und Zuwendung meines Vaters. Er arbeitete immer. Oh, gewiss – er kam zu meinen Spielen und kritisierte mich. Er versuchte *immer*, alles besser zu machen. Seine Methode war die richtige. Was geschah, wenn ich etwas richtig machte? »Ich bin stolz auf dich« wäre nett gewesen. Ich wollte, er hätte mit mir Fangen gespielt oder mir ein Kissen auf den Kopf gehauen und mich gefragt: »Na, wie geht's?« Noch heute fällt es mir schwer, in einem Zimmer zu sitzen, ohne an etwas zu arbeiten. Wahrscheinlich versuche ich immer noch, die Aufmerksamkeit meines Vaters zu erregen.

Dana und Pat

Dana und Pat sind ein Beispiel dafür, was es für Kinder bedeutet, wenn die arbeitssüchtigen Eltern ihnen Intimität und Wärme vorenthalten und sie nach ihren Leistungen beurteilen, nicht nach dem, was sie sind: menschliche Wesen. Alles im Griff haben, perfekt sein, anderen gehorchen und den Selbstwert am Erfolg messen: das sind wichtige Aspekte der Persönlichkeit von Kindern, deren Mutter oder Vater Workaholic ist. Wertvoll ist, wer gut ist, Recht hat, viel leistet und keine Fehler macht. Auch Dana litt unter diesen unerfüllbaren Erwartungen:

> Wenn mein Vater wütend wurde, war er kühl und sarkastisch. Ich wusste dann nicht, was ich tun sollte. Lieber wäre ich geschlagen worden. Also zog ich mich in mich selbst zurück und zeigte ihm nicht, dass ich verletzt war. Ich aß viel und wurde übergewichtig. Das war für mich eine Art Auflehnung, denn meine Essgewohnheiten gefielen Papa nicht. Er pflegte zu sagen: »Wie, du willst noch mehr Kartoffeln?«
> Mein Vater war derart arbeitssüchtig, dass er seine Weihnachtspost erst nach den Feiertagen öffnete. Er machte immer alles richtig und verlangte dasselbe von allen anderen. Was er tun konnte und tat, sollten alle anderen auch können und tun. Zeitvergeudung war in meiner Familie nicht erlaubt, weil meine Eltern ständig beschäftigt waren.

Offenen Streit gab es selten. Alle versuchten, alles richtig zu machen, und überlegten im Voraus, was Ärger erregen könnte und daher zu vermeiden war. Wir bemühten uns, Konflikten vorzubeugen. Eigentlich wurde mein Vater gar nicht wütend. Er wurde nur sarkastisch. Ich lernte sehr früh, dass seelische Kälte, schrecklich und greifbar, die Folge war, wenn ich einen Fehler machte. Mir wäre es lieber gewesen, meine Eltern hätten mich verprügelt. Dieser Zustand war schlimmer als eine Ohrfeige. Ich hatte immer Angst, die Erwartungen meiner Eltern nicht zu erfüllen und mit Liebesentzug bestraft zu werden. Das wirkte sich sehr auf mein Selbstwertgefühl aus. Ich kam nie auf die Idee, mit meinen Eltern zu reden, wenn ich ein Problem hatte. Ich fühlte mich nicht geliebt und akzeptiert, obwohl ich weiß, dass meine Eltern es gut meinten. Sie waren immer die letzten Menschen auf der Welt, denen ich meine Sorgen anvertraut hätte – das war in meiner Familie einfach nicht üblich. Die Regel lautete: »Du bist, was du tust.«

Als ich ein Kind war, gab mein Vater mir jedes Mal einen Dollar, wenn ich *Wie man Freunde gewinnt und Menschen beeinflusst* las, und ich habe dieses Buch wirklich verinnerlicht. Es erklärt, wie man sich bei anderen beliebt macht: Man versetzt sich in ihre Lage und sorgt dafür, dass sie sich wichtig vorkommen. Hinter dieser Manipulation steckt das Bedürfnis, andere zu beeinflussen – sie sollen von mir denken, was ich mir wünsche. Dann bin ich mit mir zufrieden. Heute bin ich 50 und grüble immer noch darüber, ob ich anders als andere sein darf. Andere dürfen anders sein als ich; aber bei mir geht es darum, dass ich mich sicher fühlen möchte, selbst wenn andere mich nicht mögen. Darum habe ich immer versucht, ein braves Mädchen und eine gute Tochter zu sein und alles zu tun, was andere von mir erwarten. Wenn ich chinesisch essen will und sie wollen mexikanisch essen, gebe ich nach. Ich fühle mich immer noch miserabel, wenn ich andere enttäusche oder im Stich lasse, und ich denke ständig darüber nach, was andere von mir halten, wenn ich ihre Erwartungen nicht erfülle. Und ich fürchte mich immer noch schrecklich davor, mich anderen zu öffnen. Das habe ich zu oft und zu früh getan, und wenn es schief ging, empfand ich Groll und zweifelte an mir selbst, weil ich auf Leute hereingefallen war, denen ich nicht vertrauen konnte.

Eine eindeutige Ursache für meine Unzufriedenheit, Leere und Frustration kann ich nicht nennen. Meine Eltern waren eifrige Kirchgänger und aktive Bürger ihrer Stadt. Sie arbeiteten hart, damit wir ins Sommerlager gehen konnten. Sie waren so perfekt, dass ich einfach glauben musste, mit mir sei etwas nicht in Ordnung, weil ich mich nach Nähe, nach Gefühlen und nach Gesprächen sehnte und daran zweifelte, dass meine Eltern mich liebten und akzeptierten. Ich nahm mir vor, eines Tages mit meinen Kindern anders umzugehen, ihnen nahe zu sein, sie nach ihrem Tag in der Schule zu fragen und mehr über meine und ihre Gefühle zu reden.

Nach ihrer ersten Therapiegruppe begann Dana, ihre Angehörigen zu umarmen und »Ich liebe dich« zu sagen. Das muss sie heute noch als erste sagen, wenn es überhaupt gesagt wird.

Pat, 43 Jahre alt, erinnert sich ebenfalls daran, wie schwierig es war, die Erwartungen ihrer arbeitssüchtigen Mutter zu erfüllen. Sie hatte ein schlechtes Gewissen, weil sie etwas Negatives über ihre Eltern sagte, die in den Augen anderer perfekt waren.

Es war in mancher Hinsicht hart, eine kluge, hart arbeitende Mutter zu haben. Ich hatte nie das Gefühl, mit ihr mithalten zu können, weder im Haus noch im Beruf. Obwohl ich nie direkt mit ihr um etwas wetteiferte, weiß ich, dass ich nur dann mit mir selbst zufrieden bin, wenn ich Überstunden mache, besonders hart arbeite und Erfolg habe.
Seit ich acht Monate alt war, arbeitete Mama etwa 50 bis 60 Stunden in der Woche als Journalistin. Sie ist eine wundervolle Autorin und in unserer kleinen Stadt ziemlich berühmt. Zweifellos hätte sie auch für eine große Zeitung arbeiten können, wenn sie sich nicht dafür entschieden hätte, in der Kleinstadt zu arbeiten, in der ihr Mann sich an der kleinen Firma ihres Vaters beteiligt hatte. Alle in unserer Stadt kennen, mögen und respektieren meine Mutter, wahrscheinlich weil sie im Beruf und für ihre Familie ungewöhnlich hart arbeitet. Sie scheut keine Mühe, wenn sie einen Artikel schreibt. Die Idee, immer »das Beste« zu geben, hat mich enorm unter Druck gesetzt. Ich kann durchaus viel leisten (und gute Arbeit leisten), aber »mein Bestes« ist eine schwere Bürde. Ich habe nur zweimal in meinem Leben mein Bestes getan. Ansonsten arbeite ich hart, habe aber nie das Gefühl, erfolgreich zu sein, weil ich noch mehr hätte tun können. Ich glaube, daran ist die Einstellung meiner Mutter schuld, mehr als alle Worte, die sie je gesagt hat.
Als Teenager fühlte ich mich oft überlastet, weil ich meine drei

jüngeren Brüder und meine Schwester versorgen musste – Mama hatte abends eine Menge Termine. Für die siebenköpfige Familie musste ich abwaschen und dann die Geschwister ins Bett bringen. Ich war eine gewissenhafte Schülerin und es machte mich oft unruhig, dass ich so spät mit meinen Hausaufgaben anfing. Wenn ich in der Nähe meiner Mutter arbeitete, rief sie mich manchmal an und verabredete sich mit mir, um essen zu gehen. Oft musste ich sehr lange auf sie warten und wurde wütend. Sie entschuldigte sich mit einer unerwarteten Begegnung und erwartete Verständnis von mir – so war eben ihr Beruf. Aber ich verstand etwas anderes: In diesem Augenblick war ich ihr weniger wichtig gewesen als ihre Arbeit. Wenn die Familie Urlaub machte, war Mama erschöpft, ich machte mir Sorgen um sie. Wir gingen jeden Sommer an den Strand und versuchten alle, ihr eine Pause zu verschaffen und zu erreichen, dass sie am Strand schlief. Schließlich entspannte sie sich auch. Aber als Kind hatte ich Angst, weil wir uns um sie kümmern mussten, wo wir doch daran gewöhnt waren, dass sie sich um uns kümmerte.

Vorschläge für Therapeuten

Wenn Kinder von Workaholics einen Therapeuten aufsuchen, haben sie dafür unterschiedliche Gründe. Fast immer gibt es ungelöste Probleme in den Beziehungen der Familienmitglieder – bei den Eltern, bei den Kindern oder bei beiden. Es kann auch sein, dass Sie indirekt für die Kinder arbeiten, indem Sie ihre arbeitssüchtigen Eltern behandeln, die ihr Leben ändern und ihr Familienleben verbessern wollen. Manchmal arbeiten Sie vielleicht unmittelbar mit kleinen Kindern oder mit den erwachsenen Kindern von Workaholics.

Die Beziehung zu den Kindern retten

Wenn Workaholics planen, ihr Leben zu ändern, geht es oft auch darum, sich mehr um die Kinder zu kümmern. Das ist für Therapeuten ein wichtiges Thema, weil es in diesem Bereich fast immer ungelöste Probleme mit Kindern gibt, einerlei, ob sie zwölf oder 20 Jahre alt sind.

Die meisten Patienten können es sich nicht leisten, ihre Arbeit aufzugeben, um ihr Familienleben zu reparieren. Aber es ist wichtig für ihre eigene Therapie, dass sie die Beziehung zwischen Eltern und Kindern besser verstehen und sich Ziele setzen – Spannungen abzubauen und vernachlässigte Beziehungen aufzufrischen. Nachfolgend beschreibe ich, wie Sie mit den Methoden der archetypischen Psychologie Ihrem arbeitssüchtigen Patienten helfen können, seine Beziehungen mit seinen Kindern und anderen wichtigen Menschen zu retten.

Wecken Sie schlafende Teile der Persönlichkeit
Sie können dem Patienten zu mehr Ausgewogenheit verhelfen, indem Sie ihm erklären, wie jeder Mensch die schlafenden, ungenutzten Teile seiner Persönlichkeit wecken kann, jene inneren Führer, die der Psychologe C. G. Jung *Archetypen* genannt hat – universelle Themen, Bilder oder Muster, die allgegenwärtig sind und es immer waren. Dr. Carol Pearson hat diese Vorstellung populär gemacht. Sie beschreibt die Archetypen so:

Jeder Archetyp, dem wir im Leben begegnen, bringt eine Aufgabe mit, eine Lektion und letztlich auch ein Geschenk. Gemeinsam bringen die Archetypen uns bei, wie wir leben sollen. Und das Beste daran ist, das alle Archetypen in uns selbst wohnen. Wir tragen also dieses enorme menschliche Potential in unserem Inneren.[10]

Carol Pearson identifizierte zwölf Archetypen, die alle wichtig für unser inneres Gleichgewicht sind. Wie wir uns in der Welt verhalten und was wir von der Welt halten, hängt davon ab, welcher Archetyp gerade unsere Gedanken beherrscht. Der *Krieger* ist ein starker, dominanter Archetyp bei Workaholics. Sein Vorteil ist, dass er durch Mut und Disziplin siegen will. Der Krieger ist der ehrgeizige Teil von uns, der sich und anderen hohe Ziele setzt, um die Welt zu verbessern. Seine andere Seite sind Stoizismus und verbissenes Streben nach Erfolg. Nichts darf sich ihm in den Weg stellen. Wenn der Krieger des Workaholics zu sehr dominiert, rennt er andere über den

Haufen und zerstört alles, was er als Hindernis betrachtet – Beziehungen, Gesundheit, Freizeit. Alles wird dem Erfolgsziel untergeordnet. Da der Krieger zielorientiert ist, weigert er sich, auf die Standpunkte und Gefühle anderer Rücksicht zu nehmen. Andere können seine hohen Erwartungen nicht erfüllen, und sowohl er als auch die anderen haben immer das Gefühl, den Kampf zu verlieren.

Wenn drei weitere Archetypen eines Workaholics aufgeweckt werden, kann er ein harmonischeres Leben führen. Der *Magier* hilft ihm, Lösungen zu finden, bei denen jeder gewinnt. Er zeigt ihm die Magie des Tuns und hält ihn im Jetzt fest, so dass er auf dem Weg zum Ziel jeden Augenblick seines Lebens genießen kann.[11] Der *Liebende* erinnert ihn an seine Empfindsamkeit und an seine Liebe zu anderen, aber auch an seine Leidenschaft und sein Engagement, so dass er bei seiner harten Arbeit nicht erstarrt. Der *Narr* ist der fröhliche, verspielte Archetyp, der dem Workaholic die Freude und Freiheit zurückbringt, die er während seiner ernsten Arbeit verloren hat.

Die archetypische Psychotherapie kann dem Workaholic helfen, seine Ziele zu erreichen, den Weg zum Ziel zu genießen und die Menschen zu lieben und zu respektieren, mit denen er unterwegs lebt, arbeitet und spielt. Der Magier zeigt ihm eine neue Arbeitsweise, die erfüllend und magisch ist, der Narr bringt ihm bei, sein Leben zu genießen, der Liebende weckt seine Sensitivität für die Gefühle seiner Mitmenschen, und der Krieger führt ihn zum Erfolg.

Ein Beispiel dafür ist Willard, der Präsident einer großen Computerfirma. Er gibt selbst zu, dass er seinen Mitarbeitern mit seinen hohen Anforderungen das Leben vergällt hat. Er verlangte von ihnen, Konkurrenten zu übertrumpfen und den Umsatz zu steigern. Im Betrieb nannte man ihn »den Tyrannen«, in der Familie »den Diktator«. Willard kam zur Therapie, weil er sich wirklich ändern wollte. Der Krieger in ihm hatte sein Unternehmen aufgebaut; seine Ausdauer und Entschlossenheit hatte ihn aus der Armut zu großem Reichtum geführt. Aber der Krieger konzentrierte sich allein auf seine Ziele und hatte Kommunikationsprobleme mit den murrenden Angestellten, die scharenweise kündigten, mit seiner Frau, die er vor 20 Jahren geheiratet hatte, und mit seinen frustrierten heranwachsenden Kindern, die wussten, dass sie die Erwartungen des Vaters nie würden erfüllen können, Schwierigkeiten in der Schule hatten und Drogen nahmen.

Mit Tränen in den Augen gab Willard zu, dass seine Arbeitssucht ihn gefühllos gegenüber seinen Mitarbeitern und Angehörigen gemacht hatte. Er entwickelte einen Plan, der es ihm ermöglichte, die schlummernden Archetypen zu wecken. Sein Magier würde ihm helfen, kürzer zu treten, weniger hektisch und autoritär zu sein und gelassener zu werden. Anstatt seinen Mitarbeitern ständig über die Schultern zu schauen, wollte er mehr delegieren und sich mehr auf die Kreativität der anderen verlassen. Der Liebende würde die Menschen akzeptieren, wie sie sind, vor allem die Kinder. Er würde menschliche Schwächen am Arbeitsplatz akzeptieren und den Angestellten zuhören, ihre harte Arbeit anerkennen und sie dafür loben (was Willard oft versäumt hatte). Der Liebende würde seinen Kindern sagen, dass er sie bedingungslos liebte, einerlei, wie viel sie leisteten, und er würde ihn seiner Frau wieder näher bringen. Bill Smith hat Workaholics in einem Interview vorgeschlagen, ihre beruflichen Möglichkeiten zu nutzen, um den Liebenden zu wecken:

Schreiben Sie ein paar liebevolle Zeilen an Ihren Sohn oder an Ihre Tochter oder an Ihre Frau, und sagen Sie ihnen, wie viel sie Ihnen bedeuten. Verabreden Sie sich nacheinander mit Ihren Kindern, und tragen Sie diese Termine in Ihrem Terminplaner ein. Noch nie hat jemand auf dem Totenbett bedauert, viel Zeit mit seiner Familie verbracht zu haben.[12]

Der Narr würde Willard helfen, die schönen Seiten des Lebens bei der Arbeit und zu Hause zu sehen und wieder zu lachen und geselliger zu sein. Er wollte darüber nachdenken, wie er mehr Spaß mit seiner Familie haben und seine Mitarbeiter aufheitern konnte. Der Narr in ihm könnte dazu beitragen, sich weniger Sorgen um die Finanzen zu machen, nicht mehr perfektionistisch zu sein und gelassener zu werden.

Wenn der Patient sich aller verborgenen Archetypen bewusst wird, fällt es ihm leichter zu sein, was er wirklich ist, ohne andere wichtige Teile seiner Persönlichkeit opfern zu müssen. Je harmonischer wir mit allen Archetypen leben, desto erfüllter ist unser Leben. In Kapitel 9 finden Sie einige Bücher, die auf alle zwölf Archetypen eingehen und zeigen, wie man sie selbst oder mit Hilfe eines Therapeuten nutzen kann.

Patienten profitieren davon, wenn sie begreifen, dass Beziehungen eine gute Investition sind. Wenn Sie herausgefunden haben, welche Einstellung der Patient zu seinen Beziehungen hat, können Sie ihm helfen, sich Zeit zu nehmen, um diese Beziehungen aufleben zu lassen. Konzentrieren Sie sich dabei auf die Menschen, mit denen er derzeit zusammen ist. Der Workaholic kann zum Beispiel lange Spaziergänge machen, sich mit seinen Lieben aussprechen, sich Zeit für die Kinder nehmen und ihnen dabei seine ganze Aufmerksamkeit widmen. Erklären Sie ihm, wie wichtig es ist, keine Zeitung zu lesen und nicht zu arbeiten, bevor die Kinder im Bett sind. Stattdessen könnte er ihnen beispielsweise bei den Schularbeiten helfen, mit ihnen spielen oder mit ihnen Ausflüge machen. Wenn die Familienmitglieder gemeinsam das Essen zubereiten und sich bei Tisch angeregt unterhalten (ohne Fernsehen), ist eine gesunde Kommunikation möglich. Machen Sie dem Patienten klar, wie wichtig sein aktives Interesse am Leben seiner Kinder ist. Er sollte zuhören, wenn sie etwas zu sagen haben, und sie fragen, was sie während der Woche gemacht haben, wobei er mehr auf seine Interaktionen mit ihnen achten.

Jeder hat zwischendurch einen schlechten Tag; aber jeder kann sich auch bemühen, nicht mit schlechter Laune nach Hause zu kommen und seinen Ärger auf die Kinder abzuladen. Es ist wichtig für den Workaholic, sich auf das Positive zu konzentrieren, das die Kinder tun, und nicht auf ihren Fehlern herumzuhacken.

Wie bereits erwähnt, sind tägliche Rituale der Leim, der die Familie zusammenhält. Dieser Leim geht in der Familie des Workaholics verloren, wenn die gemeinsamen Abendessen wegfallen. Die Familienmitglieder entfremden sich einander, wenn sie nicht mehr wissen, wer was tut und wie die anderen mit ihrem Leben zufrieden sind. Studien belegen, dass Rituale die Familie stabilisieren und den Mitgliedern helfen, mit dem Chaos des täglichen Lebens besser zurecht zu kommen. Familienmitglieder, die hastig oder schichtweise essen, sind einander nicht so nahe wie jene, die sich gemeinsam an den Tisch setzen. Auch gemeinsame Feiertage, Geburtstage und Jubiläen stärken das Band zwischen den Angehörigen. Rituale wie eine Familienmahlzeit geben der Familie in unserer hektischen Gesellschaft einen Halt. Sie tragen dazu bei, Spannungen zu lösen, und zeigen den Kindern, wie wichtig es ist, zusammenzuhalten, Pläne zu schmieden und diese Pläne in die Tat umzusetzen. In Familien, die Rituale schätzen und praktizieren, leiden die Mitglieder seltener an Stress und stressbedingter Erschöpfung. Diskutieren Sie mit Ihren Patienten, welche Rituale sie wiederbeleben können, um das Zusammengehörigkeitsgefühl zu stärken und Spannungen abzubauen.

Kleine Kinder von Workaholics

Therapeuten, die mit Kindern arbeiten, sehen oft keinen Grund, den Kindern zu helfen, die arbeitssüchtige Eltern haben. Diese Kinder scheinen ja, wie wir gesehen haben, gegen die Auswirkungen der elterlichen Arbeitssucht immun zu sein. Als Erwachsene sind diese Kinder meist beliebt und im Beruf sehr erfolgreich. Geringe Selbstachtung, Angst oder Depressionen werden oft von Widerstandskraft, übersteigertem Verantwortungsgefühl und übertriebener Eigenständigkeit verdeckt. Werfen Sie also einen Blick unter die Oberfläche, und untersuchen Sie, ob die erwachsenen Kinder von Workaholics sich selbst unter Druck setzen, um anerkannt zu werden. Die folgenden Tipps können Sie arbeitssüchtigen Eltern geben oder in der Therapie mit Kindern selbst anwenden:

- Achten Sie auf »hochbegabte« Kinder, die offensichtlich ihr Bestes geben. Natürlich leiden nicht alle talentierten Kinder so, wie ich es in diesem Kapitel beschrieben habe. Entscheidend ist, ob ihr Ehrgeiz, ihr Verantwortungsbewusstsein und ihr Perfektionismus *überentwickelt* sind und ob sie ebensoviel Zuwendung bekommen wie andere Kinder, denen es leichter fällt, ihre Bedürfnisse auszudrücken und um Hilfe zu bitten.
- Bestehen Sie darauf, dass Kinder von Workaholics nicht auf kindliche Erfahrungen oder Interaktionen verzichten und ihre Bedürfnisse nicht den Bedürfnissen anderer unterordnen.
- Die Eltern sollten nicht zu kritisch sein, wenn sie ihre Kinder mit anderen vergleichen; sie sollten nicht zuviel von ihnen erwarten, ihnen keine unerreichbaren Ziele setzen und sie nicht zu Tätigkeiten zwingen, an denen sie kein Interesse haben.
- Die Eltern sollten ihre Kinder entsprechend ihrer Entwicklung fördern, aber keine zu hohen Erwartungen hegen. Verantwortung, die Erwachsenen zusteht, sollten Kinder nicht übernehmen, selbst wenn sie es wollen und können.
- Machen Sie den Kindern klar, dass sie sich auch entspannen und faulenzen dürfen. Versichern Sie ihnen, dass sie nicht immer fleißig sein müssen, um anderen zu gefallen, und dass sie sich auch selbst eine Freude machen dürfen.
- Eltern sollten ihre Kinder ermutigen und sich über ihre guten Leistungen freuen, ihnen aber auch beibringen, dass Fehler ganz normal sind und dass niemand perfekt ist. Wenn die Eltern etwas falsch machen, sollten sie es einräumen und den Kindern zeigen, wie man mit Fehlern konstruktiv umgeht.

- Ermutigen Sie die Kinder, sich ihrer wahren Gefühle bewusst zu werden und sie in Gesprächen oder auf schöpferische Weise auszudrücken.
- Die Eltern sollten ihre Kinder unterstützen, wenn sie wichtige Entscheidungen treffen müssen, zum Beispiel wie und wo sie ihre freie Zeit nach der Schule verbringen.
- Die Eltern sollten den Kindern Gelegenheit zu Spielen geben, die keinen Wettbewerbscharakter haben, sondern einfach Spaß machen. Die Kinder brauchen den Kontakt mit Gleichaltrigen und sollten nicht ständig mit Erwachsenen zusammen sein. Sie sollen lachen, kichern, albern sein, sich lustige Geschichten ausdenken und etwas unternehmen, was sie im Hier und Jetzt verankert und einen Ausgleich für die Arbeit und für zukunftsorientierte Tätigkeiten ermöglicht.

Erwachsene Kinder von Workaholics

Aus den Kindern von Workaholics werden oft Erwachsene, die beneidet werden: Sie sind verantwortungsbewusst, leistungsorientiert und haben alles im Griff. Zumindest erwecken sie diesen Eindruck. Innerlich fühlen sie sich oft wie kleine Kinder, die nichts richtig machen können.

Wenn Sie herausgefunden haben, dass ein Elternteil des Patienten arbeitssüchtig war, können Sie einen Therapieplan aufstellen. Wenn der Patient noch mit dem Workaholic zusammenlebt, muss er lernen, die Arbeitssucht nicht zu fördern. Erklären Sie Ihren Patienten, dass sie sich nicht an den zwanghaften Arbeitsgewohnheiten der Eltern beteiligen dürfen, nur um mit ihnen zusammen zu sein, und dass sie nicht nach Entschuldigungen suchen sollten, wenn die Eltern bei geselligen Anlässen oder Familientreffen fehlen. Die Kinder sollten keine zusätzlichen Pflichten im Haushalt übernehmen, ihm nicht seine Pflichten in der Familie abnehmen und ihn nicht bei geschäftlichen oder privaten Veranstaltungen vertreten. Die Kinder müssen begreifen, dass sie sich nur selbst schaden, wenn sie ihr Leben nach dem Terminplan eines Workaholics einteilen.

Helfen Sie den erwachsenen Kindern von Workaholics, ihre perfektionistischen Erwartungen zu dämpfen, sich erreichbare Ziele zu setzen und im Büro und zu Hause Arbeit zu delegieren. Helfen Sie ihnen, weniger selbstkritisch zu sein, ihre mahnende innere Stimme zu stärken und sich danach zu beurteilen, was sie sind, nicht danach, was sie leisten. Das sind wichtige Schritte für Menschen, die sich ihr Leben lang nach den Normen anderer gerichtet und den Beifall anderer gesucht haben.

Zeigen Sie Ihren Patienten Übungen, die Stress abbauen helfen, oder verweisen Sie sie an Workshops oder Kurse, wo sie Yoga, Meditation und andere Entspannungstechniken lernen können, damit sie mehr im Jetzt leben. Sie sollten lernen, flexibler zu sein: etwas spontan unternehmen, Spaß haben, lachen, in letzter Minute an den Strand gehen oder barfuß und ohne Schirm im Sommerregen spazieren gehen. Ermutigen Sie Ihre Patienten, absichtlich etwas Unvollkommenes zu tun – eine Woche lang ihr Bett nicht zu machen oder sich ein Hobby zu suchen, dem sie nicht gewachsen sind, zum Beispiel ihre Gefühle auf eine Leinwand bannen. Ermuntern Sie sie zu Aktivitäten, bei denen sie aus ihren Fehlern lernen, etwa Pflanzen anbauen oder einen neuen Tanz lernen.

Arbeitssucht in der Firma   **8**

Mary

Wer mich heute sieht, kann sich nicht vorstellen, dass ich einmal arbeitssüchtig war. Ich trage eine Trainingshose und ein Flanellhemd,
und meine schwierigste Entscheidung am Morgen ist die Frage, ob
ich zuerst das Geschirr spüle oder zuerst die Pferde füttere. Ich bin
Rekonvaleszentin, und obwohl die Arbeitssucht noch in mir lauert,
habe ich gelernt, nicht nur ja, sondern auch nein zu sagen und meine Familie vor meinem Problem zu schützen. Ich wollte immer, dass
andere mich »brauchen«. Trotzdem habe ich damit aufgehört, wie
besessen und ohne Rücksicht auf die Folgen zu arbeiten, um mich
wohl zu fühlen. Das ist meine Geschichte:

Früher stand ich um fünf Uhr morgens auf, las ein bisschen, um mich
aufzumuntern, und war um sechs oder halb sieben im Büro, um die
Firma Racing Strollers (jetzt Baby Jogger Co.) zu leiten. Mein Mann
Phil und ich versuchten, die Firma zu vergrößern und uns gleichzeitig um die Familie zu kümmern. Damit die Kinder nicht zu lange in
der Tagesstätte bleiben mussten, fuhr ich gegen drei oder vier Uhr
nach Hause, telefonierte ein wenig, arbeitete nach dem Essen und
plante den nächsten Tag, bevor ich um neun Uhr zu Bett ging.

Wenn Sie Unternehmer sind, sind Sie wahrscheinlich arbeitssüchtig,
und wenn Sie arbeitssüchtig sind, befriedigen Sie irgendein neuroti-
sches Bedürfnis. Der Fluch des Workaholics besteht darin, dass er
lebt, damit andere ihn brauchen. Sie müssen an allen Konferenzen
teilnehmen, weil die anderen ohne Sie falsche Entscheidungen treffen könnten. Und was geschieht in einer Krise? Niemand ist in einer
Krise so gut wie Sie, stimmt's? Sie sind schlau und gerissen, und nur
Sie wissen, was der Kunde, der Bankier oder der Verkäufer hören
will.

Und es ist ja so köstlich, lange und hart zu arbeiten. Irgendwo in der
Tiefe Ihrer Seele flüstert eine Stimme Ihnen zu, dass Ihre Familie Sie

ebenfalls braucht. Aber wenn morgens um fünf das Telefon klingelt, können Sie nicht einfach auflegen. Ich war die schlimmste aller besessenen Managerinnen. Vermutlich habe ich jeden Tag fünfzig Entscheidungen getroffen: über unsere Marketingpläne, über die Bleistifte, die wir kauften und so weiter. Als mir endlich klar wurde, dass ich delegieren musste, traf ich immer noch die erste Entscheidung: »Ich gebe diesem Mitarbeiter nicht die Antwort. Ich frage ihn nach Lösungen.« Diese Entscheidung war immer noch ein Präventivschlag.

Es machte mir Spaß, ständig Entscheidungen zu treffen, und ich war gut. Darum wurde ich zu einem Computerprogramm, das allen in der Firma zugänglich war: »Computer, dieses Teil ist zerbrochen – was sollen wir tun?« »Computer, wir brauchen Ziele – aber welche?« »Computer, wir müssen die Preise erhöhen – was sollen wir verlangen?« Hätten Sie nicht auch gerne ein Softwareprogramm, das alle Ihre Fragen beantwortet? Würden Sie es nicht auch ständig benutzen? So lief es bei uns, nur dass Marys winziges Gehirn die Software enthielt. Andere Unternehmer sind wie ich: Sie lieben Probleme – es macht ihnen Spaß, sie zu lösen; und wenn ihnen das einmal nicht gelingt, müssen sie unbedingt jemanden finden, der die Lösung kennt.

Wenn die Leute mich fragten, wie ich das durchhielt, dachte ich: »Ach, die anderen leben so langsam. Ich blühe auf, wenn ich ein bisschen Stress habe, und außerdem gehöre ich zu den Erfolgsmenschen, die viel leisten – im Gegensatz zu den Nieten, die ihre Zeit nur vertrödeln.« Was für eine Närrin ich war! Eine fürsorgliche, sympathische Närrin, aber eine Egomanin. Ist dies das Klagelied des Unternehmers? Müssen wir unbedingt ein paar Jahre verrückt sein, um unsere Firma aufzubauen und in Gang zu halten? Wir sind gute Geschäftsleute, und es ist schön, Lösungen zu finden. Aber wenn wir darin so gut sind, wie können wir jemals lernen, den Mund zu halten und anderen Leuten den Vortritt zu lassen? Wie können wir uns ein wenig ausruhen, ohne aufgeben zu müssen, was wir lieben – unsere Firma?

Eines Tages holte das Leben mich ein. Meine Ehe zerbrach, und obwohl ich Phil vorwarf, kein Interesse an mir und an unserer Ehe zu haben, erkannte ich später, dass ich eine unbewusste Entscheidung für die Firma und gegen unsere Ehe getroffen hatte. Einen weiteren Hinweis bekam ich, als die Firma in ein tiefes schwarzes Loch fiel, bildlich gesprochen. Es geschah, weil ich irgendwann anfing zu delegieren. Leider delegierte ich teilweise falsch, und darum geriet die Firma in Schwierigkeiten – wir brauchten zwei Jahre, um sie zu überwinden. Als wir in Sicherheit waren, hatte ich die Nase voll vom Entscheiden. Ich wollte 1000 Jahre lang schlafen.

Ich wusste, dass sich etwas ändern musste – aber was? Nun ja, ich wachte nicht eines Morgens auf und rief: »Gepriesen sei der Herr! Ich bin geheilt! Jetzt geht meine Familie vor.« Zuerst nahm ich mir jahrelang vor, weniger zu arbeiten, vielleicht 40 Stunden in der Woche. Ich nahm es mir vor, aber ich tat es nicht.

Vor zwei Jahren nahm ich mir endlich einen Monat frei. Ich war sehr müde. Meine Berater rieten mir von diesem Urlaub ab. Sie sagten, ohne mich werde alles schief gehen – die Firma sei noch nicht stark genug. Trotzdem ging ich. Es war Februar. Ich blieb zu Hause, schlief lange und schaute den Schneeflocken zu. Meine Kinder freuten sich über meine Kochkünste (weder sie noch ich hatten gewusst, dass ich eine gute Köchin bin). Jemand hatte mir beigebracht, wie man richtig Urlaub macht. Also nahm ich weder Anrufe noch Faxe entgegen, und in Notfällen musste ein leitender Angestellter entscheiden, der mir Banalitäten vom Hals hielt. Im Grunde gab ich die Anweisung: »Ruft mich nur an, wenn jemand stirbt.« Es war ein äußerst friedlicher Monat.

Am Ende dieses Monats war ich entspannt und beschloss, die Firma mit neuen Augen zu sehen. Ich hatte keine Lust mehr, sie ständig mit irgendwelchen anderen Unternehmen zu vergleichen und dabei schlecht abzuschneiden. Ich hatte immer gedacht: »Ja, uns geht es gut – aber es könnte uns noch viel besser gehen, wenn wir uns mehr anstrengen würden!« Nun konnte ich endlich sagen: »Ich pfeife darauf, ob wir noch größer werden. Wir können auch eine nette, kleine Firma sein, so wie eine vorzügliche Uhrenfabrik in der Schweiz.« Wir konnten stagnieren und dennoch gut leben. Ich wollte Zeit. Freizeit kam mir allmählich kostbarer vor als Geld. Ich schaute mich um und sah meine Freunde am Sonntag arbeiten. Sie hatten eine Menge Geld, aber keine Chance, es zu genießen.

Ruhig fing ich an, Colette zu meiner Nachfolgerin auszubilden, ohne ihr zu sagen, was ich vorhatte. Eines Tages eröffnete ich ihr, dass sie Präsidentin werden sollte, und wir bereiteten die Übergabe vor. Es war schwer, meine leitenden Angestellten zu überzeugen. Aber als ein Freund und Berater zu mir sagte: »Worauf wartest du noch? Colette ist bereit, und du bist es auch«, brach ich in Tränen aus – nicht weil ich meinen Job behalten wollte, sondern weil ich so erleichtert darüber war, meine Firma loslassen und in gute Hände geben zu können.

Ich will nicht behaupten, es sei einfach gewesen. Die ersten paar Wochen waren schrecklich. Alle meine Freunde waren im Büro, und mein soziales Leben hatte sich im Büro abgespielt. Es war ziemlich langweilig zu Hause. Aber nach und nach fand ich neue Freunde und fing an, außerhalb des Büros zu leben. Colette ist nett und fröhlich und hat einen scharfen Verstand. Alle halten sie für zäh, und alle lieben sie. Wie würden Sie sich fühlen, wenn Ihre Nachfolgerin bessere Arbeit leistet als Sie? Nun, ich dankte meinem Glücksstern, und Colette versichert mir freundlicherweise, dass sie immer noch meinen Rat braucht.[1]

Gott sei Dank ist es Montag!

Alles, was Sie bisher über Arbeitssucht gelesen haben, nehmen Workaholics in ihre Firma mit: ihr starres Denken, ihre zwanghaften Arbeitsgewohnheiten, die Art, wie sie mit Menschen umgehen – und ihre Ursprungsfamilie. In diesem Kapitel möchte ich Ihnen zeigen, dass der Arbeitsplatz oft die Ursprungsfamilie widerspiegelt und dass manche Erwachsene mit hoher Stresstoleranz sich anstrengende Berufe aussuchen und darin, ohne sich dessen bewusst zu sein, immer wieder ungelöste Probleme »durchspielen« – in Form einer ungezügelten Arbeitssucht.[2] Außerdem werde ich erklären, wie die Arbeitswelt Workaholics hervorbringt, deren Arbeitsgewohnheiten von einem bestimmten Punkt an nicht nur ihnen, sondern auch der Firma schaden.

Viele Menschen denken nach einem entspannten Wochenende mit Schaudern an die bevorstehende neue Arbeitswoche.

Workaholics können es gar nicht erwarten, am Montagmorgen wieder ins Büro zu gehen. Während andere ihren Montagmorgenkater haben, sind Workaholics aufgedreht. Die meisten Workaholics sind keine Mannschaftsspieler, und da sie alles selbst im Griff haben wollen, fällt es ihnen schwer, Probleme gemeinsam mit anderen zu lösen. Sie halten ihre Arbeitsweise für die beste und lehnen Lösungen ab, die nicht perfekt sind. Wenn der enge Blickwinkel eines Workaholics sich durchsetzt, bleibt wenig Raum für Spontanität und Kreativität. Manche Experten sind daher der Meinung, dass Workaholics am besten allein oder zusammen mit anderen Workaholics arbeiten sollten.[3]

Der Workaholic hat das Gefühl, anders zu sein als seine Kollegen, weil seine Arbeitssucht ihn isoliert. Er glaubt, seine Kollegen könnten nicht verstehen, wie wichtig sein immenses Arbeitsvolumen sei. Hinzu kommt, dass auch Workaholics einander nicht immer verstehen, weil sie einen unterschiedlichen Arbeitsstil haben. Genießerische Workaholics treiben beispielsweise rastlose Workaholics und Workaholics mit Aufmerksamkeitsdefizit zur Weißglut, weil letztere sich in ihrer Leistungsfähigkeit eingeschränkt fühlen (siehe Kapitel 2). Während rastlose Workaholics sich an Zielen orientieren und diese unbedingt erreichen wollen, suchen genießerische Workaholics ständig nach neuen Aufgaben, damit sie Tag und Nacht arbeiten können – sie *machen* sich sogar – bewusst oder unbewusst – neue Arbeit. Dennis, ein Verwaltungsbeamter und genießerischer Workaholic sagte:

Ich neige dazu, nicht nur zu tun, was zu meinem Job gehört, sondern neue Aufgaben und Verantwortlichkeiten zu erfinden, um meine Kollegen zu übertreffen. Gleichzeitig ärgere ich mich über mich selbst, weil ich immer mehr tue, als man von mir erwartet, und mehr, als ich bezahlt bekomme. Darum hasse ich meine Arbeit und die Kollegen.

Die Unternehmensberaterin Gayle Porter erläutert, warum die Arbeitsbelastung des genießerischen Workaholics eines Tages seine Leistung beeinträchtigt:

Wenn wir über zwanghaftes Verhalten reden, müssen wir einen wichtigen Unterschied beachten: Ein Workaholic versucht, sich bei seiner Arbeit große Mühe zu geben, selbst wenn er sie mit weniger Mühe bewältigen könnte. Er redet sich ein, es sei notwendig, am Samstag zu arbeiten, und stellt sorgfältig Aufgaben zusammen, die er ohne diese zusätzliche Arbeitszeit nicht lösen könnte. Ein anderer Arbeiter strengt sich während der Woche an, bittet um Hilfe oder findet einen Weg, seine Pflicht ökonomischer zu erfüllen. Beide tun also ihre Pflicht, aber der eine braucht die ganze Woche dafür. Manche würden nun sagen, der Workaholic sei fleißiger und er arbeite härter – aber er will gar nicht besser arbeiten, sondern lediglich beschäftigt sein.[4]

Dieser enge Blickwinkel, diese sich am Detail festbeißende Arbeitsweise des mit sich selbst beschäftigen genießerischen Workaholics führt zu Problemen. Da die Zeit für alle Workaholics immer drängt, lösen sie ihre Aufgaben oft auf die umständlichste Weise. Workaholics mit Aufmerksamkeitsdefizit verzetteln sich obendrein. Sie treiben sich ständig an und laden sich impulsiv Arbeit auf, ohne vorauszuplanen, so dass es ihnen schwer fällt, mit ihrer Arbeit rechtzeitig fertig zu werden.

Da Workaholics zuviel arbeiten, werden sie irgendwann müde. Ihre Fehlerquote steigt, und sie haben mehr Unfälle als andere. Viele Workaholics leisten daher weniger als ihre Kollegen, die weniger Zeit investieren.

Im Gegensatz zum Workaholic hat ein optimaler Arbeiter ein freundschaftliches und offenes Verhältnis zu seinen Kollegen. Er arbeitet im Team und kann delegieren. Eine landesweite Umfrage, an der sich 1500 Arbeitnehmer aus vielen verschiedenen Branchen beteiligten, enthüllte große Unterschiede in der Leistung von Workaholics und optimalen Arbeitern.[5] Der Leiter der Studie, Dr. Charles Garfield, schloss daraus, dass Workaholics nicht die Höchstleistungen erbringen, die man ihnen oft unterstellt. Die Studie belegt vielmehr, dass Workaholics ihrer Firma schaden, weil sie nach Arbeit, nicht nach Ergebnissen süchtig sind. Sie werden eher durch Furcht motiviert als durch ihre Kreativität, wobei sie nicht gerne notwendige Risiken eingehen, um positive, kreative Resultate zu erzielen. Tabelle 8.1 zeigt, wie optimale Arbeiter sich von Workaholics unterscheiden.

TABELLE 8.1

Porträt eines optimalen Arbeiters

optimale Arbeiter sind:	*Workaholics sind:*
gute Teamarbeiter und fähig zu delegieren	unfähig, zu delegieren oder im Team zu arbeiten
gesellig	Einzelgänger mit wenigen oder keinen Freunden
an der Arbeit und am Ergebnis interessiert	nur an der Arbeit selbst interessiert
von immanenten Bedürfnissen und kreativen Beiträgen motiviert	durch Angst motiviert
leistungsfähig, weil sie das ganze Bild *und* die Schritte zum Ziel sehen	wenig leistungsfähig, weil sie sich verzetteln
kreativ und risikofreudig	wenig risikofreudig und kreativ
fähig, aus Fehlern zu lernen	allergisch auf Fehler (sie versuchen, sie zu meiden oder zu verbergen)

Garfield stellte fest, dass die Karriere des Workaholics einem bestimmten Schema folgt: Er platzt in die Szene, gilt als »der kommende Mann«, steigt rasch auf, weil er soviel Eindruck macht, und bleibt dann stecken, weil er sich in Details verzettelt. Das geschieht meist im mittleren Alter, gleichzeitig mit Herz-Kreislauf-Krankheiten, psychosomatischen Störungen, Alkoholismus, Medikamentenmissbrauch und Eheproblemen.

Arbeitsverhältnisse, die Arbeitssucht fördern

Workaholics könnten ohne ihren Arbeitsplatz nicht überleben. Die Atmosphäre dort ermutigt sie, weil Treue zur Firma auf

Kosten der eigenen Interessen immer noch als vorbildlich gilt. Workaholics fühlen sich oft von Arbeitsplätzen dieser Art angezogen, weil sie ja hart arbeiten wollen. Die Unternehmen müssen sich also vorhalten lassen, dass sie Arbeitssucht möglich machen und fördern. Viele Betriebe sind, vom Arbeiter bis zum Direktor, auf Arbeitssucht eingestellt. Im Gegensatz zu den Slogans, die zum Verzicht auf Drogen auffordern (»Sag einfach nein«), verkünden »arbeitssüchtige Firmen« eine andere Botschaft: »Nimm noch was mit nach Hause.« Irgendwann schaden diese Unternehmen allen ihren Mitarbeitern, einerlei, ob sie Workaholics sind oder nicht. Firmen, die geradezu nach Workaholics suchen und Arbeitssucht fördern, sind für Menschen mit dieser Einstellung attraktiv. Wer kein Workaholic ist, fühlt sich dagegen in solchen Betrieben nicht wohl. Viele Unternehmen haben die Zahl der Leitungsebenen reduziert, um wettbewerbsfähig zu bleiben, und vier Mitarbeiter müssen jetzt die Arbeit bewältigen, die bisher fünf geleistet haben.[6]

Sind Sie überarbeitet? Wurden Sie herabgestuft? Sind Sie vom Stellenabbau betroffen? Oder sorgen Sie dafür, dass andere überarbeitet sind, herabgestuft oder entlassen werden? Heutzutage sind auch nicht-arbeitssüchtige Arbeitnehmer gezwungen, härter zu arbeiten, um ihren Arbeitsplatz nicht zu verlieren, etwa durch eine Firmenübernahme. Arbeitgeber fördern die Arbeitssucht, indem sie weder die Arbeitszeit beschränken noch die Arbeit, die ihre Mitarbeiter nach Hause mitnehmen. Sie werten das Familienleben ab und loben jene, die rastlos arbeiten, anstatt harmonisch zu leben. Manche Firmen verwirren ihre Angestellten (typisch für Workaholics). Sie behaupten, Workaholics seien unerwünscht, überwachen aber die Arbeitszeit streng und setzen ihre Mitarbeiter subtil unter Druck, damit sie länger arbeiten. Es ist erschreckend, dass 46 Prozent aller Berufstätigen über zuviel Stress am Arbeitsplatz klagen.[7]

Manche Firmen werden beschuldigt, ihre Mitarbeiter zu manipulieren, um den Profit zu steigern. Sie setzen Termine, die nicht einzuhalten sind, drohen mit nicht existierender Konkurrenz und behaupten, die Kunden seien unzufrieden, selbst wenn das nicht stimmt. Diese Methoden lösen bei den Beschäftigten Paranoia, Stress und einen hohen Adrenalinspiegel aus, denn sie können nie wissen, welche Krisen echt und welche vorgetäuscht sind. Leslie Wright und Marti Smye benutzen in ihrem Buch *Corporate Abuse* den Ausdruck »Opferkultur«, um jene Unternehmen zu charakterisieren, die Krisen erfinden, um ihre Angestellten zu höherer Leistung anzutreiben:

> In einer Opferkultur fühlen die Mitarbeiter sich für ihre Firma verantwortlich, vor allem wenn sie unzureichende Leistung mit unzureichendem Selbstwertgefühl gleichsetzen. Solche Menschen werden zu Workaholics. Sie versuchen ohne Unterlass, alles in den Griff zu bekommen, indem sie immer länger arbeiten und auf nahezu alles andere verzichten. Wenn sie langsamer arbeiten oder sich entspannen, haben sie Angst, man werde sie als faul oder unfähig abstempeln. In ihrem Streben, »gut genug« zu sein, arbeiten sie hektisch und konzentrieren sich auf Quantität statt auf Qualität. So bringen sie sich selbst und ihre Kollegen an den Rand des Zusammenbruchs.
>
> Fehler sind in dieser Atmosphäre unvermeidlich. Die Firma hält sich für wichtiger als ihre Beschäftigten und ist bereit, hervorragende Mitarbeiter zu opfern, um ihren Standpunkt zu beweisen.[8]

Anne Wilson Schaef und Diane Fassel sind der Meinung, dass viele Firmen Arbeitssucht vertuschen und sie sogar begünstigen und als vorbildlich hinstellen, weil sie scheinbar die Produktivität steigert.[9] Schaef und Fassel behaupten, dass Manager und andere Personen in Schlüsselstellungen das organisatorische System und die Mitarbeiter negativ beeinflussen, indem sie Arbeitssucht auf jeder Ebene fördern. Die Autorinnen nennen sechs Kennzeichen von Firmen, die Arbeitssucht in der Produktion und im Besprechungszimmer fördern. Diese Kennzeichen sind im Bereich der Gesundheitsfürsorge besonders auffällig. Dort wird die menschliche Komponente von der Arbeitsbelastung überschattet.[10]

1. *Die Mission des Unternehmens wird geleugnet, ignoriert oder vergessen.* Die Mitarbeiter sind so sehr damit beschäftigt, produktiv zu sein, dass sie nicht mehr daran denken, für wen sie da sind.

2. *Das Überleben der Firma ist vorrangig.* Die Mitarbeiter sind Gegenstände, die man benutzt und nach Gebrauch wegwirft. Die Firma berät ihre Mitarbeiter im Umgang mit Stress, damit sie mehr leisten. Während die Beschäftigten zusammenbrechen, gedeiht das Unternehmen.

3. *Der Profit ist die treibende Kraft der Firma.* Der Betrieb strebt nach schnellem Profit anstatt nach langfristigen Lösungen, obwohl die Integrität und die Mission des Unternehmens sowie die seelische Gesundheit der Angestellten darunter leiden.

4. *Das »Workaholic-Umfeld« ist egozentrisch und kennt weder Grenzen noch Respekt.* Von den Mitarbeitern wird erwartet, dass sie am Freitag prall gefüllte Aktenmappen mit nach Hause nehmen oder an Feiertagen und Wochenenden am Faxgerät, Computer und Handy kleben. Die Firma nimmt keine Rücksicht auf das Privatleben ihrer Beschäftigten. Sie ist egoistisch, gierig und anspruchsvoll. Mitarbeiter können jederzeit »abgebaut« werden, unabhängig von ihren persönlichen oder familiären Bedürfnissen. Andererseits lockt die Firma ihre Angestellten mit Vergünstigungen und Prämien. Sie kauft sich die Loyalität der Mitarbeiter, obwohl es vielen schlecht geht und die Arbeitsmoral niedrig ist. Aber eine Kündigung erscheint ihnen nicht als realistische Alternative.

5. *Krisenmanagement ist in »arbeitssüchtigen Unternehmen« die Norm.* Die Krise verändert die Ziele der Firma: Nicht mehr die Bedürfnisse und das Wohl der Mitarbeiter stehen im Vordergrund, sondern die Überwindung der Krise. Wenn ein Unternehmen blindlings auf Probleme reagiert, muss es ständig neue Brände löschen. Dadurch bleiben die Beschäftigten immer auf Trab und konzentrieren sich auf die Bedürfnisse der Firma, während sie ihre eigenen vernachlässigen. Langfristige Planung spielt keine große Rolle oder ist sogar unerwünscht.

6. *Es gibt keine menschliche Nähe am Arbeitsplatz.* Die Mitarbeiter sind kleine Rädchen im Getriebe der Firma. Die Atmosphäre ist kalt und unpersönlich. Geselligkeit und enge Beziehungen werden auf ein Minimum beschränkt oder sind sogar unerwünscht. Die Firma geht davon aus, dass Personal ebenso ersetzt werden kann wie die Teile einer Maschine.

Workaholics fühlen sich in Unternehmen wohl, die diese sechs Merkmale aufweisen. Sie arbeiten sich in der Firma hoch und sorgen dafür, dass die Arbeitssucht auf allen Ebenen weiter begünstigt wird. Effiziente Arbeiter sind jedoch nicht immer bereit, ihr ganzes Leben unvernünftigen Arbeitsanforderungen zu opfern, und manchmal ändern sie ihr Leben drastisch, wie der Fall Rocky Rhodes (siehe unten) zeigt. Es gibt auch Firmen, die Arbeitssucht bekämpfen und sich um menschliche Arbeitsverhältnisse bemühen. George A. Schaefer, der Aufsichtsratvorsitzende von Caterpillar, ist ein Beispiel für Firmenchefs, die Wert darauf legen, dass ihre Mitarbeiter ein harmonisches Leben führen:

> Ich will keine Workaholics im Betrieb haben. Einer meiner Vorgänger befürwortete ein »Leben auf einem Quadrat«: Eine Seite symbolisiert die Arbeit, die zweite die Familie, die dritte die Spiritualität und die vierte das Leben in der Gemeinschaft. Ich glaube, wir sind gesünder, glücklicher und auch produktiver, wenn wir auf allen Seiten dieses Quadrats leben.
> Ich bezweifle, dass Workaholics ein Leben lang produktive Manager sein können. Sie haben nicht gelernt zu delegieren, bemühen sich nicht, ökonomischer zu arbeiten, und können keine Prioritäten setzen.[11]

Ein Manager stuft sich selbst herab
Von Shari Caudron

Jahrelang arbeitete Rocky Rhodes, der Mitgründer und Chefingenieur von Silicon Graphics in Mountain View, Kalifornien, regelmäßig 60 bis 70 Stunden in der Woche. Es machte ihm Spaß, am Aufbau eines Unternehmens mitzuwirken, das 2,2 Milliarden Dollar wert ist und weltweit mehr als 11.000 Mitarbeiter hat. Doch als 1987 sein erster Sohn geboren wurde, schaute er ihm in die Augen und spürte, dass etwas in ihm sich änderte. »Ich begann das Leben mit anderen Augen zu sehen«, sagte er. Fünf Jahre später kam sein drittes Kind auf die Welt, und Rhodes wusste, dass er etwas gegen seinen hektischen Lebensstil tun musste. Er setzte neue Prioritäten – für immer.

Nachdem er jahrelang erfolglos versucht hatte, seine Zeit in den Griff zu bekommen, indem er sich weigerte, abends und am Wochenende zu arbeiten, beschloss er, seine stressige Karriere in der High-Tech-Industrie aufzugeben. Früher beaufsichtigte er zahlreiche Ingenieure, die wie besessen an einer neuen Software arbeiteten; heute arbeitet er nur noch 20 Stunden in der Woche als technischer Berater. »Ich werde wie jeder andere Teilzeitarbeiter bezahlt«, sagt er. »Aber ich war noch nie so glücklich.«

Immer mehr Manager kommen nach jahrelangem beruflichen Stress zu der Auffassung, dass es ein besseres Leben geben muss. Während die meisten anderen nie aufhören, die Karriereleiter hinaufzuklettern, steigen sie von der Leiter herunter. Karriere und Freude am Beruf sind für sie nicht das Wichtigste im Leben. Sie ziehen es vor, glücklich zu sein. »Ich ging ebenso in meinem Beruf auf wie viele andere«, erklärt Rhodes. »Aber als ich über meine Werte und Ideale nachdachte, wurde mir klar, dass ich nicht der Mensch war, der ich sein wollte.«

Menschen wie Rhodes scheinen die Vorkämpfer eines landesweiten Trends zu sein. Aus einer Umfrage des *U. S. News & World Report* und der Werbeagentur Bozell Worldwide im Jahr 1996 geht hervor, dass 48 Prozent der Amerikaner in den letzten fünf Jahren ihr Leben vereinfacht haben. Unter anderem haben sie ihre Arbeitszeit verringert und Beförderungen abgelehnt. Weitere 51 Prozent sagten, Zeit sei ihnen wichtiger als Geld. Ähnliche Ergebnisse erbrachte eine Umfrage von Du Pont & Co. bei ihren Mitarbeitern. In den letzten zehn Jahren haben 21 Prozent der Beschäftigten Überstunden oder eine anstrengendere Beschäftigung abgelehnt.

Was geht da vor? Ist der berufliche Aufstieg kein Lebensziel mehr? Vor einigen Jahren war er es noch; heute hat sich einiges geändert. Der Personalabbau geht weiter, und die Angst vor dem Verlust des Arbeitsplatzes nimmt zu. Viele Menschen – einerlei, wie sicher ihr Arbeitsplatz heute ist – fragen sich, ob sie noch so viel in einen Beruf oder eine Firma investieren sollen wie bisher.

Alle diese Menschen tragen zu dem landesweiten Trend bei, dessen Ziel ein einfacheres Leben ist. Sie geben freiwillig eine glänzende Karriere und die damit verbundenen materiellen Vorteile auf und stellen sich auf ein schlichteres, aber erfülltes Leben um. Gerald Celente, der Direktor des Trends Research Institute in Rhinebeck, erwartet, dass dieser Trend, der zur Zeit nur etwa vier Prozent der Bevölkerung erfasst hat, im Jahr 2000 15 Prozent der Amerikaner erreicht.

David Heitmiller ist ein gutes Beispiel. Im Alter von 48 Jahren, nach 17 Jahren bei US West Inc., gab er seine Stellung als Manager für Normen und Technik auf, um erfüllter leben zu können. Er hatte einfach genug vom unaufhörlichen Personalabbau und den ständigen Umstrukturierungen seiner Firma. »Die Unternehmensführung wusste selbst nicht mehr, worauf sie eigentlich hinauswollte«, sagt er. »Meine Arbeit wurde abstrakter, ich sah weniger Ergebnisse, und die Projekte waren weniger befriedigend.«

Als sein Plan, die Alltagswelt zu verlassen, Ende der 80er Jahre Gestalt annahm, begannen David und seine Frau – die bereit war, auf eine erfolgreiche Hochschulkarriere zu verzichten – zu überlegen, wie sie finanziell über die Runden kommen konnten. Sie fingen an zu sparen, anstatt auszugeben. Und sie verkauften ihren teuren Besitz.

Sie brauchten ein paar Jahre, aber inzwischen haben sie ihre frühere Welt völlig aufgegeben. Einst besaßen sie ein Haus im Wert von 250.000 Dollar, zwei Luxusautos, eine Yacht und maßgeschneiderte Anzüge und Kostüme im Wert von jeweils 500 Dollar. Dreimal in der Woche aßen sie im Restaurant. Heute leben sie von ihren Ersparnissen, wohnen in einem 60-Quadratmeter-Apartment und besitzen nur noch ein Auto. Außerdem essen sie viel öfter zu Hause.

Vermisst David den Luxus? Kaum. »Wie andere Leute auch, war ich ein Opfer der Du-bist-was-du-hast-Mentalität. Aber eines Tages hatte ich es satt, dem allmächtigen Dollar nachzujagen, nur um noch mehr unnützes Zeug zu kaufen.« Seinem alten Beruf weint er keine Träne nach. Er arbeitet jetzt ehrenamtlich und schreibt mit seiner Frau ein Buch über seine Erfahrungen mit dem einfacheren Leben.

Für Rhodes war es ziemlich leicht, sein Leben zu ändern, weil das Unternehmen, das er mitaufgebaut hatte, so erfolgreich war. Die meisten anderen Menschen müssen sorgfältig vorausplanen, Geld sparen und ihren Lebensstil vereinfachen. Außerdem müssen sie sich genau überlegen, ob sie psychologisch auf ein Leben vorbereitet sind, bei dem der Beruf nicht im Mittelpunkt steht. Was wird aus ihrem Selbstwertgefühl? Welche Struktur hat der Tag?

Barbara Ahern, die ehemalige Vizepräsidentin von Charles Schwab & Co. in San Francisco, verließ die Firma nach 18 Jahren. »Aus dem innovativen, schnell wachsenden Unternehmen, das ich liebte, war eine von vielen bürokratischen Firmen geworden«, sagt sie. Sie verzichtete auf ihr sechsstelliges Jahresgehalt und ihre Rolle als Ernährerin der Familie und zog mit ihrem Mann in ein Mietshaus, das ihnen gehörte. Ihren Lebensstil haben die beiden drastisch vereinfacht.

Das größte Problem für sie war nicht der Einkommensverlust, sondern der Verlust an Anerkennung. »Wenn man arbeitet, erfährt man ständig, wie man arbeitet. Aber ich bekomme keinen vierteljährlichen Bericht über meine Leistung als Mutter oder Freundin oder Ehefrau. Manchmal frage ich mich, ob überhaupt jemand zur Kenntnis nimmt, was ich tue.« Dennoch fühlt sich die 45jährige intellektuell mindestens so ausgefüllt wie bei Schwab & Co. »Jetzt lese ich sogar das *Wall Street Journal*. Früher hatte ich nie Zeit dafür.«

Bevor Sie darangehen, Ihr Leben zu vereinfachen, müssen Sie sich Zeit nehmen und überlegen, was Sie mit Ihrem Leben wirklich anfangen wollen.

Barbara Ahern rät: »Auch wer jetzt noch keine solchen Pläne hat, sollte sich vorbereiten. Die Arbeitswelt verändert sich so schnell, dass die Arbeit, der Beruf, den Sie heute lieben, in fünf Jahren vielleicht nicht mehr existiert.«[12]

Arbeiten Sie auch in einem Unternehmen, das die Arbeitssucht fördert? Wenn Sie sich nicht sicher sind, machen Sie den Test in Tabelle 8.2.

TABELLE 8.2
Missbrauch durch den Arbeitgeber –
wie schätzen Sie Ihre Firma ein?

Arbeiten Sie in einer Firma, die Arbeitssucht, Stress und Erschöpfung fördert? Oder nimmt Ihre Firma Rücksicht auf menschliche Faktoren? Testen Sie Ihre Firma, indem Sie folgende Fragen mit ja oder nein beantworten:

1. Müssen Sie so hastig arbeiten, dass kaum Zeit bleibt, mit Kollegen zu plaudern?

2. Finden Sie Ihre Umgebung kalt, steril oder unmenschlich?

3. Sind Krisen, Chaos und Druck für Ihren Arbeitsplatz typisch?

4. Arbeiten Sie für ein Unternehmen, dem der Profit wichtiger ist als das Wohlbefinden und die Arbeitsmoral seiner Beschäftigten?

5. Hängt Ihr Erfolg in der Firma davon ab, ob Sie abends, am Wochenende oder an Feiertagen arbeiten?

6. Glauben Sie, dass Ihre Firma Arbeitssucht fördert?

7. Haben Sie es immer eilig, und arbeiten Sie gegen die Uhr?

8. Müssen Sie an vielen Projekten gleichzeitig arbeiten?

9. Setzt Ihre Firma Sie mit kurzfristig festgelegten, knappen Terminen unter Druck?

10. Haben Sie Beschwerden, deren Ursache beruflicher Stress ist?

11. Ist das Wohlbefinden der Mitarbeiter für Ihre Firma wichtiger als der Profit?

12. Unterstützt Ihre Firma Mitarbeiter, die sich um ihre Familie kümmern müssen oder erschöpft sind?

13. Ist die Arbeitsatmosphäre entspannt, locker und freundlich?

14. Fühlen Sie sich in Ihrer Firma als menschliches Wesen?

15. Können Sie die Arbeit beschränken, die Sie mit nach Hause nehmen, und haben Sie Wochenenden und Feiertage für sich selbst und Ihre Familie?

16. Hat Ihre Firma ein langfristiges, echtes Interesse an Ihnen als Mensch?

17. Betrachtet Ihre Firma Geburtstage, Feiertage und Geselligkeit als integrale Bestandteile der Arbeitszeit?

18. Sind Ihre Kollegen kooperativ und aufgeschlossen?

19. Können Sie mit jemandem reden, wenn Sie ein Problem am Arbeitsplatz haben, und wird Ihnen geholfen?

20. Ist Ihre Arbeit erfüllend, hat sie für Sie einen Sinn?

Auswertung

Beginnen Sie mit 60 Punkten. Ziehen Sie für jedes Ja auf die Fragen 1–10 zwei Punkte ab, und addieren Sie für jedes Nein zwei Punkte. Ziehen Sie für jedes Nein auf die Fragen 11–20 zwei Punkte ab, und addieren Sie zwei Punkte für jedes Ja.

Punkte	Note	Bewertung
unter 60	6	Schlecht! Ein Paradies für Workaholics, viel Stress, Missbrauch durch den Arbeitgeber.
60–69	4	Unterdurchschnittlich.
70–79	3	Durchschnittlich.
80–89	2	Gut.
90–100	1	Ausgezeichnet! Gute Atmosphäre. Aber Workaholics können ihrer Arbeitssucht selbst hier frönen.

Der Chef aus der Hölle

Winkt Ihr Chef mit der Uhr und droht dem Himmel mit der Faust, weil die Zeit immer knapp ist? Rennt er herum und stöhnt über seinen Zeitmangel, löst er dadurch Krisen aus? Setzt er knappe Termine, und bürdet er Ihnen mehr Arbeit auf, als ein Mensch bewältigen kann? Wenn ja, ist Ihr Chef ein Workaholic.

Andrea arbeitete für eine große Zeitung. Ihr Chef war ein Workaholic, der seine Mitarbeiter regelmäßig mitten in der Nacht weckte – auch am Wochenende – und nach irgendwelchen nebensächlichen Fakten fragte, um eine Schlagzeile für den nächsten Morgen zu finden.

»Natürlich war alles geschlossen, und manchmal telefonierte ich bis drei Uhr morgens mit Tokio, um die Information zu bekommen, die er haben wollte«, erzählte Andrea. »Bei uns folgte eine Krise der anderen.«

Workaholics werden für ihren Versuch, andere zu ändern und im Griff zu haben, oft mit einer leitenden Stellung belohnt. Manche Chefs fördern die Arbeitssucht ganz offen, andere gehen subtiler vor. Da sie für alles verantwortlich sein wollen, schlecht kommunizieren können und ihre Gefühle unterdrücken, sind sie meist schlechte Manager. Ein Manager, der seine eigenen Gefühle nicht kennt, ist auch blind für die Gefühle und Bedürfnisse seiner Untergebenen. Wenn es ihm schwer fällt, Gefühle auszudrücken, können seine Mitarbeiter kein Lob und keine Anerkennung von ihm erwarten. Anstatt um Rat zu fragen, sich andere Meinungen anzuhören oder auch einmal eine Schwäche zu zeigen, neigen arbeitssüchtige Chefs dazu, mit eiserner Faust zu regieren. Sie schüchtern andere ein, um ihre eigene Unsicherheit zu verbergen – anstatt ihre Untergebenen zu fördern, untergraben sie unbewusst deren Erfolg, weil sie um ihre eigene Position fürchten. Sie verlangen von anderen, sich nach ihren unmenschlichen Maßstäben zu richten, und erwarten von ihnen, dass sie lange und hektisch arbeiten. Alle, die sie beaufsichtigen, sind gestresst und fühlen sich miserabel – die Arbeitsmoral sinkt, die Erschöpfung nimmt zu.

Es kann ein Alptraum sein, unter einem Chef zu arbeiten, der ein Workaholic ist. Ich habe es getan und weiß, was es bedeutet. Vielen Millionen Menschen geht es ebenso: Sie bekommen Angst, wenn sie nur daran denken, eine weitere Woche mit ihrem arbeitssüchtigen Vorgesetzten oder Chef verbringen zu müssen. Tabelle 8.3 zeichnet ein Bild vom arbeitssüchtigen Chef.

Alkoholiker freuen sich am meisten über einen Kumpel, mit dem sie trinken können. Workaholics verachten »Waschlappen« und umgeben sich gerne mit Leuten, die mit ihrem Tempo mithalten können. Arbeitssüchtige Vorgesetzte und Chefs verbreiten Arbeitssucht, weil sie unerreichbare Ziele setzen, und versuchen, ihre hektische Arbeitsweise den Mitarbeitern aufzudrängen:

Ein ehemaliger Präsident von ITT arbeitete 60 Stunden in der Woche und hielt spät am Abend Konferenzen ab. Manche Firmen schicken allen Beschäftigten ein Memorandum, in dem eine 50-Stunden-Woche als Minimum bezeichnet wird. Dieser Druck löst bei den Leitenden Schuldgefühle aus, wenn sie nicht so lange arbeiten wie die anderen, und sie haben Angst um ihren Arbeitsplatz, wenn sie samstags nicht am Schreibtisch sitzen.[13]

TABELLE 8.3

Porträt des arbeitssüchtigen Chefs

– Er schaut seinen Mitarbeitern ständig über die Schulter und
  überwacht ihre Arbeit, weil er nicht delegieren will.
– Er treibt seine Mitarbeiter ständig an, so dass sie sich gestresst
  oder ausgebrannt fühlen.
– Er stellt unvernünftige Forderungen, was Arbeitszeit, Arbeitsbelastung und Termine betrifft.
– Er leidet an Stimmungsschwankungen, so dass seine Mitarbeiter nie wissen, was sie zu erwarten haben.
– Er erzeugt ein Klima der Hektik und der Spannung und nimmt
  keine Rücksicht auf die Gefühle oder das Privatleben der Beschäftigten.
– Er kann seine Zeit nicht sinnvoll einteilen, weil er zu viele Termine hat und zu vieles gleichzeitig tun will.
– Er ist gnadenlos zu sich selbst, aber auch zu seinen Mitarbeitern, wenn sie versuchen, unmögliche Ziele zu erreichen.
– Er ist überkritisch und duldet selbst die kleinsten Fehler nicht.

Arbeitssüchtige Chefs sind überkritisch, verlangen zu viel und
dulden keine Fehler. Dadurch behindern sie die Produktivität
der Mitarbeiter. Die Folge sind Disharmonie, häufige Fehlzeiten, Verspätungen, Misstrauen und Konflikte. Dieser Füh-
rungsstil verringert die Leistung und die Arbeitsmoral; er
macht Teamarbeit und kreatives Brainstorming unmöglich.
Judith berichtet, wie schwer es ist, mit der Verkaufsleiterin
einer Computerfirma zusammenzuarbeiten:

Susans Arbeitssucht ist für mich und die anderen Verkäufer und
Verkäuferinnen unerträglich. Sie ist 47, fängt um halb acht an zu
arbeiten und geht vor acht oder neun Uhr abends nicht nach Hause. Zu Hause arbeitet sie meist noch ein paar Stunden, ehe sie zu
Bett geht. Ihr Mann war so frustriert über ihre Arbeitssucht, dass
er eine Stelle als Vertreter annahm; denn in seiner Beziehung ist
kein Platz für seine Interessen und Bedürfnisse. Susan hat keine
Zeit für die Familie – alle ihre Bekannten arbeiten in der Firma.
Sie lässt ihre Untergebenen nicht selbständig arbeiten, sondern
will überall mitmischen und brennt dabei aus. Sie kann nicht delegieren oder abwarten, bis ein Auftrag erledigt ist. In Susans Leben
gibt es nichts anderes als die Arbeit. Wenn sie sich einmal einen

Tag frei nimmt, verschickt sie E-Mails an ihre Mitarbeiter, von denen die meisten frustriert sind. Sie achtet streng darauf, dass alles so läuft, wie sie es haben will. Sie ist eine Perfektionistin und sitzt uns ständig im Nacken, wenn wir telefonieren oder E-Mails versenden. Sie glaubt, niemand könne ordentlich arbeiten, wenn sie nicht da ist. Darum hat sie ihre Finger überall drin.

Unsere Arbeitsmoral hat einen Tiefpunkt erreicht. Wir sind kein Team, sondern ständig frustriert, weil wir nie schnell genug arbeiten können, um Susans Ansprüchen zu genügen. Unser »Frustrationsspiegel« steigt und fällt mit Susans unvorhersehbaren Launen.

Manche Kollegen versuchen, ihr alle Wünsche zu erfüllen, und werden dabei ebenso verrückt wie sie – sie arbeiten pausenlos. Manche kommen mit blutunterlaufenen Augen ins Büro und sehen aus, als hätten sie drei oder vier Tage lang nicht geschlafen. Es ist wirklich hart.

Manchmal wissen wir nicht, wie sie im nächsten Augenblick reagiert. Sie geht oft an die Decke und lässt ihre Frustration an uns aus. Wenn wir wieder einmal überlastet sind, heizt sie unsere Frustration noch an, so dass wir uns in den Akten vergraben. Aber auch dann lässt sie uns keine Ruhe. Wenn sie merkt, dass wir in Arbeit versinken, fragt sie uns trotzdem, was wir eigentlich tun, und pickt sich ein Opfer heraus. Sie schaut uns über die Schulter, sieht, dass wir beschäftigt sind und nicht so reagieren, wie sie es will, und springt uns an die Gurgel. Anstatt uns zu helfen, vergrößert sie unseren Stress.

Einerlei, wie sehr die Mitarbeiter sich bemühen, sie können den perfektionistischen Anforderungen nie genügen und fangen schließlich an zu grollen. Sie bekommen kaum ein lobendes Wort, und ihre Arbeit ist dem Chef fast nie gut genug. Die Stimmung eines Workaholics kann innerhalb eines Tages oder Wochenendes völlig umschlagen. Es ist sehr anstrengend, mit einem Vorgesetzten zu arbeiten, der unruhig und gereizt wird, wenn ihm der Adrenalinschub fehlt. Da seine Stimmung schwankt, versuchen die Mitarbeiter, es ihm nachzutun, damit er zufrieden ist. Viele Angestellte vergleichen ihren arbeitssüchtigen Chef mit Jekyll und Hyde. Sie wissen nie, was sie sagen oder tun sollen, und verlieren eine Menge Energie im Bemühen, es herauszufinden. Sie versuchen, sich den Launen ihres Chefs anzupassen, und werden dabei frustriert oder erschöpft.

Willa, die Büroleiterin eines prominenten Anwalts, beklagt sich über die Launen ihres grantigen Chefs:

> Heute ist er glücklich, morgen ist er mürrisch. Er arbeitet Tag und Nacht und spricht kaum mit seinen Angestellten. Er kommt herein, geht in sein Büro, schließt die Tür und bleibt den ganzen Tag drin. Alle laufen auf Zehenspitzen herum und haben gelernt, ihn nicht anzusehen, um nicht zur Zielscheibe seines Ärgers zu werden. Die Spannung ist so dick, dass man sie mit dem Messer schneiden könnte. Wenn er schlecht gelaunt ist, habe ich das Gefühl, einen Fehler gemacht zu haben, und mache mir den ganzen Tag lang Sorgen oder versuche, ihn aufzuheitern. Obwohl es zu meinen Aufgaben gehört, mit ihm über Probleme zu reden, die gelöst werden müssen, fürchte ich mich davor. Wenn eine Besprechung sich nicht vermeiden lässt, muss ich jedes Wort sorgfältig abwägen. Wenn ich es falsch anpacke oder zu negativ klinge, geht er in die Luft.

Arbeitssüchtige Chefs sind dafür berüchtigt, dass sie Versprechen nicht einhalten, weil die Termine, die sie setzen, nicht einzuhalten sind. Das Arbeitsklima ist unbeständig, so wie im Haus eines Alkoholikers. Angst und Unsicherheit sind bei Mitarbeitern in einer solchen Situation normale Reaktionen. Manche sind wütend und verwirrt oder leiden an Schuldgefühlen, andere fühlen sie erniedrigt oder sind deprimiert. Sie versuchen zu erraten, was ihr Chef von ihnen will, tappen dabei aber im Dunkeln. Viele sind am Ende ihres Berufslebens schwer angeschlagen. Geringe Selbstachtung, schlechtes Anpassungsvermögen und Beziehungsprobleme sind die Folge, wenn Arbeitnehmer sich bemühen, unrealistische Erwartungen zu erfüllen. Anstatt gute Arbeit zu leisten, vergeuden sie ihre Energie damit, Fehler zu vertuschen und Erfolge vorzutäuschen. Viele rächen sich mit passivem Widerstand. Ein Angestellter sagte, er arbeite so wenig wie möglich, um es seinem Chef heimzuzahlen, wobei seine Leistung unter einem anderen Chef drastisch steigen könne.

Anstatt ihrer Firma zu nutzen, verursachen ihr Workaholics

Kosten: Die Produktivität sinkt, und die Beschäftigten sind häufiger krank. Sie leiden an stressbedingten Krankheiten wie Bluthochdruck, Herzbeschwerden, Verdauungsstörungen und Depressionen. Allein durch Herzkrankheiten, die mit der Arbeitsbelastung zusammenhängen, gehen jährlich 135 Millionen Arbeitstage verloren. Workaholics kosten die Unternehmen insgesamt etwa 150 Milliarden Dollar im Jahr. Das folgende Fallbeispiel stammt von Milton Bordwin:

Francis C. Dunlavey arbeitete bei der Versicherung Kemper als Schadenssachverständiger. Als seine Firma mit einer anderen Versicherung fusionierte, änderte sich vieles. Das Verfahren bei der Schadensabwicklung wurde geändert, neue Vorgesetzte kamen, und vor allem stieg die Arbeitsbelastung. Dunlaveys Vorgesetzter stellte unrealistische Forderungen und setzte ihn ständig durch ungünstige Beurteilungen herab.

Dunlavey machte Überstunden. Er arbeitete von halb sieben morgens bis halb sieben abends und dazu einige Stunden am Wochenende. Schließlich litt er an schweren Depressionen, und seine Ärzte waren der Meinung, die Ursache sei der Stress am Arbeitsplatz. Daraufhin verlangte Dunlavey Schadensersatz von seiner Firma, und sowohl das Bezirksgericht als auch der oberste Gerichtshof des Staates Iowa gaben ihm Recht. Sie urteilten, die Zustände an seinem Arbeitsplatz hätten Dunlaveys Depressionen ausgelöst.[14]

Veränderungen am Arbeitsplatz

Früher glaubten die Unternehmen, Workaholics seien eine Garantie für höhere Umsätze. Heute stellen immer mehr Firmen fest, dass Harmonie am Arbeitsplatz ihnen größeren Nutzen bringt. Verkäufer, die ein ausgeglichenes Leben führen, wirken beispielsweise auf potentielle Kunden sympathischer als ihre hektischen, ständig unter Druck stehenden Kollegen, die andere eher abschrecken.

Wie können amerikanische Unternehmen all die Probleme angehen, die mit der Arbeitssucht verbunden sind, und in klingender Münze davon profitieren? Diese Frage wird immer häufiger gestellt. Viele Betriebe weigern sich, bekannte Workaholics einzustellen. In den 90er Jahren geht es darum, Mitarbeitern auf kostengünstige Weise zu helfen, wenn sie familiäre oder gesundheitliche Probleme haben. Zahlreiche Arbeitgeber bemühen sich, die Kluft zwischen Arbeit und Familie zu überbrücken. Es gibt spezielle Programme, die Beschäftigten helfen, wenn sie an Stress leiden. Es werden Aktionspläne aufgestellt, die das Arbeitsklima verbessern sollen und auf die Bedürfnisse des Unternehmens zugeschnitten sind.

Immer mehr Unternehmen fangen an, Mitarbeiter einzustellen, die sozial ausgewogen leben: Sie führen Vaterschaftsurlaub, Job Sharing und flexible Arbeitszeit ein. Arbeitssüchtige Chefs und Mitarbeiter werden in Kurse über Stressabbau oder Meditation geschickt. Immer mehr Vorgesetzte raten ihren Untergebenen direkt oder indirekt, kürzer zu treten. Eine wachsende Zahl von Unternehmen, darunter General Mills, bestehen darauf, dass die Beschäftigten ihren Urlaub nehmen. Eines Tages erklärte auch Susans Chef: »Sie hatten gestern keinen freien Tag, weil Sie wieder E-Mails verschickt haben. Also nehmen Sie sich noch einen Tag frei. Kommen Sie nicht ins Büro, und vergessen Sie die Arbeit für eine Weile.«

Firmen können das Bewusstsein ihrer Mitarbeiter mit Plakaten, Vorträgen und Seminaren über Gesundheit am Arbeitsplatz fördern. Wenn die Beschäftigten von Fachleuten informiert werden, die keine Betriebsangehörigen sind, lernen sie die Folgen der Arbeitssucht kennen, ohne sich bedroht zu fühlen.

Die Unternehmensführung sollte beurteilen können, in welchem Umfang ihre Firma die Arbeitssucht begünstigt. Die sechs Merkmale des »arbeitssüchtigen Unternehmens« und der Test in Tabelle 8.2 ermöglichen eine objektive Bewertung. So lässt sich feststellen, was geändert werden muss, um zuerst das Wohlbefinden der Mitarbeiter und danach den Gewinn des Betriebes zu verbessern.

Arbeitsplätze ohne Arbeitssucht können Stress, Erschöpfung, Krankheiten, unzureichende Kommunikation und niedrige Arbeitsmoral drastisch reduzieren und die Kosten der Unternehmen jährlich um Milliarden Dollar senken. Von einem besseren Arbeitsklima profitieren Unternehmen, Mitarbeiter und letztlich auch die Verbraucher, weil sie bessere Produkte bekommen.

Vorschläge für Therapeuten

Fragen Sie sich zunächst, welches Umfeld Sie sich an Ihrem eigenen Arbeitsplatz geschaffen haben. Ist die Atmosphäre hektisch oder entspannt? Der Test in Tabelle 8.2 zeigt Ihnen, ob Sie mit gutem Beispiel vorangehen – das ist sehr wichtig, wenn Sie mit Workaholics und deren Angehörigen arbeiten.

Die folgenden Vorschläge können Ihren Patienten helfen, wenn sie selbst arbeitssüchtig sind oder aber ihr Chef ein Workaholic ist.

Der Umgang mit einem arbeitssüchtigen Chef

Selbst wenn Ihr Patient keine andere Wahl hat, als für einen Workaholic zu arbeiten, kann er allein oder gemeinsam mit seinen Kollegen einiges unternehmen, was ihm langfristig hilft.

– *Stecken Sie Ihre Grenzen selbst ab.* Lassen Sie nicht die Firma entscheiden, was für Sie vernünftig ist. Denken Sie über Ihre Arbeit und Ihr Leben nach, und treffen Sie diese Entscheidung selbst. Wie weit wollen Sie Ihrem arbeitssüchtigen Chef entgegenkommen? Rechnen Sie damit, dass Sie ein Machtwort sprechen müssen, wenn Ihr Chef Ihre Grenzen überschreitet. Sie werden häufig entscheiden müssen, ob Sie Überstunden machen oder am Wochenende arbeiten – vielleicht sagen Sie nicht gerne nein. Aber wenn Sie überlastet sind, brauchen Sie deswegen keine Schuldgefühle zu haben.

– *Bewahren Sie Ihr Gleichgewicht.* Wir sind alle selbst dafür verantwortlich, dass wir ein ausgewogenes Leben führen. Nehmen Sie sich mittags zehn oder 15 Minuten Zeit, um einen Spaziergang zu machen oder zu meditieren. Dadurch bauen Sie Stress ab und bekommen einen klaren Kopf. Treiben Sie Sport, lernen Sie meditieren, schreiben Sie sich in einen Kurs über Stressabbau ein, oder machen Sie in Arbeitspausen Bewegungsübungen. Wenn Sie zu Hause, am Arbeitsplatz und beim Spiel nach größerer Harmonie streben, fällt es Ihnen leichter, mit einem arbeitssüchtigen Chef zurecht zu kommen.

– *Meiden Sie Ärger und Ungeduld.* Das sind Charakterzüge von Workaholics, die isoliert sind und sich allein auf die Arbeit konzentrieren. Bleiben Sie taktvoll und diplomatisch, selbst wenn Sie frustriert sind. Reden Sie mit Ihrem Chef, und versuchen Sie, seine menschliche Seite zu sehen. Vielleicht gibt es gemeinsame Hobbys, Ideen oder Auffassungen, die Sie mit Ihrem Chef verbinden und es Ihnen leichter machen, objektiv zu bleiben und zu verstehen, dass das Problem größer ist als sie beide.

– *Reden Sie mit Ihrem Chef, um herauszufinden, was er von Ihnen erwartet und was sein Chef von ihm erwartet.* Sie sollten genau wissen, welche Leistung Sie erbringen müssen, damit er mit Ihnen zufrieden ist. In 99 Prozent aller Fälle ist die Arbeitszeit nicht entscheidend![15] Es ist beruhigend zu wissen, dass Sie nicht schlechter beurteilt werden, wenn Sie keine Überstunden machen. Erklären Sie Ihrem Chef, welche Bedeutung Sie dem Privatleben beimessen und welche Einstellung Sie zu den Anforderungen an Ihrem Arbeitsplatz haben. Setzen Sie Prioritäten und Ziele, und teilen Sie Ihre Zeit entsprechend ein.

– *Reden Sie mit Kollegen, die ähnliche Probleme mit dem Chef haben.* Gründen Sie eine Selbsthilfegruppe, die sich vor oder nach der Arbeit auf dem Betriebsgelände trifft. Wenn Arbeitnehmer konstruktiv über ihre Probleme diskutieren, können sie ein Unterstützungssystem aufbauen, von dem sie am Arbeitsplatz profitieren. Vielleicht können Sie Ihren Chef zu einer Gruppensitzung einladen und ihm Ihr Anliegen höflich und sachlich erläutern. Bitten Sie ihn um Feedback oder um generelle Regeln, damit alle Mitarbeiter produktiv sein und künftig Probleme vermeiden können.

Ohne Arbeitssucht optimal arbeiten

Durch Arbeitswut machen Sie Kollegen und Vorgesetzte möglicherweise auf sich aufmerksam; aber optimale Leistungen setzen Beständigkeit und Augenmaß voraus. Workaholics ziehen zwar eine große Schau ab, brennen aber schnell aus. Nur wenn Sie gleichmäßig auf hohem Niveau arbeiten, können Sie optimale Leistungen erbringen – ohne Adrenalinstöße, ohne das Auf und Ab und den Stress der Arbeitssucht. Vielleicht dauert es länger, bis Ihre Leistung gewürdigt wird; aber letztlich zahlt sich diese Einstellung aus. Verzichten Sie also auf kurze Leistungshochs, und lernen Sie die Vorteile einer vernünftigeren Einstellung kennen. Die folgenden Tipps helfen Ihnen dabei.

– *Stellen Sie die Arbeit nicht über das Leben.* Wenn Sie überlastet sind, lassen Sie nicht das Essen mit Ihrer Frau oder den Aerobic-Kurs ausfallen – genau das brauchen Sie, um Ihr Gleichgewicht zu bewahren. Workaholics glauben, zwei Überstunden im Büro seien eine Gewähr für höhere Leistungen. Aber meist werden sie dadurch noch müder, machen mehr Fehler und leisten weniger. Wenn Sie Ihr Interesse am Privatleben aufrechterhalten und sich täglich Bewegung verschaffen, sehen Sie Ihre Arbeit unter einem realistischeren Blickwinkel, und Ihre größere Fitness hilft Ihnen auch am Arbeitsplatz. Planen Sie Ihre Freizeit ebenso wie eine wichtige Besprechung. Nehmen Sie sich Zeit für Aktivitäten, die Ihnen Spaß machen.

– *Delegieren und verhandeln Sie.* Wenn es Ihnen schwer fällt, eine Arbeit anderen zu überlassen, müssen Sie delegieren lernen, um eine optimale Leistung zu erbringen. Denken Sie über Ihre Arbeitsbelastung nach und überlegen Sie, was Kollegen oder Assistenten erledigen können. Wenn ein Termin zu knapp ist, verhandeln Sie darüber mit Ihrem Vorgesetzten. Termine lassen sich fast immer verschieben, auch wenn Workaholics das nicht gerne zugeben. Erklären Sie genau, warum eine Verschiebung sinnvoll wäre, und schlagen Sie einen neuen Termin vor. Lesley Alderman verdanke ich zwei kreative Beispiele zum Nutzen des Delegierens:

Tina, die Managerin eines New Yorker Symphonieorchesters, arbeitete wöchentlich 15 Stunden zuviel, ohne dass ihr Gehalt erhöht wurde. Anstatt stundenlang bei den Proben auszuharren, engagierte sie dafür eine Studentin und gab ihr ein Handy, so dass sie bei Bedarf jederzeit erreichbar war. Jeff Caselin, der Chefanalyst für Biotechnik bei Merrill Lynch, arbeitete 60 Stunden in der Woche, aber er fand einen Weg, sich trotz eines Einstellungsstops zu entlasten: Er stellte einen Studenten von der Harvard University ein, der ihm an zwei Wochentagen half – ohne Bezahlung.[16]

– *Setzen Sie Prioritäten.* Ihre Prioritäten müssen klar und pragmatisch sein. Planen Sie nicht zuviel! Je genauer Sie wissen, was Sie erreichen wollen und wie Sie es erreichen wollen, desto konzentrierter, ökonomischer und gelassener können Sie arbeiten. Überlegen Sie, welcher Teil Ihrer Arbeit vorrangig ist, und stellen Sie das weniger Wichtige vorerst zurück oder delegieren Sie es.

– *Bleiben Sie der Herr Ihrer technischen Ausstattung.* Machen Sie keine Überstunden, wenn Sie dank der modernen Technik Zeit sparen, sondern gönnen Sie sich mehr Freizeit. Es ist wichtig, dass Sie der Herr Ihres Faxgerätes, Laptops und Handys sind und sich nicht etwa von Apparaten beherrschen lassen. Sie können die moderne Technik nutzen, ohne ihr Sklave zu werden. Gehen Sie beispielsweise zweimal am Tag Ihre E-Mail durch, anstatt jedes Mal, wenn ein Signal ertönt. Sie können Ihr Handy zu einer vernünftigen Zeit abstellen und darauf verzichten, ständig ein Fax oder einen Laptop mit sich herumzutragen – zum Beispiel während Ihrer Kreuzfahrt in der Karibik oder bei der Arbeit im eigenen Garten.

Literatur und Selbsthilfegruppen

9

Weiterführende Lektüre

Bücher

Autry, James. 1994. *Life and Work: A Manager's Search for Meaning*. New York: William Morrow
Dieses Buch steckt voller Philosophie, Weisheit und Poesie. Es hilf seinen Lesern, Leben und Arbeit zu integrieren, und ist ehrlich, einfach, gesund und erfrischend. Der Verfasser ist ein leitender Angestellter.

Bellman, Geoffrey. 1996. *Your Signature Path: Gaining New Perspectives on Life and Work*. San Francisco: Berrett-Koehler
Eine neue Einstellung zum Verhältnis zwischen Arbeit und Leben verhindert, dass Sie für die Arbeit Ihr Selbst aufgeben. Stimmen Sie Ihre Arbeit auf den Lebensweg ab, für den Sie sich entschieden haben.

Chase, Nancy. 1998. *The Parentified Child: Theory, Research, and Treatment*. Thousand Oaks: Sage
Das Buch zeigt, wie und warum Kinder verfrüht zu Erwachsenen werden und welchen Einfluss dieser Prozess auf ihr späteres Leben hat. Die Aufsätze haben herausragende Wissenschaftler geschrieben.

Covey, Stephen. 1989. *The 7 Habits of Highly Effective People*. New York: Simon & Schuster
Ein Buch über Führung. Wenn Sie einige grundlegende Prinzipien befolgen, können Sie persönliche und berufliche Veränderungen herbeiführen und Erfolg haben.

DeLuca, Phil. 1996. *The Solo Partner: Repairing Your Relationship on Your Own*. Point Roberts: Hartley & Marks

Ein gutes Buch für Partner von Workaholics, die wissen wollen, wie sie an ihrer Beziehung arbeiten können, selbst wenn der arbeitssüchtige Partner leugnet, dass etwas nicht stimmt. Praktische Ratschläge und Methoden, die eine Beziehung retten können.

Hallowell, Edward, und John Ratney. 1994. *Driven to Distraction: Recognizing and Coping with Attention Deficit Disorder from Childhood through Adulthood.* New York: Simon & Schuster
Besonders informativ für Therapeuten mit arbeitssüchtigen Patienten. Ein umfassender Leitfaden, der die Symptome der Aufmerksamkeitsstörung (die zum Teil medikamentös behandelt werden müssen) und ihre Ähnlichkeit mit den Symptomen der Arbeitssucht beschreibt.

Hobfoll, Steven, und Ivonne Hobfoll. 1996. *Work Won't Love You Back: The Dual-Career Couples's Survival Guide.* New York: W. H. Freeman
Wie Sie Ihre Ehe retten, wenn Sie und Ihr Partner arbeiten.

Hochschild, Arlie. 1997. *The Time Bind: When Work Becomes Home and Home Becomes Work.* New York: Holt
Das Leben zu Hause ist so hektisch geworden, dass Männer und Frauen sich in ihre Arbeit flüchten.

Jurkovic, Gregory. 1997. *Lost Childhood: The Plight of the Parentified Child.* New York: Brunner-Mazel
Ein Buch, das Therapeuten hilft, frühreife Kinder zu verstehen und zu behandeln.

Kofodimos, Joan. 1993. *Balancing Act: How Managers Can Integrate Successful and Fulfilling Personal Lives.* San Francisco: Jossey-Bass
Hilft Managern, ihr vergangenes und zukünftiges Leben richtig einzuschätzen und die Ursachen ihrer Arbeitssucht und die Botschaften der Angehörigen zu verstehen. Beschreibt den Einfluss des Privatlebens auf die Arbeit.

Lerner, Harriet. 1989. *The Dance of Intimacy.* New York: Harper
Erörtert Probleme mit der Intimität aus der Sicht der Frauen.

Levine, James, und Todd Pittinsky. 1997. *Working Fathers.*
Reading: Addison-Wessley
> Arbeitende Väter leiden ebenso stark unter Stress wie Mütter,
> auch wenn sie nicht darüber reden.

Louden, Jennifer. 1994. *The Couple's Comfort Book: A Creative Guide for Renewing Passion, Pleasure and Commitment.*
San Francisco: Harper
> Ein Mittel gegen die hektische Lebensweise. Es hilft Paaren, in
> einer geschäftigen Welt miteinander verbunden zu bleiben. Dabei
> sind spielerische Rituale nützlich.

Love, Patricia, und Jo Robinson. 1990. *The Emotional Incest Syndrome: What to Do When a Parent's Love Rules Your Life.*
New York: Bantam
> Die Autoren erörtern eine der am seltensten erwähnten, aber häufigsten Folgen der Arbeitssucht: das emotionale Inzest-Syndrom.
> Die Last, das »auserwählte Kind« zu sein, führt oft zu Arbeitssucht – aber Sie können Ihre Ketten brechen.

Pearson, Carol, und Sharon Seivert. 1995. *Magic at Work: A Guide to Releasing Your Highest Creative Power.* New York:
Doubleday
> Dieses wundervolle Buch bringt die archetypische Psychologie an
> den modernen Arbeitsplatz. Ergänzt durch Interviews mit »magischen« Managern.

Robinson, Bryan. 1992. *Overdoing It: How to Slow Down and Take Care of Yourself.* Deerfield Beach: Health Communications
> Hilft Workaholics, die unbewussten Kräfte zu entdecken, die sie
> antreiben, und wieder ein harmonisches, erfülltes Leben zu
> führen.

Robinson, Bryan. 1991. *Heal Your Self-Esteem: Recovery from Addictive Thinking.* Deerfield Beach: Health Communications
> Untersucht das zwanghafte Denken von Workaholics und zeigt
> den Weg zurück zu einem erfüllten Leben.

Rubin, Lillian. 1996. *The Transcendent Child.* New York:
Basic Books
> Fallstudien über acht Menschen, die eine traumatische Kindheit
> überlebten und zu gesunden Erwachsenen wurden.

Sotile, Wayne, und Mary Sotile. 1996. *The Medical Marriage: A Couple's Survival Guide*. New York: Birch Lane Press
Das erste Buch, das sich mit Ärzte-Ehepaaren befasst. Es enthält gute Ratschläge und dramatische Fallstudien.

Sotile, Wayne, und Mary Sotile. 1998. *Dynamic Duos*. New York: Bantam
Befasst sich mit arbeitssüchtigen Paaren und zeigt ihnen, wie sie mit dem Einfluss der Arbeit auf Ehe und Familie umgehen können.

Wright, Leslie, und Marti Smye. 1996. *Corporate Abuse: How »Lean and Mean« Robs People and Profits*. New York: Macmillan
Wahre Geschichten über Firmen, die Arbeitssucht fördern. Zeigt, wie Menschlichkeit an den Arbeitsplatz zurückkehren kann, so dass Mitarbeiter und Firmen davon profitieren.

Arbeitsbücher

Burns, David. 1993. *Ten Days to Self-Esteem*. New York: Quill
Ein Arbeitsbuch, das die kognitive Therapie nutzt, um das Denken zu ändern und die Selbstachtung zu stärken. Zehn einfache Schritte helfen Ihnen, die Ursachen Ihrer Stimmungen zu finden.

Burns, David. 1993. *Ten Days to Self-Esteem. The Leader's Manual*. New York: Quill
Dieses Buch beschreibt, wie Sie mit Hilfe der kognitiven Therapie Gruppen aufstellen und leiten können.

Davis, Martha, Elizabeth Eshelman und Matthew McKay. 1995. *The Relaxation and Stress Reduction Workbook*, 4. Aufl., Oakland: New Harbinger Publications
Einfache, präzise Anleitungen. Behandelt werden progressive Relaxation, Meditation, Gedankenstop, Bewegungsübungen, Selbstbehauptungstraining und viele andere Methoden des Stressabbaus.

Jaffe, Denis T., und Cynthia D. Scott. 1984. *Self-Renewal: A Workbook for Achieving High Performance and Health in a High-Stress Environment*. New York: Fireside
Dieses Arbeitsbuch wendet sich an alle, die viel leisten und den-

noch harmonisch leben wollen. Hervorragende Übungen und Tests.

Pearson, Carol. 1991. *Awakening the Heroes Within: Twelve Archetypes to Help Us Find Ourselves and Transform the World*. San Francisco: Harper
> Das Begleitbuch zum Bestseller *The Hero Within*. Dieses wertvolle Buch hilft Patienten, harmonisch zu leben – ohne Scham, Selbstkritik oder Schuldgefühle. Ein einzigartiger diagnostischer Test und Übungen wecken die »inneren Führer«.

Die zwölf Schritte der Workaholics Anonymous

Millionen von Menschen mit verschiedenen Suchterkrankungen haben von den zwölf Schritten profitiert, Alkohol- und Drogensüchtige ebenso wie Spiel- und Esssüchtige. Diese zwölf Schritte können auch jenen helfen, die ihre Arbeitssucht überwinden wollen. Es sind Instrumente, die zur Heilung von zwanghaften Verhaltensweisen beitragen und dem Leben wieder einen Sinn geben.[1]

Das Problem

Arbeitssucht hat viele Formen. Wir leiten beispielsweise unsere Identität und Selbstachtung von dem ab, was wir tun; wir sind immer beschäftigt; wir vernachlässigen Gesundheit, Beziehungen und Spiritualität; wir beziehen alles auf unsere Arbeit; wir haben keine Lust, überhaupt etwas zu tun (wir meiden Arbeit und sind ausgebrannt); wir zaudern und schieben Urlaub und Ruhepausen auf; wir arbeiten unnötig; wir verlangen Perfektion; wir meiden Intimität; wir wollen alles und jeden im Griff haben.

Auf diese Weise versuchen wir, mit unseren Schmerzen fertig zu werden. Diese Schmerzen entstehen, weil wir das Gefühl zu *sein* verloren haben und weil wir glauben, nicht gut ge-

229

nug zu sein. Wir laufen vor uns selbst davon, indem wir unser Leben mit Aktivitäten überladen. Wir wollen immer beschäftigt sein, um unsere Gefühle zu unterdrücken. Wir genießen die Adrenalinstöße, die durch harte, hektische Arbeit und knappe Termine ausgelöst werden. Vielleicht lobt man uns am Arbeitsplatz, weil wir so verantwortungsbewusst sind und so hart arbeiten. Vielleicht begünstigt unser Arbeitgeber sogar die Arbeitssucht durch Lob und Beförderung. Aber wir müssen einen hohen Preis für diese »Belohnungen« zahlen. Wir vergraben uns in Arbeit, um Schmerzen zu meiden, und verlieren dabei unsere Selbst-Bewusstheit. Wir gefährden unsere Gesundheit und unsere Beziehungen, und vielleicht fragen wir uns oft: »Ist das alles, was das Leben mir zu bieten hat?«

Da es viele Missverständnisse über Arbeitssucht gibt, kann es lange dauern, sie zu überwinden. Es ist eine Sucht nach einer Substanz (Adrenalin) und nach pausenloser Tätigkeit, und sie ist nicht auf den Beruf beschränkt. Die Sucht kann auch Hobbys, Fitness, Hausarbeit und ehrenamtliche Arbeit erfassen, und vielleicht versuchen wir zwanghaft, die Welt zu retten. Das alles mag bewundernswert erscheinen; aber wenn es den Verlust des Selbst durch unaufhörliches Tun bedeutet, handelt es sich um Arbeitssucht.

Da die Arbeitssucht eine fortschreitende Krankheit ist, treibt sie uns immer stärker an, bis wir am Ende sind. Das Ende kann eine ernste Krankheit oder ein Ultimatum eines Partners, Freundes oder Chefs sein. An irgendeinem Punkt freuen wir uns nicht mehr über das Etikett »Workaholic«. Wir erkennen, dass wir uns ändern müssen.

Die zwölf empfohlenen Schritte der Workaholics Anonymous unterstürzen unsere Genesung. Da unsere Sucht mit unserem ganzen Leben verwoben ist, haben wir das Gefühl, davon überwältigt zu sein. Wie lange dauert die Genesung? Wir sind doch jetzt schon überbeschäftigt! Was wird aus unserer Verantwortung?

Die Lösung

Wenn unsere Schmerzen zunehmen, nimmt auch unsere Bereitschaft zu – die Bereitschaft einzugestehen, dass wir arbeitssüchtig sind, dass wir unser Leben nicht mehr im Griff haben und dass wir unsere bisherige Lebensweise nicht fortsetzen können. Wir sind bereit einzuräumen, dass wir nicht alle Fragen sofort beantworten und nicht alle Probleme sofort lösen können. Wir sind bereit zu sagen: »Ich bin krank. Ich will gesund werden und brauche dabei Hilfe.« Bei den Workaholics Anonymous ist diese Bereitschaft der erste Schritt. Nach unserer Erfahrung ist es hilfreich, diesen Schritt und die folgenden gemeinsam zu gehen.

Der zweite Schritt ist die Einsicht, dass eine Macht, die größer ist als wir, uns gesund machen kann – Gott, das Universum, die WA-Gruppe, was immer die Quelle unserer Kraft ist.

Schritt drei besteht darin, unseren Willen und unser Leben Gott, so wie wir ihn verstehen, anzuvertrauen. Wenn wir uns von unserer höheren Macht führen lassen, verzichten wir darauf, alles selbst im Griff zu haben; aber wir werden nicht verantwortungslos. Unser Wille wird nun zu einem Werkzeug, denn er verwandelt sich in Hingabe. Für diejenigen von uns, die stolz auf ihre Selbstgenügsamkeit und ihren starken Willen sind, bedeutet dieser Schritt eine neue Denkweise.

Der vierte Schritt ist eine schriftliche Bestandsaufnahme, die alles einschließt, was mit unserer Sucht zu tun hat, unsere Stärken und unsere Schwächen. Wir bitten ein Mitglied der WA, uns dabei zu helfen. Sobald wir uns selbst besser kennen, wird uns klar, dass wir ein liebenswerter Mensch sind – der Mensch, den wir in unserer Geschäftigkeit verloren haben.

Da wir uns schämen, weil unsere Arbeitssucht uns selbst und andere verletzt hat, kann der fünfte Schritt – das Gespräch mit einem verständnisvollen Menschen – heilend wirken. Wenn wir unsere Geheimnisse miteinander teilen, stellt sich oft heraus, dass andere ähnliche Erfahrungen gemacht haben wie wir.

Der sechste und siebte Schritt verlangt, dass wir uns innerlich darauf vorbereiten, den Schaden, den wir anderen zugefügt haben, wieder gut zu machen. Als achten Schritt machen wir eine Liste dieser Menschen, und der neunte Schritt ist eine wohlüberlegte Wiedergutmachung. Nach diesen Schritten spüren viele von uns, dass ihnen eine große Last von den Schultern genommen wurde, und wir empfinden ein Gefühl der Freiheit und des Friedens.

Die Genesung von der Arbeitssucht ist ein Prozess, der ein Leben lang dauert. Wir halten unsere Abstinenz und unser spirituelles Wachstum immer nur einen Tag durch. Mit dem zehnten Schritt setzen wir den Prozess fort, den wir durch den vierten Schritt begonnen haben: Wir werden uns unserer Gefühle bewusst und übernehmen die Verantwortung für unsere Worte und Taten. Schritt elf – Gebet und Meditation – stärkt den bewussten Kontakt mit unserer höheren Macht, den wir mit dem zweiten Schritt aufgenommen haben.

Der zwölfte Schritt macht uns bewusst, dass wir das spirituelle Erwachen, das die vorherigen Schritte eingeleitet haben, fortsetzen können. Wir übermitteln die Botschaft der WA an andere Workaholics und setzen die genannten Prinzipien in die Tat um – am Arbeitsplatz, zu Hause, im Urlaub, überall.

Um nicht rückfällig zu werden, ist es am besten, wenn wir mit anderen über unseren Genesungsprozess reden: »Wir können nichts behalten, was wir nicht hergeben.« Wir sind als genesende Workaholics bei unseren täglichen Aktivitäten Vorbilder und arbeiten weiter bei den WA mit.

Wenn wir all diese Schritte tun, erfahren wir unsere innere Weisheit und Spiritualität. Wir lernen, uns so zu akzeptieren, wie wir sind, und gewinnen dabei eine neue Einstellung zur Arbeit. Wir haben mehr Freude an unserer Arbeit und arbeiten ökonomischer. Wenn wir der Arbeit den richtigen Stellenwert einräumen, haben wir Zeit für Spaß, Gesundheit, Beziehungen und Kreativität.

Wir begrüßen Sie als Teilnehmer an unserem Programm und wünschen Ihnen, dass Sie die Genesung, Gelassenheit und Freude erlangen, die wir gefunden haben.

Die zwölf Schritte der Workaholics Anonymous

1. Wir haben zugegeben, dass wir unsere Arbeit und unser Leben nicht mehr im Griff haben.
2. Wir haben uns davon überzeugt, dass eine Macht, die größer ist als wir, uns heilen kann.
3. Wir haben beschlossen, unseren Willen und unser Leben Gott, so wie wir ihn verstehen, anzuvertrauen.
4. Wir haben uns selbst erforscht und ohne Furcht eine moralische Bestandsaufnahme gemacht.
5. Wir haben Gott, uns selbst und einem anderen Menschen unsere Fehler eingestanden.
6. Wir haben uns dazu bereit erklärt, Gott alle diese Charakterfehler beseitigen zu lassen.
7. Wir haben Gott demütig gebeten, unsere Fehler zu beseitigen.
8. Wir haben eine Liste jener Menschen zusammengestellt, die wir verletzt haben, und wir haben uns dazu bereit erklärt, sie zu entschädigen.
9. Wir haben den Schaden, den wir anderen zugefügt haben, unmittelbar wiedergutgemacht, es sei denn, wir hätten dadurch diese Menschen oder andere verletzt.
10. Wir haben unsere persönliche Bestandsaufnahme fortgesetzt und Fehler sofort eingeräumt.
11. Wir bemühten uns durch Gebet und Meditation, unseren bewussten Kontakt mit Gott, so wie wir ihn verstehen, aufrechtzuerhalten. Wir haben Gott gebeten, uns seinen Willen mitzuteilen und uns die Kraft zu geben, diesen Willen auszuführen.
12. Nach dem spirituellen Erwachen durch diese Schritte haben wir versucht, diese Botschaft an andere Workaholics zu übermitteln und die genannten Prinzipien in allen Lebensbreichen zu beachten.

Die Anzeichen der Arbeitssucht

1. Es fällt uns schwer, uns selbst zu lieben und zu akzeptieren. Wir arbeiten, um anerkannt zu werden, unsere Identität zu finden und unsere Existenz zu rechtfertigen.
2. Wir benutzen unsere Arbeit, um vor unseren Gefühlen zu fliehen. Darum wissen wir nicht mehr, was wir wirklich brauchen und wollen.
3. Weil wir zuviel arbeiten, vernachlässigen wir unsere Gesundheit, unsere Beziehungen, unsere Freizeit und unsere Spiritualität. Selbst wenn wir nicht arbeiten, denken wir an die Arbeit.

Die meisten unserer Aktivitäten haben etwas mit unserer Arbeit zu tun. Wir gönnen uns nicht die Freude eines ausgewogenen, abwechslungsreichen Lebens.

4. Wir benutzen die Arbeit dazu, mit den Unwägbarkeiten des Lebens fertig zu werden. Wir liegen wach und machen uns Sorgen; wir planen zuviel und organisieren zuviel. Da wir alles selbst im Griff haben wollen, haben wir unsere Spontanität, Kreativität und Flexibilität verloren.

5. Viele von uns sind in einer chaotischen Familie aufgewachsen. Wir halten Stress und harte Arbeit für normal. Darum suchen wir uns einen Arbeitsplatz, an dem wir Stress und harte Arbeit finden. Wir lösen Krisen aus und genießen den Adrenalinstoß, wenn wir die Krisen bewältigen. Danach leiden wir an Entzugserscheinungen und werden ängstlich und deprimiert. Unsere Stimmungsschwankungen nehmen uns den Seelenfrieden.

6. Wir sind nach Arbeit süchtig. Wir belügen uns selbst und andere, was den Umfang unserer Arbeit angeht. Wir horten Arbeit, damit wir immer beschäftigt sind und uns nie langweilen. Wir haben Angst vor Freizeit und Urlaub – sie sind für uns nicht erfrischend, sondern unangenehm.

7. Unser Heim ist kein Hafen, sondern ein Arbeitsplatz. Oft unterstützen unsere Angehörigen und Freunde unsere Arbeitssucht.

8. Wir stellen unvernünftige Anforderungen an uns selbst. Wir kennen nicht den Unterschied zwischen Arbeit und selbst auferlegtem Druck. Da wir unser Leben verplanen, fühlen wir uns gehetzt; wir kämpfen gegen die Uhr und fürchten, uns zu verspäten; wir vergraben uns in der Arbeit, um Rückstände aufzuholen. Wir versuchen, mehrere Arbeiten gleichzeitig zu erledigen. Da wir kein vernünftiges Arbeitstempo einhalten können, fühlen wir uns ausgebrannt oder brechen zusammen. Wir haben keine Freude mehr an der Arbeit.

9. Viele von uns sind perfektionistisch. Wir haben nicht gelernt, Fehler als menschlich zu betrachten, und es fällt uns schwer, um Hilfe zu bitten. Da wir glauben, niemand sei unseren Anforderungen gewachsen, fällt es uns auch schwer, Arbeit zu delegieren, und darum arbeiten wir mehr als von uns verlangt wird. Wir halten uns für unersetzlich und machen daher keine Fortschritte. Unrealistische Erwartungen rauben uns die Zufriedenheit.

10. Wir sind zu ernst und übernehmen zuviel Verantwortung. Was

wir tun, ist immer zielgerichtet. Wir können uns nur schwer entspannen und einfach *sein*. Wenn wir nicht arbeiten, sind wir unruhig und haben Schuldgefühle. Da wir oft auch das Spiel als Arbeit ansehen, können wir uns nur selten erholen. Wir haben nicht genug Humor und nutzen die heilende Kraft des Lachens nur selten.

11. Warten fällt uns schwer. Wir sind mehr an Ergebnissen interessiert als an Prozessen, mehr an Quantität als an Qualität. Unsere Ungeduld stört oft unsere Arbeit, weil sie uns ein unangemessenes Tempo aufzwingt.

12. Vielen von uns ist das Image sehr wichtig. Wir glauben, dass die Leute uns für wichtig halten und uns bewundern, wenn wir immer beschäftigt sind. Wie wir uns selbst beurteilen, ist uns nicht wichtig. Das führt zu Selbstentfremdung.

WA hat einige Methoden entwickelt, die die empfohlenen zwölf Schritte ergänzen. Es sind Leitlinien, die den Menschen helfen, von einem Tag zum anderen glücklich, fröhlich und ohne Arbeitssucht zu leben. Zu diesen Leitlinien gehören:

- *Zuhören*. Wir nehmen uns jeden Tag Zeit für Gebet und Meditation. Bevor wir Verpflichtungen eingehen, fragen wir unsere höhere Macht und unsere Freunde um Rat.

- *Prioritäten setzen*. Wir entscheiden, was wir zuerst tun müssen. Das kann manchmal bedeuten, nichts zu tun. Wir bemühen uns, flexibel zu reagieren und unsere Prioritäten bei Bedarf neu zu setzen. Wir betrachten Fehler als Chancen zum Wachstum.

- *Ersetzen*. Wir entscheiden uns für keine neue Aktivität, ohne auf eine andere Aktivität zu verzichten, die ebensoviel Zeit und Energie beansprucht.

- *Spielraum*. Wir nehmen uns mehr Zeit, als wir für eine Arbeit oder eine Reise für nötig halten, so dass wir einen Spielraum für unvorhergesehene Ereignisse haben.

- *Spiel*. Wir nehmen uns Zeit für das Spiel und weigern uns, pausenlos zu arbeiten. Wir machen aus unserem Spiel keine Arbeit.

- *Konzentration*. Wir versuchen, nicht mehr als eine Tätigkeit gleichzeitig auszuüben.

- *Tempo*. Wir arbeiten in einem bequemen Tempo und ruhen

uns aus, bevor wir müde werden. Um das nicht zu vergessen, prüfen wir unseren Energiepegel, ehe wir mit einer
neuen Aufgabe beginnen. Wir arbeiten nicht wie Roboter,
so dass wir nicht »abschalten« müssen.

- *Entspannung.* Wir versuchen nicht, andere unter Druck zu
setzen, und lassen uns dazu nicht drängen. Wir achten auf
Menschen und Situationen, die Druck in uns auslösen. Wir
achten auch auf eigene Handlungen, Worte, körperliche
Empfindungen und Gefühle, die uns sagen, dass wir unter
Druck stehen. Wenn wir verspannt sind, halten wir inne und
suchen Kontakt mit unserer höheren Macht und mit anderen
Menschen.
- *Akzeptieren.* Wir akzeptieren die Folgen unserer Bemühungen. Wir wissen, dass Ungeduld, Hektik und Perfektionismus unsere Genesung verzögern. Wir sind nachsichtig mit
unseren Bemühungen, weil wir wissen, dass wir unsere
neue Lebensweise erst lernen müssen.
- *Bitten.* Wir räumen unsere Schwächen und unsere Fehler ein
und bitten unsere höhere Macht und andere Menschen um
Hilfe.
- *Begegnungen.* Wir nehmen an den Sitzungen der WA teil,
um zu lernen, wie die Gemeinschaft uns helfen kann, und
um Erfahrungen, Stärken und Hoffnung miteinander zu teilen.
- *Telefonieren.* Wir bleiben zwischen den Sitzungen telefo-
nisch miteinander in Kontakt. Vor und nach einer problematischen Aufgabe sprechen wir mit unseren Freunden bei den
WA.
- *Ausgewogenheit.* Wir versuchen, Ausgewogenheit zwischen
dem Beruf einerseits und Beziehungen, spirituellem Wachstum, Kreativität und Spiel andererseits herzustellen.
- *Helfen.* Wir sind bereit, anderen Workaholics zu helfen, weil
wir wissen, dass wir dadurch auch unsere Genesung fördern.
- *Im Jetzt leben.* Wir wissen, dass wir dort sind, wo unsere
höhere Macht uns haben will – im Hier und Jetzt. Wir versuchen, in jedem Augenblick gelassen, fröhlich und dankbar zu leben.

Adressen

Adresse der Workaholic Anonymous

c/o Westchester Self-Help-Clearing-House
75 Grassland Road, Valhalls New York 10596 USA
Tel.: 001-914-2356026

Adressen in Deutschland

Anonyme Arbeitssüchtige
Kreuzstraße 13
76133 Karlsruhe

SEKIS Bonn
Lotharstraße 92
53115 Bonn
Tel.: (02 28) 9 14 59 17

Kontakte im Internet

http://www.selbsthilfe.solution.de/alc-start.html

Berühmte Aussprüche über die Arbeitssucht

»Wer langsam geht, gewinnt das Rennen.« Aesop

»Er arbeitet und bläst in die Kohle und hat viele andere Eisen im Feuer.« Aristophanes

»Beeile dich langsam.« Augustus

»Wenn du die Zeit totschlagen willst, dann versuche, sie zu Tode zu arbeiten.« O. A. Battista

»Wir verbringen soviel Zeit mit Dingen, die eilig sind, dass wir keine Zeit mehr für wichtige Dinge haben.«
Henry Ward Beecher

»Wir sind sehr damit beschäftigt, Dinge von äußerlichem Wert zu erreichen. Aber wichtig ist nur der innere Wert, das Glück zu leben.« Joseph Campbell

»Ohne Arbeit ist das Leben elend. Aber wenn die Arbeit ohne Seele ist, erstickt das Leben und stirbt.« Albert Camus

»Gesegnet ist, wer seine Arbeit gefunden hat. Er braucht um keinen anderen Segen zu bitten.« Thomas Carlyle

»Wer galoppiert, um Zeit zu sparen, verliert sie, weil er sich verirrt ... Nicht Eile, sondern Gewissheit ist ökonomisch.« J. Ramsay MacDonald

»Arbeite, und du wirst den Tag segnen, ehe dein Tagwerk verrichtet ist. Wer nicht arbeitet, kann nicht beten, kann die Sonne nicht spüren.« John Sullivan Dwight

»Die Lust an der Macht wurzelt nicht in Stärke, sondern in Schwäche.« Erich Fromm

»Eile vergeudet Zeit.« John Heywood

»Not war immer eine Voraussetzung für den Erfolg. Die Dunkelheit hat die Lampe hervorgebracht. Der Nebel hat den Kompass hervorgebracht. Der Hunger trieb uns dazu, die Welt zu erforschen. Und Niedergeschlagenheit lehrte uns den wahren Wert der Arbeit.« Victor Hugo

»Je mehr ich im Jetzt lebe und es ohne schlechtes Gewissen genieße, desto zufriedener bin ich mit der Qualität meiner Arbeit.« Wayne Dyer

»Entscheide, was du willst, und entscheide, was du dafür geben willst. Setze Prioritäten, und geh an die Arbeit.« H. L. Hunt

»Die Sprosse einer Leiter ist nicht dazu da, dass wir darauf stehen bleiben. Sie soll unseren Fuß so lange stützen, bis der andere Fuß eine Sprosse höher gestiegen ist.« Thomas Huxley

»Sie vergiften sich selbst mit Arbeit, damit sie nicht merken, wer sie wirklich sind.« Aldous Huxley

»Überarbeitung bringt mehr Menschen um, als die Bedeutung der Arbeit es rechtfertigt.« Rudyard Kipling

»Wer ständig der Arbeit nachrennt, ist nervös und ängstlich. Das ist intellektuell und spirituell schädlich.« Annie Keary

»Wenn wir tun wollen, müssen wir sein.« Laotse

»Die Arbeit des Sehens ist getan. Jetzt tue die Herzarbeit an den Bildern in dir.« Rainer Maria Rilke

»Den meisten Leuten ist es gleichgültig, wohin sie gehen, solange sie schnell ans Ziel kommen.« Andy Rooney

»Manchmal ist es sehr gut, wenn wir vergessen, dass es auf der Welt etwas gibt, was getan werden muss, und wenn wir etwas tun, was wir tun möchten.« Eleanor Roosevelt

»Mäßigung und Fleiß sind die wahren Heilmittel des Menschen. Die Arbeit macht ihm Appetit, und die Mäßigung hilft ihm, den Appetit zu zügeln.« Jean-Jacques Rousseau

»Diejenigen, die am häufigsten vom Fortschritt reden, messen ihn an der Quantität, nicht an der Qualität.« George Santayana

»Sorgen sind keine Arznei, sondern sie zerstören.« Shakespeare

»Wir können nichts hastig und umsichtig zugleich tun.« Publilius Syrus

»In jedem Bereich des Lebens von der Hausarbeit bis zum Gebet, bei allem Urteilen und bei allem Bemühen, etwas zu bewerkstelligen, sind Eile und Ungeduld das typische Merkmal des Amateurs.« Evelyn Underhill

»Arbeit ist die Zuflucht der Menschen, die nichts besseres zu tun haben.« Oscar Wilde

Anmerkungen

Einführung

1. Tony Schwartz, »Acceleration Syndrome«, Vanity Fair, Oktober 1988, S. 180
2. Siehe Arlie Hochschild, *The Time Bind: When work Becomes Home and Home Becomes Work* (New York: Holt, 1997)
3. Siehe James Levine und Todd Pittinsky, *Working Fathers* (Reading, Addison-Wesley, 1997)
4. Wayne Oates, *Confessions of a Workaholic* (New York: World, 1971)
5. Anthony Pietropinto, »The Workaholic Spouse«, *Medical Aspects of Human Sexuality* 20 (1986): S. 89–96

Kapitel 1

1. Walter Kiechel, »The Workaholic Generation«, *Fortune*, 10. April 1989, S. 50–62
2. Marilyn Machlowitz, Workaholics: Living with Them, Working with Them (Reading: Addison-Wesley, 1985)
3. Ishu Ishiyama und Akio Kitayama, »Overwork and Career-Centered Self-Validation among the Japanese: Psychological Issues and Counselling Implications«, *International Journal for the Advancement of Counselling* 17 (1994): S. 167–182
4. Diese vier Ebenen der Begünstigung basieren auf den vier Ebenen der Ökosysteme, die Urie Bronfenbrenner vorgeschlagen hat: Mikrosystem, Mesosystem, Exosystem und Makrosytem. Quelle: Urie Bronfenbrenner, *The Ecology of Human Development* (Cambridge: Harvard University Press, 1979)
5. Marilyn Machlowitz, »Workaholics Enjoy Themselves, An Expert Says: It's Their Family and Friends Who Pay«, *Psychology Today*, Juni 1980, S. 79
6. Lars-Erik Nelson, »Republican Bills Invite Employers to Abuse Work Force«, *Charlotte Observer*, 20. Juni 1997, S. 15A
7. Owen Edwards, »Romancing the Grindstone«, *Forbes ASAP Magazine*, 5. Dezember 1994, S. 178. Nachdruck mit Erlaubnis von *Forbes ASAP Magazine*, © Forbes Inc., 1994
8. Louise Sloan, »Office Junkie«, *Out Magazine*, August 1997, S. 100
9. Levine und Pittinsky, *Working Fathers* (1997)

10. Siehe Gloria Steinems Vorwort zu Bryan Robinson, *Overdoing It: How to Slow Down and Take Care of Yourself* (Deerfield Beach: Health Communications, 1992), S. XI

11. Siehe z. B. Diane Fassel, *Working Ourselves to Death* (San Francisco: Harper & Row, 1990), Bryan Robinson, *Work Addiction* (Deerfield Beach: Health Communications, 1989) und Janet Woititz, *Home Away from Home: The Art of Self-Sabotage* (Deerfield Beach: Health Communications, 1987)

12. Barbara Garson, »Work Addiction: Organizational Boon or Doom?« (unveröffentlichtes Manuskript, Garson and Associates, Atlanta, 1990)

13. Richard Weinberg und Larry Mauksch, »Examining Family of Origin Influences in Life at Work«, *Journal of Marital and Family Therapy* 17 (1991): S. 233–242

14. Anne Wilson Schaef und Diane Fassel, *The Addictive Organization* (San Francisco: Harper & Row, 1988)

15. Siehe z. B. Bruce Matthews und Mark Halbrook, »Adult Children of Alkoholics: Implications for Career Development«, *Journal of Career Development* 16 (1990): S. 161–268 und Woititz, *Home Away from Home: The Art of Self-Sabotage* (1987)

16. Edward Walsh, »Workaholism: No Life for the Leisurelorn?« *Parks and Recreation*, Januar 1987, S. 82–84

17. Siehe z. B. Fassel, *Working Ourselves to Death* (1990); Sandra Haymon, »The Relationship of Work Addiction and Depression, Anxiety, and Anger in College Males«, *Dissertation Abstracts International* 53 (1993): 5401-B; Janet Spence und Ann Robbins, »Workaholics: Definition, Measurement, and Preliminary Results«, *Journal of Personality Assessment* 58 (1992): S. 160–178

18. Bryan Robinson und Lisa Kelley, »Adult Children of Workaholics: Self-Concept, Anxiety, Depression, and Locus of Control« (unveröffentlichtes Manuskript, University of North Carolina, Charlotte, 1997) und Bryan Robinson und Phyllis Post, »Work Addiction as a Function of Family of Origin and Its Influence on Current Family Functioning«, *Family Journal* 3 (1995): S. 200–206

19. Robinson, *Overdoing It: How to Slow Down and Take Care of Yourself* (1992)

20. Machlowitz, *Workaholics: Living with Them, Working with Them* (1985)

21. Jill Johnson Piper, »All Work and No Play Make Jack an Addict«, *Memphis Commercial Appeal*, 8. Oktober 1989, S. E1–E2

22. Robinson und Kelley, »Adult Children of Workaholics: Self-Concept, Anxiety, Depression, and Locus of Control« (1997)

23. Bryan Robinson und Phyllis Post, »Risk of Addiction to Work and Family Functioning«, *Psychological Reports* 81 (1997): S. 91–95

241

Kapitel 2

1. Bryan Robinson, *Work Addiction* (1989)
2. Teile dieses Abschnitts entnommen aus Brenda Shoss, »The Anatomy of Work Addiction«, *Ladue News*, 7. Februar 1992, S. 61. Genehmigter Nachdruck
3. Oates, *Confessions of a Workaholic* (1991)
4. Diane Fassel beschreibt die Arbeits-Anorexie in ihrem Buch *Working Ourselves to Death* (1990)
5. Gayle Porter, »Organizational Impact of Workaholism: Suggestions for Researching the Negative Outcomes of Excessive Work«, *Journal of Occupational Health Psychology* 1 (1996): S. 70–84
6. Fassel, *Working Ourselves to Death* (1990), S. 82
7. Die psychometrischen Eigenschaften des WART werden in Kapitel 9 genauer erklärt. Siehe außerdem folgende Studien: Bryan Robinson, »Concurrent Validity of the Work Addiction Risk Test as a Measure of Workaholism«, *Psychological Reports* 79 (1996): S. 1313–1314; Bryan Robinson und Bruce Phillips, »Measuring Workaholism: Content Validity of the Work Addiction Risk Test«, *Psychological Reports* 77 (1995): S. 657–658; Bryan Robinson und Phyllis Post, »Validity of the Work Addiction Risk Test«, *Perceptual and Motor Skills* 78 (1994): S. 337–338; Bryan Robinson und Phyllis Post, »Split-half Reliability of the Work Addiction Risk Test: Development of a Measure of Workaholism«, *Psychological Reports* 76 (1995): S. 1226; Bryan Robinson, Phyllis Post und Judith Khakee, »Test-Retest Reliability of the Work Addiction Risk Test«, *Perceptual and Motor Skills* 74 (1992): S. 926; Sandra Swary, »Myers-Briggs Type and Workaholism« (unveröffentlichte Dissertation, Georgia State University, Atlanta, 1996)
8. Wayne Sotile und Mary Sitile, *The Medical Marriage: A Couple's Survival Guide* (New York: Birch Lane Press, 1995)
9. Edward Hallowell und John Ratey, *Driven to Distraction: Recognizing and Coping with Attention Deficit Disorder* (New York: Simon & Schuster, 1994), S. 182
10. Garson, »Work Addiction: Organizational Boon or Doom?« (1990)

Kapitel 3

1. Bryan Robinson, »The Workaholic Family: A Clinical Perspective«, *American Journal of Family Therapy* 26 (1998): S. 63–73
2. Pietropinto, »The Workaholic Spouse« (1986)
3. Barbara Killinger, *Workaholics: The Respectable Addicts* (New York: Fireside, 1992)
4. Robert Klaft und Brian Kleiner, »Understanding Workaholics«, *Business* 38 (1988): S. 37–40
5. Siehe z. B. Nancy Chase, *The Parentified Child: Theory, Research,*

and Treatment (Thousand Oaks: Sage, 1998) und Gregory Jurkovic, *Lost Childhoods: The Plight of the Parentified Child* (New York: Brunner-Mazel, 1997)

6. Ishiyama und Kitayama, »Overwork and Career-Centered Self-Validation among the Japanese: Psychological Issues and Counselling Implications« (1994)

7. Berichte über die ganze Studie finden Sie bei Robinson und Post, »Work Addiclton as a Function of Familiy of Origin and Its Influence on Current Family Functioning« (1995) sowie bei Robinson und Post, »Risk of Addiction to Work and Family Functioning« (1997)

8. Robinson und Kelley, »Adult Children of Workaholics: Self-concept, Anxiety, Depression and Locus of Control« (1997)

9. Siehe z.B. Virginia Kelley und Jane Myers, »Parental Alcoholism and Coping: A Comparison of Female Children of Alcoholics with Female Children of Nonalcoholics«, *Journal of Counselling and Development* 74 (1996): S. 501–504; Bryan Robinson und Lyn Rhoden, *Working with Children of Alcoholics: the Practitioner's Handbook* (Thousand Oaks: Sage, 1998); Sandra Tweed und Cynthia Ryff, »Adult Children of Alcoholics: Profiles of Wellness amid Distress«, *Journal of Studies on Alcohol* 52 (1991): S. 133–141; Wanda Webb, Phyllis Post, Bryan Robinson und Lynn Moreland, »Self-Concept, Anxiety, and Knowledge Exhibited by Adult Children of Alcoholics and Adult Children of Nonalcoholics«, *Journal of Alcohol and Drug Education* 20 (1992): S. 106–114

10. Gerdi Weidner, Gary Sexton, Joseph Matarazzo, Chere Pereira und Ronald Friend, »Type A Behavior in Children, Adolescents, and Their Parents«, *Developmental Psychology* 24 (1988): S. 118–121; Katsuyuki Yamasaki, »Similarities in Type A Behavior between Young Children and Their Parents in Japan«, *Psychological Reports* 74 (1994): S. 347

Kapitel 4

1. Diane Fassel und Anne Wilson Schaef, »A Feminist Perspective on Work Addiction« in Nan Van Den Bergh, Hrsg., *Feminist Perspectives on Addictions* (New York: Springer, 1991), S. 199–211

2. Porter, »Organizational Impact of Workaholism: Suggestions for Researching the Negative Outcomes of Excessive Work« (1996)

3. Fassel und Schaef, »A Feminist Perspective on Work Addiction« (1991), S. 208

4. Porter, »Organizational Impact of Workaholism: Suggestions for Researching the Negative Outcomes of Excessive Work« (1996)

5. Annemarie L. Geddes, »The Pitfalls of Being Addicted to Work«, *Cleveland's Small Business News*, Juni 1995, S. 57

6. Porter, »Organizational Impact of Workaholism: Suggestions for Researching the Negative Outcomes of Excessive Work« (1996), S. 74
7. Alfred Adler, *Social Interest: A Challenge to Mankind* (New York:
Capricorn Books, 1964)
8. Nathan Kefir, »Impasse/Priority Therapy« in R. J. Corsini, Hrsg.,
Handbook of Innovative Psychotherapies (New York: Wiley, 1981),
S. 401–415
9. Kefir, »Impasse/Priority Therapy« (1981)
10. Adler, *Social Interest: A Challenge to Mankind* (1964)
11. Howard Mosak, »Adlerian Psychotherapy« in R. J. Corsini und
D. Wedding, Hrsg., *Current Psychotherapies* (Itasca: Peacock, 1995),
S. 51–94
12. Dell Jones, »Go Home! Working Longer Hours Isn't Always Smar-
ter«, *USA Today*, 2. September 1994, S. 2A-2B
13. Norman Cousins, *Headfirst: The Biology of Hope* (New York:
Dutton, 1989)
14. Deepak Chopra, *Perfect Health: The Complete Mind/Body Guide*
(New York: Harmony Books, 1991)
15. Ishiyama und Kitayama, »Overwork and Career-Centered Self-Validation among the Japanese: Psychological Issues and Counselling
Implications« (1994)

Kapitel 5

1. Siehe z. B. Fassel, Working Ourselves to Death (1990); Robinson,
»The Workaholic Family: A Clinical Perspective« (1998); Robinson
und Post, »Work Addiction as a Function of Family of Origin and Its
Influence on Current Family Functioning« (1995); Robinson und
Post, »Risk of Addiction to Work and Family Functioning« (1997)
2. Vorzügliche Ausführungen zum emotionalen Inzest finden Sie bei
Patricia Love, *The Emotional Incest Syndrome: What to Do When a
Parent's Love Rules Your Life* (New York: Dutton, 1990).
3. Rebecca Jones und Marolyn Wells, »An Empirical Study of Parentification and Personality«, *American Journal of Family Therapy* 24
(1996): S. 145–152
4. Jones und Wells, »An Empirical Study of Parentification and Personality« (1996)
5. Malcolm West und Adrienne Keller, »Parentification of the Child: A
Case Study of Bowlby's Compulsive Care-Giving Attachment Pattern«, *American Journal of Psychotherapy* 155 (1991): S. 425–431
6. West und Keller, »Parentification of the Child: A Case Study of
Bowlby's Compulsive Care-Giving Attachment Pattern« (1991),
S. 426
7. John Bowlby, »The Making and Breaking of Affectional Bonds«, *Bri-
tish Journal of Psychiatry* 130 (1977): S. 201–210

8. John-Roger und Peter McWilliams, *You Can't Afford the Luxury of Negative Thought* (Los Angeles: Prelude Press, 1989), S. 257

9. Walter Scott, »Walter Scott's Personality Parade«, *Parade*, 7. Juli 1996, S. 2

10. Gail Buchalter, »In That Moment, I Grew Up A Lot«, *Parade*, 1. September 1996, S. 8

11. Buchalter, »In That Moment, I Grew Up A Lot« (1996), S. 10

12. Gloria Steinem in ihrem Vorwort zu Bryan Robinson, *Overdoing It: How to Slow Down and Take Care of Yourself* (Deerfield: Health Communications, 1992), S. IX–XII, genehmigter Nachdruck

13. West und Keller, »Parentification of the Child: A Case Study of Bowlby's Compulsive Care-Giving Attachment Pattern« (1991)

14. In ihrem Buch *On Death and Dying* (New York: Macmillan, 1969) beschreibt Elisabeth Kübler-Ross fünf Stadien des Kummers, die Sterbende und ihre Angehörigen durchmachen: Schock, Leugnen, Feilschen, Wut und Akzeptanz.

15. Associated Press, »Medication May Help Prolong Life, Study Says«, *Charlotte Observer*, 4. Februar 1990, und Cousins, *Headfirst: The Biology of Hope* (1989)

16. Robinson, *Overdoing It: How to Slow Down and Take Care of Yourself* (1992)

17. Eine ausführliche Darstellung der Rolle der Ursprungsfamilie finden Sie in Sharon Wegscheider, *The Family Trap* (Palo Alto: Science and Behavior Books, 1979). Siehe auch Robinson und Rhoden, *Working with Children of Alcoholics: The Practitioner's Handbook* (1998) über Kinder von Alkoholikern und die Rolle der Ursprungsfamilie.

Kapitel 6

1. Renee ist die Frau von Ross in Kapitel 5.

2. Edward Walsh, Workaholism: »No Life for the Leisurelorn?« (Januar 1987), S. 82

3. Terri Finch Hamilton, »Women Susceptible to Working Whirl«, *Grand Rapids Press*, 27. Juni 1991, S. D1–D3

4. Pietropinto, »The Workaholic Spouse« (1986)

5. Daniel Weeks, »Cooling Off Your Office Affair«, *North West Airlines World Traveler Magazine*, Juni 1995, S. 59–62

6. Ann Herbst, »Married to the Job«, *McCall's*, November 1996, S. 130–134

7. Harville Hendric, *Getting the Love You Want: A Guide for Couples* (New York: Harper & Row, 1988)

8. Paul DeLuca, *The Solo Partner: Repairing Your Relationship on Your Own* (Point Roberts: Hartley & Marks, 1996)

9. Wayne und Mary Sotile, »High-Powered Couples«, *Psychology*

Today, Juli/August 1996. Nachdruck mit Erlaubnis von *Psychology Today Magazine*, Copyright © 1996. Sussex Publishers.

10. Ishiyama und Kitayama, »Overwork and Career-Centered Self-Validation among the Japanese: Psychological Issues and Counselling Implications« (1994), S. 178
11. Studs Terkel, *Working* (New York: Pantheon Books, 1974)
12. Stephen Betchen, »Parentified Pursuers and Childlike Distancers in Marital Therapy«, Family Journal 4 (1996): S. 100–108
13. Stephen Betchen, »Parentified Pursuers and Childlike Distancers in Marital Therapy« (1996)
14. Thomas Fogarty, »The Distancer and the Pursuer«, *Family* 7 (1979): 11–16 und Thomas Fogarty, »Marital Crisis« in P. Guerin, Hrsg., *Family Therapy: Theory and Practice* (New York: Gardner, 1976), S. 325–334
15. Robinson und Post, »Work Addiction as a Function of Family of Origin and Its Influence on Current Family Functioning« (1995)
16. Hendrix, *Getting the Love You Want* (1988) und Harville Hendrix, *Getting the Love You Want: A Couples Workshop Manual* (New York: Institute for Relationship Therapy, 1994)

Kapitel 7

1. Siehe z.B. Kelly und Myers, »Parental Alcoholism and Coping: A Comparison of Female Children of Alcoholics with Female Children of Nonalcoholics« (1996); Phyllis Post und Bryan Robinson, »A Comparison of School-Age Children of Alcoholic and Nonalcoholic Parents on Anxiety, Self-Esteem, and Locus of Control«, *Professional School Councelor* (im Druck, 1998); Phyllis Post, Wanda Webb und Bryan Robinson, »Relationship between Self-Concept, Anxiety, and Knowledge of Alcoholism by Gender and Age among Adult Children of Alcoholics«, *Alcoholism Treatment Quarterly* 8 (1991): S. 91–95; Robinson und Rhoden, *Working with Children of Alcoholics: the Practitioner's Handbook* (1998); Tweed und Ryff, »Adult Children of Alcoholics: Profiles of Wellness amid Distress« (1991); Webb, Post, Robinson und Moreland, »Self-Concept, Anxiety, and Knowledge Exhibited by Adult Children of Alcoholics and Adult Children of Nonalcoholics« (1992)
2. Pietropinto, »The Workaholic Spouse« (1986); Robinson, *Work Addiction* (1989); Gerald Spruell, »Work Fever«, *Training and Development Journal* 41 (1987): S. 41–45
3. Oates, *Confessions of a Workaholic* (1971); Robinson, *Overdoing It: How to Slow Down and Take Care of Yourself* (1992); Bryan Robinson, »Relationship between Work Addiction and Family Functioning: Clinical Implications for Marriage and Family Therapists«, *Journal of Family Psychotherapy* 7 (1996): S. 13–29

4. Machlowitz, »Workaholics Enjoy Themselves, An Expert Says: Its Their Family and Friends Who Pay« (Juni 1980), S. 79
5. Oates, Confessions *of a Workaholic* (1971)
6. Tina Harralson und Kathleen Lawler, »The Relationship of Parenting Styles and Social Competency to Type A Behavior in Children«, *Journal of Psychosomatic Research* 36 (1992): S. 625–634; Patti Watkins Clay Ward, Douglas Southard und Edwin Fisher, »The Type A Believe System: Relationships to Hostility, Social Support, and Life Stress«, *Behavioral Medicine* 18 (1992): S. 27–32
7. Karen Woodall und Karen Matthews, »Familial Environment Associated with Type A Behaviors and Psychophysiological Responses to Stress in Children«, *Health Psychology* 8 (1989): S. 403–426
8. Pietropinto, »The Workaholic Spouse« (1986)
9. Pietropinto, »The Workaholic Spouse« (1986)
10. Carol Pearson, Awakening the Heroes Within: *Twelve Archetypes to Help Us Find Ourselves and Transform Our World* (San Francisco: Harper, 1991), S. 7
11. Carol Pearson und Sharon Seivert, *Magic at Work: A Guide to Releasing Your Highest Creative Power* (New York: Doubleday, 1995)
12. Weeks, »Cooling Off Your Office Affair« (Juni 1995), S. 63

Kapitel 8

1. Von Mary Baechler, »I'm Mary, and I'm a Workaholic«, *Inc.*, April 1996. Copyright 1996 by Goldhirsh Group Inc., 38 Commercial Wharf, Boston 02110. Abgedruckt mit Erlaubnis des Verlages.
2. Matthews und Halbrook, »Adult Children of Alcoholics: Implications for Career Development« (1990); Woititz, *Home Away from Home: The Art of Self-Sabotage* (1987)
3. Klaft und Kleiner, »Understanding Workaholics« (Juli/September 1988)
4. Porter, »Organizational Impact of Workaholism: Suggestions for Researching the Negative Outcomes of Excessive Work« (1996), S. 71
5. Bill Billeter, »Workaholics Are Hurting the Company and Themselves«, *Charlotte Observer*, 16. Mai 1981, S. 5C
6. Lesley Alderman, »How to Tell the Boss You're Getting Worked to Death – Without Killing Your Career«, *Money*, Mai 1995, S. 41
7. Lesley Alderman, »How to Tell the Boss You're Getting Worked to Death – Without Killing Your Career« (1995)
8. Leslie Wright und Marti Smye, *Corporate Abuse: How »Lean and Mean« Robs People and Profits* (New York: Macmillan, 1996), S. 82
9. Schaef und Fassel, *The Addictive Organization* (1988)
10. Fassel und Schaef, »A Feminist Perspective on Work Addiction« (1991)

11. John Sheridan, »Workin' Too Hard«, *Industry Week*, 18. Januar 1988, S. 31–36
12. Shari Caudron, »Downshifting Yourself«, *Industry Week*, 20. Mai 1996, S. 126–130. Abgedruckt mit Erlaubnis von *Industry Week* (20. Mai 1996). Copyright Penton Publishing, Inc., Cleveland, Ohio
13. Klaft und Kleimer, »Understanding Workaholics« (1988), S. 39
14. Milton Bordwin, »Overwork: The Cause of Your Next Workers' Comp Claim?«, *Management Review*, März 1996, S. 50
15. Klaft und Kleimer, »Understanding Workaholics« (1988)
16. Alderman, »How to Tell the Boss You're Getting Worked to Death – Without Killing Your Career« (1995)

Kapitel 9
1. Die Informationen über Workaholics Anonymous in diesem Kapitel wurden nachgedruckt mit Erlaubnis von Workaholics Anonymous World Services Organization, Inc., © 1991 WA World Services, Inc.

Über den Autor

Bryan E. Robinson ist Professor für Counseling, Sonderpädagogik und kindliche Entwicklung an der University of North Carolina in Charlotte und führt eine private Praxis als Psychotherapeut. Er hat mehr als 25 Bücher über Familienpsychologie geschrieben. Über seine Forschungen hat er in über hundert Fachzeitschriften berichtet, aber auch in der populären Presse, zum Beispiel in *Psychology Today*, *American Health* und *Natural Health*. Für *Your Health Magazine* schreibt er eine monatliche Kolumne. Er ist Moderator des PBS-Dokumentarfilms »Overdoing It: When Work Becomes Your Life« und ist in zahlreichen Fernsehprogrammen aufgetreten, darunter *Good Morning America* und *NBC Nightly News*.